アジア主義と近代日中の思想的交錯

嵯峨 隆
SAGA Takashi

慶應義塾大学出版会

目次

序章　アジア主義への視座　1

第一部　明治・大正期における言説と思想

第一章　アジア連帯思想の形成と展開　9
第一節　思想としてのアジア　9
第二節　第一次世界大戦前後におけるアジア主義の諸形態　21

第二章　宮崎滔天のアジア革命論　43
第一節　支那革命主義の形成　44
第二節　中国革命運動と滔天　50
第三節　アジア主義の再構築　59

第三章　頭山満における皇国とアジア　77
第一節　初期の活動――民権論から国権論へ――　79
第二節　皇アジア主義者としての頭山満　84
第三節　中国革命と頭山満　91

第二部　中国における受容と展開

第四章　中国の近代革命思想とアジア連帯論　107
第一節　孫文――人種主義と日中提携論――　108
第二節　亜洲和親会の思想――アナキズムの影――　117
第三節　李大釗とその周辺――アジア主義から世界主義へ――　129

第五章　孫文の「大アジア主義」講演をめぐって　145
第一節　日本論壇でのアジア主義言説　146
第二節　一九二〇年代半ばまでの孫文の対日観　153
第三節　日本滞在時期の孫文　160

第六章　戴季陶による孫文思想の継承と展開　179
第一節　「大アジア主義」講演前後における戴季陶　180
第二節　戴季陶主義の形成と「大アジア主義」解釈　185
第三節　「民族国際」とその外交戦略　191

第三部　日中戦争下における思想の諸形態

第七章　侵略と抵抗の中のアジア主義　205
第一節　満洲事変とアジア・モンロー主義　206
第二節　日本型アジア主義の新展開　212
第三節　中国アジア主義の民族主義化　218

第八章　東亜新秩序の思想　231
第一節　近衛声明と東亜新秩序　233
第二節　東亜協同体論の諸相　236
第三節　中国における反応　255

第九章　汪精衛の日中提携論とその思想的根拠　271
第一節　「大アジア主義」講演以後の汪精衛　272
第二節　日中提携の理論的正当化　278
第三節　汪精衛の大アジア主義　286
第一〇章　東亜連盟運動と中国　301
第一節　東亜連盟論の概要　303
第二節　中国における東亜連盟運動の開始　310
第三節　汪精衛政権と東亜連盟運動　316
終章　アジア主義のその後と現在　337
第一節　アジア主義とは何であったのか　338
第二節　アジア主義の終焉と可能性　340

主要参考文献　351
あとがき　359
索　引　370

凡例

・文中の引用については、原文の旧字体は新字体に改めた。
・原文が片仮名混じりのものは、読みやすさを考えて平仮名に改め、必要に応じて濁点や句読点を付した。

序章　アジア主義への視座

アジア主義とは、江戸期から明治期にかけての日本に起源を持つ思想であり、中国などアジア諸国と連帯して欧米列強の圧力に抵抗し、その支配からアジアを解放することを主たる内容とするものである。しかも、それは言説の世界だけに留まるものではなく、現実に対外政策へと反映され、一九三〇年代に激しさを増すアジア侵略に「解放」と「連帯」という美名を与え、その結果、日本を欧米諸国との戦争に突き進ませ、最終的には一九四五年八月の日本の敗戦という形で戦前・戦時期の思想的役割を終えたのであった。その意味では、アジア主義が日本の侵略政策を正当化する役割を果たしたとする評価が、戦後間もなく生じたのは当然のことであった。しかし、その一方でアジア主義はその思想的展開の過程で、中国にも影響を及ぼして独自の言説の展開を見、さらにはそれが再び日本の言説にも照り返すという現象を起こしたという事実がある。アジア主義は必ずしも日本から発する単方向的な思想ではなかった。本書はこうした点に着目し、思想と化した「アジア」が日本と中国の間で行き交った軌跡とその意味を明らかにしようとするものである。

それでは、二一世紀も一〇数年を経た今日、アジア主義をテーマとして取り上げることの意味はどこにあるのか。よく見られる議論としては、現在進みつつあるアジア地域主義や地域統合論との関連で、自国中心主義のナショナリズムに陥った過去の失敗の事例として参照しようとするものがある。現在の地域統合の動きとしては、ASEAN＋3（日中韓）の構想を基本とするものであることは周知のところである。しかし、一方にはそれを過去のアジア主義と関連づけようとすることは、あまりにも単純な見方であるとする意見もある。さらに昨今、大国化した中国からは、東アジアにおける地域統合の主導権を自らが担うことを窺わせる、「新しいアジア主義」の主張がなされていることにも関心が払われている。すなわち、アジア主義が再び地域的覇権の正当化の言説に用いられるかのような状況が生じているのである。その実現の可能性はほとんどないといってよいのだが、仮にかつての日本のように共通の敵の存在を前提とし、自らを盟主と意識するような政策を取るならば、それは悪夢の再来をもたらすこととなるであろう。そう考える時、歴史的・政治的環境の相違はありながらも、過去が現在の鑑であり続けることは間違いない。その意味で、アジア主義の問題は現在性を持ったテーマであるといえよう。

さて、アジア主義をめぐる問題を扱う場合、しばしばその定義づけと分析視角から議論が始まる傾向にあった。そして、それはおおむね一九六三年に発表された竹内好の所説をめぐってなされてきたといってよい。半世紀以上を経た今日、そのような語り尽くされた感のある議論を、再び繰り返すことにはいささか躊躇を覚えるところでもあるが、筆者の立場を示しておくためにも、ここで簡単に触れておくことも無駄ではないだろう。

竹内はアジア主義の特徴について論じた際に、それが特殊的であり、おそろしく多義的でもあり、人おのおの与える内容が異なることから、「アジア主義のなかに大アジア主義と非大アジア主義の区別を立てることは無意味であるか、無意味でないまでも非常に困難」であると述べていた(1)。ここでいう「大アジア主義」と「非大アジア主義」とは、結局のところは侵略的契機を持っていたか否かという問題に収斂するものであるが、竹内のようにこれらを曖昧一体なるものとする視角に対しては、これまで多くの研究者から批判が加えられてきた。確かに、近代史においては侵略が現実として現れ、連帯は理想として語られたに過ぎなかったからである。しかし卑見からすれば、理想として語られた連帯の言説から抽出されたいくつかの要素から、ある種の理念型としてのアジア主義を設定し、そこからの距離の遠近をもって諸々の思想潮流に評価を下すなら、この「主義」が持つ多様性は見失われてしまうように思われるのである。

思うに、竹内が彼独特の文明論的な視座をもって論を展開したにもかかわらず、多くの歴史学者たちが「科学」的観点をもって対応したことが、そもそもの議論のすれ違いの始まりであったといえるだろう。アジア主義を史的に叙述できると考えることが、「歴史主義の毒におかされた偏見」[2]と説く竹内に対しては、多くの論者たちが反論を加え、史的叙述が可能であることを論じており、筆者の立場もそのことに反対するものではない。しかし、竹内が批判を加えたように、アジア主義を何らかの思想的実体をもって捉えようとすることは、果たして意味のあることなのだろうか。先に述べた「主義」の持つ多様性に加え、我々はこの問題についてもあらかじめ考えておく必要があるだろう。

およそ「主義」なるものが、思想や学説における明確な立場を意味するものであるとするならば、アジア主義にはその実体が欠けているといわざるを得ない。なぜなら、アジア主義とは一種の外交思想のように見えながら、実はそれ自体で体系性をもって完結したものではないからである。むしろ、明確に特定の対アジア政策を標榜する団体の事例は別として、それは各個人の総体としての思想を構成する一部分でしかないように見える。このことが、竹内がアジア主義を「それだけでは完全自足して自立」し得ず、「かならず他の思想に依拠してあらわれる」とした所以である[3]。そして、アジアを含めた対外観が個人の思想の反映である限りにおいて、我々が考えるアジア主義とは各個人の思想の中にあるアジア観の集積であるということができるであろう。そうだとすれば、我々が歴史的に叙述する「主義」は結局のところ、それぞれの思想の断片の集積でしかないということになるのではないだろうか。筆者は思想としてのアジア主義をそのように捉えるものである。

さて、アジア主義が多義的であるとすれば、その現れ方も多様であるということになる。この点を整理したのが中島岳志である。中島は竹内の論を敷衍する形で、アジア主義を次の三つの類型に分ける。すなわち、第一に「政略としてのアジア主義」であり、それはアジア諸国を日本の安全保障のための政略的な空間と見なしたり、資源獲得の場と考えたりする立場で、明治以降、政府の中に継承されたパワー・ポリティクスの論理といってよいものであった。第二は「抵抗としてのアジア主義」といわれるものであって、国内の封建制や国際的な帝国主義によって苦しめられているアジアの民衆を救わなければならないという義勇心で、アジア主義の初発の論理に当たるとされる。そして第三には、「思想としてのアジア主義」があり、岡倉天心などが提示したアジアの論理で、「近代の超克」という問題を包み込む東洋哲学の発露であったとされる[4]。その後の歴史的展開の中で、「抵抗としてのアジア主義」と「思想としてのアジア主義」という可能性を内包したアジア主義が、「政略としてのアジア主義」というパワー・ポリティクスの論理に乗っ取られたために、結果として「大東亜戦争」の悲劇がもたらされたということになる。しかし、あらかじめ述べておくなら、本書は政治思想を中心とするため、哲学や美学の領域にわたる「思想としてのアジア主義」に重きが置かれることはない。

これまで、アジア主義についてはいくつかの時期区分がなされてきた。日本のアジア主義に限定するならば、狭間直樹の研究では一八八〇年を起点として、一九〇〇年の義和団事件と一九二八年の第二次山東出兵を画期として三つの時期に分かれるとされている[5]。また、黒木彬文は幕末から日清戦争を初期とし、中期を日清戦争後から満洲事変まで、晩期を満洲事変から太平洋戦争での敗戦までとしている[6]。狭間がアジア主義の起点を一八八〇年に求める根拠は、この年に興亜会が結成されたことに基づくものであるが、アジアの連帯を唱える団体の結成をもって時期区分の指標とすることには一理あるにしても、アジア主義を運動だけでなく思想の面からも捉えるなら、時代はさらに遡らなければならず、少なくともその起源は江戸後期にまで求めなければならない。しかるに、本書の主題は日本のアジア主義史ではなく、日本と中国の間の思想的交錯を考察しようとするものである。したがってここでは、とりあえず江戸末期を起点としつつも、日中関係の推移に関連させ、明治初年から第一次世界大戦終結までを第一期とし、満洲事変の勃発までを第二期とし、満洲事変発生から日本の敗戦に至るまでを第三期としておこうと思う。

さて、本書には日本と中国の代表的政治家・思想家・軍事指導者が登場するが、彼らの言説においては、先ほど述べた「政略としてのアジア主義」と「抵抗としてのアジア主義」が複雑に絡み合って論が織り成されていくことになる。第一章においては「アジア」という概念の登場と、それが思想と化していく過程を見た上で、第一次世界大戦前後におけるアジア主義言説のいくつかの形態を見ていく。おそらく、そこには政略的アジア論が多く見られるはずである。第二章と第三章においては、宮崎滔天と頭山満という二人の人物の中国革命との関わりを検討する。アジア主義には民権論と国権論の立場があり、ややもすれば前者を善とし、後者を悪と見なす傾向にあったのだが、本書ではそのような価値判断を下すことはせず、むしろ彼らがアジアの変革に向けていかに中国と関わっていったのかを示すこととする。第四章では、辛亥革命時期から新文化運動時期までの中国のアジア主義を取り上げる。そのため、この章に限り、時期的には第一期と第二期にまたがっている。本論でも述べるところであるが、中国にはアジア主義の発生要素は存在しない。それは日本の影響の下に展開することになるのである。第五章と第六章は、孫文の大アジア主義講演に至るまでの過程と、その後の展開の問題を扱う。そこでは、孫文の日本への期待と、それに応えることのない日本との間のすれ違いが示されるであろう。

最後の四つの章は日中戦争の中で提起された両国のアジア主義のいくつかの形態を扱う。第七章では、満洲事変前後において、日本では中国への侵略を正当化する日本型のアジア主義が主張された一方、中国では抗日の文脈の中で新たな思想展開がなされたことを示す。そして第八章では、近衛政権下で彼のブレーン集団を中心に展開された大陸経綸策である東亜協同体論について述べ、中国からの反応について考察する。第九章では、日本への協力者となり対日和平運動へと身を転じた汪精衛のアジア主義を扱う。孫文のアジア主義は、抗日の思想としては十分な展開を見ないままに終わっていたが、汪精衛によって換骨奪胎されて対日協力の思想とされたのである。そしてそれは、第一〇章で述べるように、石原莞爾によって案出された東亜連盟運動と結びつくことになる。それは、明治以来のアジア主義が初めて中国での同調者を得た事例であったが、結局は太平洋戦争の勃発の中で雲散霧消していかざるを得なかった。それでは、果たしてアジア主義は日本の敗戦によって死滅したのか。あるいは、戦後の中でも余命を保ちながら、なお生き続けているのか。この問題は、本書の最後で述べようと思う。

（1）竹内好「アジア主義の展望」、同編『現代日本思想大系』第九巻、筑摩書房、一九六三年、一一頁。
（2）同右、一三頁。
（3）同右。
（4）中島岳志『アジア主義―その先の近代へ―』、潮出版、二〇一四年、三〇～三一頁。
（5）狭間直樹「初期アジア主義についての史的考察」、『東亜』第四一〇号、二〇〇一年八月、七一頁。
（6）黒木彬文「興亜会のアジア主義」、『法政研究』第七一巻第四号、二〇〇五年三月、六一七頁。

第一部　明治・大正期における言説と思想

第一章　アジア連帯思想の形成と展開

本章では、日本におけるアジア主義の形成から、明治・大正期にかけての定着過程を見た上で、第一次世界大戦前後における言説の諸形態を概観する。そこからは、日本の対外的危機意識の高まりが日本と近隣国家との提携を模索させる契機となりつつも、次第に人種主義を伴いながら、日本の指導者意識を基本とする政略的アジア主義となって、言論界に広まっていった様子が窺えるであろう。

第一節　思想としてのアジア

「亜細亜」という名称は、マテオ・リッチ（Matteo Ricci）の『坤輿万国全図』（一六〇二年）の伝来、およびイエズス会士シドッチ（Giovanni Battista Sidotti）の供述によって初めて日本にもたらされたものである。その意味で、この名称は外部からの命名であって、日本人自らが主体的に一体化すべき対象として考えていたわけではない。(1) しかし、一九世紀前半からのヨーロッパの力に対する認識の深まり、そしてアヘン戦争に至って生じる中華世界の解体は、日本人にそのような他称性の意識を失わせ、ヨーロッパに対応するアジアの存在、そして自らがその一員であることを否応なしに認識させることとなるのである。

すでに山室信一の研究が指摘しているように、日本人がアジアを一つの地域として考えるようになるのは一七世紀から一八世紀にかけてのことであり、人々はいくつかの出版物によって、世界が五大州ないし六大州に分かれ、日本がアジアにあることを知るようになった。(2) 例えば、西川如見は一七〇八年に書かれた『増補華夷通商考』において、アジアの中に日本、中華、外国、外夷があるとしている。すなわち、外国としては朝鮮、琉球、大寃（台湾）などがあり、それらは「唐土の外《ほか》なりと云（へ）ども、中華の命に従ひ、中華の文字を用《もちひ》、三教通達の国也」とされる一方、外夷としては占城（チャンパ）、東埔寨（カンボジア）、太泥（パタニ）などが挙げられ、それらは「唐土と差《たが》ひて皆横文字の国也」とされていた。(3) そこでは、アジアが中華を中心として、その文化的影響の程度によって分けられていたのである。

このように地域的「まとまり」として捉えられたアジアにとって、ヨーロッパ諸国やロシアを脅威として日本人が意識するようになるのは一八世紀の末になってからである。そのことを具体的に論じたのは、林子平の『海国兵談』であった。同書では、特にロシアについて、「近頃、欧羅巴の莫斯哥未亜《ムスカウビヤ》其勢ひ無双にして、遠く韃靼の北地を侵掠し、此ころは室韋《シイ》の地方を略して、東の限り加模西葛杜加（即カムサスカ也、蝦夷の東北に在り）迄押領したり。然るに加模西葛杜加より東には此上、取べき国土なし。此故に又西に顧みて蝦夷国の東なる千島を手に入るべき機《きざ》しありと聞及べり」(4) と述べ、日本にとってそれが脅威であることを論じていたのである。しかし、同書はヨーロッパ諸国が直接的に日本に侵略してくるかといえば、必ずしもそうは見ていない。むしろ、ヨーロッパは「遠国を取るには妄りに干戈を動さず、只利害を説話して、其国人を懐けて、然して後に押領す」[5]ることに長けており、中国をそのかして日本を侵略させる可能性があることを指摘している。日本の危機を認識しつつも、この時点ではアジア諸国の連帯を図ろうとする意識はまだ生じていなかったのである。

江戸期におけるアジア連帯論は、会沢正志斎の『新論』をもって嚆矢とする。彼は同書で、日本を「中国」と自称し、世界を海西諸国・南海諸島・海東諸国に分け、「亜細亜・阿弗利加・欧羅巴と曰ふものは、西夷の私呼するところにして、宇内の公名にあらず、且つ天朝の命ずるところの名にあらず」[6]として、他称としての「アジア」の名称を拒否していた。しかし、そのこと自体がヨーロッパへの対抗心の現れであって、逆に自らに強いられたアジア性を強く意識していたことは明瞭であった。会沢はしきりに日本と清国の危機を強調するのであるが、彼の見るところによれば、ヨーロッパの侵略性の根源はその宗教性にあった。イスラム教やキリスト教といった西方の宗教は、他国を併呑する特徴を持つものと見なされたのである。そこで彼は、「夫れ未だ嘗て回回・羅馬の法に沾染せざるものは、すなはち神州の外、独り満清あるのみ」との考えから、「神州と唇歯を相なすものは清なり」[7]としてヨーロッパに対抗すべく日中の提携を主張したのである。しかし、朝鮮やベトナムも宗教的共通性を持つものの、その民族的弱小性ゆえに彼らは提携対象とはされていない。

平野国臣もやはり宗教的・文化的同質性から日中の提携を唱えた。彼は「制蛮礎策」（一八六三年）において、「今夫れ宇内に未だ耶蘇を奉ぜざるは我と清とのみ、帝祚世革の相同じからざる有と雖も、地勢連隣、風気粗《ほ》ぼ類す、髪眼異ならず、古来通信し固り道を同ふするの国なれば、則ち相為に事を謀りて可なり」[8]と論じていた。しかも、時はすでにアヘン戦争を経て、ヨーロッパによる軍事的侵略が現実のものとなった状況下であった。したがって、列強に対抗すべく具体策が講じられる必要があり、急ぎ砲艦を建造する一方、「使を清に遣はし、理を諭し策を示し、両国相与《とも》に力を合せ、断然夷を払ふ」[9]必要があるとして、両国の速やかなる提携が求められたのである。しかし、平野においても朝鮮は提携の対象ではなく、むしろ「復《ふた》び三韓を制し、両国永く親しく我を兄とし清を弟とし」[10]という一文からも分かるように、それは征韓論と連結された日中提携論（しかも両国間には「兄弟」という上下関係が存在する）であった。それは、日本の指導性を前提とした連帯論であったのである。

　以上のように、江戸末期における思想家の言説の中に近代アジア主義の萌芽が見られた。本章では、アジア主義の思想史的起源についてはこれ以上事細かに論じることはしない。それが出発点において、日本盟主論と日中提携論とを内包しており、後にそれが互いに絡み合って発展していくであろうことがあらかじめ理解されればよいからである。現に、明治維新以後、日本は先覚者としての自負心から、中国を「空談の国」と見なしつつも、欧米列強の侵攻に対抗するための援軍たり得るとの認識も併せ持っており、こうした意識は、両国が他国から不正あるいは軽侮を加えられた場合には、相互に扶助し友誼を尽すべき旨を明記した日清修好条規（一八七一年）となって現れていたのである。[11]

　ところで、明治初年の政治動向で、後のアジア主義の展開との関連で看過することができないのは征韓論をめぐる議論である。その歴史的意義については、すでに竹内好が指摘するところであるが[12]、それは先に触れた平野国臣の場合とは文脈を異にするものであって、ヨーロッパに抵抗するためのアジア連帯を意味するものであったことには注意する必要がある。すなわち、時の明治政府の中には、日朝両国が提携しない限り列強への抵抗は不可能と考え、対日強硬姿勢を取り外交交渉すら拒否する李王朝政権に対しては、断固たる決意をもって直接朝鮮に赴き談判すべしとの主張があった。それは、まず交渉を行うことが前提であって、それでも不当な扱いを受けたなら先方の非を天下に訴えて、その罪を問うべきとするものであって、必ずしも軍事力行使を前提とするものではなかった。[13]そうした考えを持った代表的人物が西郷隆盛であり、彼は自ら全権大使となり、一兵も携えずに京城に乗り込み使命を果たしたいと訴えたものの、内治優先派との政争に敗れて下野したことはよく知られているところである。そして、後のアジア主義団体の評価によれば、西郷の関心は朝鮮だけに留まらず、広く東アジアの経綸に関わるものであったとされ[14]、明確にアジア主義者の列に加えられているのである。

西郷を近代アジア主義の先駆者とする評価は、今日の民族派アジア主義者にも広く見られるところである。例えば、葦津珍彦によれば、西郷は日本がヨーロッパ型の亜流帝国になることを強く拒絶し、ヨーロッパ型とは全く異質の東洋流の王道国として発展しなければならないと考えていた。もちろん、古い体制のままでは物理的にヨーロッパに劣るので、独立を確保するためには近代的開明の道も認める。しかし、西欧文明に対して批判的な西郷はそれを選択的に受容すべきものと考え、政治や外交面では「東洋王道主義」を採るべきだと考えていたのである。葦津は、西郷のアジア的文明観が対朝鮮外交となって現れたと見ている[15]。また、その西郷自身も次のような文章を残している。

文明とは、道の普く行はるゝを言へるものにして、宮室の荘厳、衣服の美麗、外観の浮華を言ふに非ず。世人の西洋を評する所を聞くに、何をか文明と云ひ、何をか野蛮と云ふや。少しも了解するを得ず。真に文明ならば、未開の国に対しては、慈愛を本とし、懇々説諭して開明に導くべきに、然らずして残忍酷薄を事とし、己を利するは野蛮なりと云ふ可し[16]。

かつて竹内はこの文章を、ナショナルな思想としてのアジア主義の内容規定のために使い、西郷との相関性を問わずしてアジア主義は定義し難いと述べていた[17]。そして、それをさらに一歩進めた形で、松本健一はこの文章から、西郷が「日本（＝アジア）の文明的『原理』をかかげた」という点から、「西欧＝近代を否定しようとした」ものと見なし、そこから西郷においては、日本はヨーロッパ＝近代の「力」の文明の前ではアジアとイコール、つまりヨーロッパによって「奪われつつある」という意味でアジアと同義語であったと捉えている。[18] 確かに西郷の言動には後のアジア主義に通じるものが備わっており、まとまった言説が残されているわけではないが、彼を近代日本のアジア主義の発端に位置づけることは可能であろう。

さて、その後のアジア主義者による個別の思想的展開については次章以下で見ることとして、ここでは日本におけるアジア主義言説の定着と展開の過程を見ていくことにする。

一般的に、アジア主義運動の起点は一八八〇年三月の興亜会の結成に求められる。[19] 同会設立の動機づけは、七〇年代以降のロシアのアジアへの侵出に対する危機感の増大と、これに備えるためには琉球問題をめぐって緊張が生じていた日中関係を良好にする必要があるという認識にあった。[20] 同会の見るところでは、当時アジアで独立国といえるのは日本と中国だけで、朝鮮、ベトナム、シャムなどは独立の名はあるが論ずるに値せず、ビルマ、インドなどは直接ヨーロッパの支配を受けており、興亜会が速やかに設立されなければならない理由はここにあるとされた。そして、「今日に在りての急務は、亜洲諸邦の士を連ね、協合共謀し、正道を興し、衰頽を拯うことなれば、則ち、先ず其の情勢を知らざるべからず、其の情勢を知らんと欲せば、先ず其の言語に通ぜざるべからず」[21] とするように、アジア諸国間での情報の共有と文化交流が必要とされたのである。

確かに、アジア諸国の連帯の必要性を謳いあげた点において、興亜会の結成は画期的である。江戸期以来の思想が、まずは具体的な組織や行動の形で現れたことの意義は大きいといわなければならないのである。この後、一八九八年一一月の東亜同文会の結成に至るまで、いくつかのアジア主義団体が結成されることになる。しかし、ここでは団体や結社の歴史的流れに深入りすることはせず、一八九〇年代に至ってようやく活発に出始めるアジア主義の言説に目を転じることにしよう。

アジアの同盟ないしは日中提携を唱えた初期の論説には、一八九〇年に雑誌『日本人』に掲載された「欧羅巴四国同盟と亜細亜二国同盟」がある。この論説は、「銀色人種」の勢力が日一日と太平洋に向かって東漸している当時の国際情勢の中で、日本がその中に巻き込まれることは必至の事態と見なし、日本は「黄金人種」の面目を保全し、アジア人・日本人の天職を全うして「亜細亜洲の歴史を壮にすべき」ことを説く。そして、列強の角逐の情勢下で、日本は「須らく利害を共にし、特質を等うする邦国と相結託し、以てなす所あらざるべからず」と述べているのである。[22]

以上のような立場は、あたかもアジア主義に通じるものであるかに見える。加えて、この論説では人種的観点が表明されており、「銀色」と「金色」の対比は、あたかも後者の人種的優越性を示しているかのようである。しかし、それは黄白人種闘争の立場にまでは至っていない。むしろ特徴的な点は、目下最大の脅威であるロシアに対抗するために、日中両国が手を結び、ヨーロッパの英・独・墺・伊の四国と連携することを主張していることである。[23] この点において、この論説の立場はヨーロッパの圧力との対決をもって特徴とするアジア主義からは、かなりの距離があるといわなければならない。

アジア主義言説の嚆矢としては、一八九二年に雑誌『亜細亜』に掲載された「亜細亜旨義とは何んぞ」を挙げることができるであろう。この論説では、白人種による有色人種への圧迫の実態を次のように述べる。「(白人種は) 今や則ち黒人を亜弗利加に殲さんとし、銅色人を亜米利加に滅せんとし、羣人を南洋洲に殄せんとし、而して方さに黄人と亜細亜に闘ふ。黒人と銅色人と羣人との運命や、殆ど救ふべからず」。[24] しかるに、白人種も各地に分派支流を生じたが、それらのうちのアジアに居住する白人種の分派は、黄色人種と共にヨーロッパ人種と利害を対立する立場にある。このヨーロッパに対抗する思想こそが「亜細亜旨義」であるというのである。

ここに至って、初めて「興亜」や「振亜」に代わって、ヨーロッパへの対抗概念としての「アジア」が提起されたということができる。加えて、この論説の著者は次のように述べる。「赫々たる島帝国、亜細亜の東海に位し、亜細亜諸国に先ちて其の文物を完備にす、是れ其の亜細亜諸国に於ける、自から先覚として後覚を開導するの任極めて重く、其の国家を為す所以、学術を講する所以に於て、天の明命を知りて、之を畏み、之に循ふ、亦最も夙く省悟せずんばあるべからざる所にあらずや」[25]。一見して分かるように、ここに現れているのはアジアにおける先駆者である日本の指導性の強調であり、この論説に至って人種競争的国際政治観と日本の指導者意識というアジア主義の二つの要素が揃ったことが理解されるのである。

当時、日本と清朝政府は朝鮮問題をめぐって緊張関係にあった。当然、そこには欧米列強の介入も予想されたのであるが、そうした事態の中で持ち出されたのが「モンロー主義」の言説であった。いうまでもなく、それはアメリカの政策を手本としてアジアの排他的連帯を志向するものであった。例えば、自由党の機関誌に発表された森本駿の論説は、「清の暴状を制して朝鮮の独立を全ふし、且つ欧米の国をして之に喙を容るゝの余地あらざらしむるは実に我邦の任なり」とする立場から、「亜細亜にモンロー主義の実行を宣言すべし」と主張していた[26]。森本の論説が発表されたのが、ちょうど日清両国の戦端が開かれた日であることが象徴するように、アジア・モンロー主義は極めて生々しい動機づけをもって登場したということができる。この時点では、アジア・モンロー主義はどちらかといえば対ヨーロッパを意識する内容を持っていたのであるが、後にはその言説はアジア主義とほとんど厳密な区別もなく用いられていくようになる。

さて、日清戦争は中華世界の宗藩関係原理を解体し、西欧型の主権国家原理による再編を進める一方で、アジアにおける日本の盟主意識を強めた点で画期的な意義を持つものであった。それと同時に、人種論的立場に立つ言説もさらに顕著になってくる。以下、その事例のいくつかを見ていくことにしよう。

当時、黄白人種闘争説を唱えた人物に田岡嶺雲がいる。彼は一八九七年に書いた論説の中で、二〇世紀以後の世界は黄色人種と白人種の角逐の時代に入るだろうと予測する。すなわち、彼の考えでは、地域、人種、慣習、宗教を同じくする人種は利害も同じくし、この点において白人種と黄色人種は全く相容れる余地はないものとされた。そのため、東亜は東亜域内での大同盟を結ぶ以外にはなく、異人種との同盟である日英同盟や日露同盟は「事大的の卑劣なる根性に本づく愚論」と見なされた[27]。その際、日本が同盟を結ぶ相手はまず中国であり、その後に朝鮮を加えた三国同盟を形成し、さらに勢力を拡大していって、最終的にはアジアから白人の勢力を追い払うべきであるとされたのである。そして、「日本は東洋の先覚者なり、東亜連衡の主導者たるべし。此をなすは日本の天職なり[28]」という言葉に現れているように、そこでは日本の主導的な役割が無条件の前提となっていた。

このようにアジアの連帯を唱える田岡の考えでは、日清戦争は決して侵略を意図したものではなく、中国国民を覚醒させるための劇薬を投じたに過ぎないものであった。また当時、欧米列強と同様に日本も中国の分割に参画すべきであるとの意見もあったが、彼はそうした政策は義侠をもって誇る日本国民のすべきことではないと論じていた[29]。こうした見解が、田岡の主観の産物でしかないことは明らかであるが、敢えて侵略を非とした点において、彼は他の論者とは立場を異にしていたことは評価しなければならない。

田岡の所説をさらに一歩進めた形で、アジア・モンロー主義を唱えた人物が近衛篤麿である。彼はアジアの将来が人種競争の舞台となることを免れることはできないと予測し、その最終段階では黄白人種の闘いへと収斂していき、その場合には日本人、中国人を問わずすべて白人種の仇敵と見なされるだろうとして、同人種同盟の結成が緊急に必要であると考えていた[30]。そうした考えに基づいて、近衛は一八九八年一一月、日本滞在中の康有為と会談した際に、「東洋は東洋の東洋なり。東洋人独り東洋問題を解決するの権利なかるべからず。［中略］東洋に於て亜細亜のモンロー主義を実行するの義務、実にかゝりて貴我両邦人の肩にあり[31]」と日中提携の必要性を訴えたのである。我々は、近衛の唱えるモンロー主義が限りなくアジア主義に近いものであることを理解することができるであろう。

他方、アジア主義やモンロー主義に批判的な見解もいくつか見られる。例えば、竹越與三郎は「亜細亜の日本」という発想が「地理的空名に制肘」されたものであるとして、「亜細亜の名によって欧洲と対抗せんとする者の痴愚」は、欧州を崇拝したり、あるいは恐怖したりすることの愚かしさよりも甚だしいと述べる。[32]そもそも、彼の立場からすれば、「アジア」なるものは人種的、文明的、政治的いずれにおいても空名であって、実態を伴わないものである。そこで、敢えて「アジア主義」を唱えようとするならば、それは「支那中心説」を唱えることと変わるところがなく、日本が従属的地位に置かれることを意味するものであった。竹越の観点からすれば、日本は歴史的に独自の文明を形成してきたのであって、一括りにされた「アジア」は虚構でしかなかったのである。ここには、アジアの他称性に対する強い反発――少なくとも、その中に日本が含まれることに対する反発――を窺うことができるであろう。

竹越の所説は、結局のところ「日本中心説」に帰着するものであるが、当時は日本が主体となるモンロー主義の可能性に懐疑的な立場も見られた。例えば、浮田和民はそうした発想がすでに時代遅れであることを述べ、日本が取り得る唯一の道は「帝国主義」であるとし、それは自国人民の権利を拡張し、またアジア諸国の独立を扶植し、そしてその目的のためにアジア諸国の改革を導くことを欧米諸国に訴えることを内実とするものだとしていた。[33]そして、これ以外のことを行ったなら、日本は周囲の国から「侵略主義」と疑われることを避けられないとも述べている。そもそも、浮田が考えるところの「帝国主義」は今日の概念とは異なり、一国の独立を全うし、進んで世界の文明および政治に参与しようとする主義と捉えられており、直截的に侵略的な意義が込められたものではなかったのである。

日露戦争は、国際政治の面からすればパクス・ブリタニカを極東で補完するための戦いであったということができる。しかし、それは同時にアジアの民族運動を喚起した点において、新たな世界システム登場の契機となり、日本のアジア主義の更なる台頭を促した点で画期的な意義を持っていた。そして、それは日本盟主論の一層の鮮明化という形を取って現れることになるのである。

例えば、宗教家であった田中守平は日本・清国・朝鮮の三国による連邦の形成が必要であるとして、次のように述べる。現在、顕著となっている白人種による移民排斥運動の高まりの中、日本が将来発展を図るべき道はシベリアと北東アジアの経営以外にない[34]。そのためには、これら三国の提携が是非とも必要なのである。彼によれば、これら三国は全くの同一人種ではないが、過去三千年にわたって離れることのできない関係にある。これらの中で、「日本帝国の天職の第一は、東亜列国の土地人民を開発啓導し飽くまで人道の擁護者となり、平和の担保者となりて、東西両洋の文明を一丸となし、燦然たる美華を渾円珠上に咲かしめ、宇内に光輝を放って歴史の一生命を開くに至らしむるにある[35]」。こうした点からして、日清戦争、義和団事件への出兵、日露戦争、これらすべてが東亜の平和を目的とする所業であったとされるのである。しかし他方では、清国と朝鮮は未だに独立する能力を欠き、将来再びロシアによって侵略される危険性すらある。危急の際に当たっては、日本は彼らの擁護者として軍を送る必要があるが、しかし当該国の反発を買って日本も消耗する可能性もあるため、この際一気に東亜連邦を結成すべきだというのである。

田中の所説においては、一九世紀末期の言説とは違って、朝鮮を含めたアジアの観点が提示されていることに注意を払っておく必要があるであろう。これは、日露戦争後におけるアジア主義の特徴の一つである。そして、田中はアジアの人種的同一性を前提としないものの、白人種への対抗のためには日本を盟主とすべきことを、極めて露骨な形で示している。すなわち、日本の職分としては、「我が陛下を推して連邦の首長と仰ぎ奉る、則ち鶏林八道の地は固より支那四億の民亦た均しく我慈仁陛下の恩沢に浴するを得べく且つ我邦が東洋の先覚者たる天職を以て渠等清韓民を啓発誘導して其蒙を覚らしむる[36]」ことにあるとされるのである。このような、天皇を元首に据えた日本中心のアジア主義は、後に見る頭山満の天皇道を基礎とする「皇アジア」の発想に通じるものであった。

そして、わずか数年前まではモンロー主義の可能性に懐疑的だった浮田和民でさえ、この時期になると、対外的に国権確立の必要性を説き、日本の将来が「朝鮮の独立と支那の保全とを確実に」することにかかっていると論じるようになる。[37] もちろん、浮田自身は他国への侵略を否定する旨を述べているのであるが、その主張は「支那保全論」とほとんど変わるところはなく、[38] アジア・モンロー主義と重なり合う部分がかなり多くなっているのである。

本節の最後に当たり、岡倉天心の言説に触れておくことにする。周知の如く、岡倉は一九〇三年に「アジアは一つである」という有名な一文で始まる『東洋の理想』を出版し、彼独特の文明論の立場から、ヨーロッパ勢力によって虐げられているアジアの民の連帯を主張していた。それは、物質文明に対する精神文明の優越性を説くものであった。ところが、日露戦争も終盤にさしかかった一九〇四年一一月、彼は『日本の目覚め』を著し、機械文明や富の崇拝といった精神的頽廃（白禍）を論じた上で、この度の日露の開戦に関して次のように述べていた。

（ロシアは）竜の逆鱗にふれた。こうして、われわれは起った。遼東の岩をよじ、黄海の波をけって、われわれは決死のいくさを戦った。われわれは、祖国のためにのみ戦ったのではない。維新の理想のため、高貴な古典文化の遺産のため、全アジアの輝かしい再生を夢見た平和と融和の理想のため、戦ったのである。[39]

この時点での岡倉は、アジアの精神文明の保全のために、西洋型のパワー・ポリティクスを容認するという矛盾に陥っていたといえる。しかも、彼の考えの中では、日本は明らかにアジアの解放者として位置づけられていたのである。(40)彼がその生涯において、直接に現実政治を論ずることは極めて異例なことであり、事実、二年後に書かれる『茶の本』の中で、彼はパワー・ポリティクスの論理を完全に否定するのである。しかし、一時的であるとはいえ、文明論的アジア主義者ともいうべき岡倉ですら日本盟主論を唱えたということは、この時期の日本において、アジア解放者としての自己規定がいかに行き渡りつつあったかが理解されるのである。

第二節　第一次世界大戦前後におけるアジア主義の諸形態

日本は、将来の対外的発展の方向をどこに求めるべきなのか。日清戦争による台湾領有以後の日本の政策は、主として第二代台湾総督の桂太郎が唱えた「北守南進論」に沿ったものであった。南進論は明治一〇年代から二〇年代にかけて最初の盛行を見たのであるが、元来その主張には文化的・歴史的類縁性に基づきつつ欧米列強への抵抗を説くアジア主義との接点は少なく、むしろ政策次元で論じられる傾向にあった。(41)しかし、辛亥革命後の中国情勢の不安定化は、北守南進論が満洲放棄や朝鮮放棄に繋がりかねないという批判を強めることとなる。ここに、マスコミ界も含めて南進か北進かという議論が生じることとなったのである。雑誌『太陽』第一九巻第一五号（一九一三年一一月一五日）が「南進乎北進乎」という特集を組んだことは、そうした風潮をよく示している。

しかし、南進か北進かをめぐる議論は、徳富蘇峰の著書『時務一家言』によってほとんど帰趨を決せられることになる。すなわち、徳富は同書において、「北守南進は、天下の愚論也、国是を紛更する妄説也」(42)と説き、「日本帝国は、島帝国たると同時に、又た大陸帝国たらざる可からず。海洋を支配するが如く、又た陸地をも支配せざる可からず。南進すると与に、北進せざる可からず」(43)とするように、陸海両本位＝南北併進を主張したのである。彼の所説は、日本の強国主義、膨脹主義という大前提の前では、「南進か北進か」という対立自体が無意味であるとして、この論争を事実上無化してしまうという役割を果たすものであった。(44)しかも、ヨーロッパで発生した大戦は、結果的に列強諸国のアジアでの行動を制約することとなり、それに伴って南進か北進かという議論は自然消滅してしまうことになる。それに代わって生じるのが、中国問題を一気に解決しようという気運の高まりであった。そして、そこにはアメリカにおける排日運動の高まりが今一つの要素として加わり、アジア主義言説においては、人種対立の構図が以前にも増して強調されることになるのである。以下、その事例のいくつかを見ていくことにしよう。

第一次世界大戦勃発後のアジア主義は、列強による干渉の希薄化に伴い、モンロー主義が再び台頭してくる点に一つの特徴を見出すことができる。それは、日本の参戦を正当化するためにも用いられた。例えば、一九一五年に書かれた「欧州戦局と我日本」という論説は、日本の青島出兵は日英同盟の情誼によるというよりは、むしろ極東における一種のモンロー主義を実施するためであったと述べる。ここでいうモンロー主義とは、「亜細亜以外より如何なる国にても其軍国主義を極東に樹立すべき方略を採ることに極力反対せんとすること」であるが、それは決して欧米列強の動向に超然として実現できるものではなく、むしろ彼らとの協調関係を維持することによって可能となるものと考えられた。(45)この意味では、この論説はモンロー主義を「至当」とはしながらも、既存のシステムに挑戦する動機づけは少ないといわなければならない。

この時期、日本の言論界には日英同盟の効果がほとんど薄れてきたとの認識と相俟って、イギリスに対する不信感が現れ始める。例えば、杉田定一はイギリスが陰険な策を弄して日中関係の離間を謀っていると見なしている。そして、欧州大戦が明確な勝敗が決せぬままに第三国の調停によって講和となったならば、列強諸国が一時的な停滞の後に再びアジアに押し寄せることは必至と考え、これに対処するための唯一の道は「亜細亜を糾合し、其力によって、此勁敵に膺《あた》る」[46]こと以外にはなく、そのためにはまず日中両国の親善を図り、ここから「亜細亜連盟」なるものを計画していくことが必要であると論じている。それはさらに、文化的親近性をもってインド、イスラム圏との連携に進むものとされた。しかし、杉田の考えるところでは、大アジア主義とは排外的意図を含むものでも「黄人の保護色」でもない、「談理を超越せる人情の自然」であり、「天の命ぜる民族生存の一要件」であるとされている。[47]それは、人為的同盟に拘泥して国威を損ねる外交政策に取って代わるべきものと考えられたのである。

当時、日本を指導者とするアジア・モンロー主義の構想を、より大胆な形で提示したのは経済学者の河田嗣郎である。彼の考えるモンロー主義とは以下のようなものである。

東洋に於ける我国の優越なる勢力を列国をして承認せしめ、また我国の特殊利益を尊重せしめ、東洋に関する問題に関しては常に我国を首位に置き、原則として我国の力に依りて之を解決し、つまり東洋をして東洋人の東洋たらしめ、我国を以て其の指導者と為し又保護者足らしむると云ふの謂に外ならぬ。[48]

そして、これを実現させるためには「内容的勢力」としての軍事と経済を充実させる必要がある。しかし、軍事はあくまでも防禦をもって旨とし、主とすべきものは経済である。ここに、日本の今後の方針は経済的国家主義とされるのであるが、それは「国家的自給政策」という形式の下に現れるものである。しかし、日本は領土が狭小であって天然資源に乏しい上に、海外に領土拡張が困難な状況ではアジアを範囲とする経済的モンロー主義を布く以外にないとされるのである。かくして河田は、日本が経済的実力を得るためには、アジアにおける経済的優先権を確保することが不可欠であるという前提の下、アジアを日本の経済的支配下における自給的領域とし、そこから欧米の影響力を排除しようという経済圏構想を提起するに至るのである[49]。

このような、具体的なアジア・モンロー主義が論じられるに至った背景には、日本の中国における特殊権益を承認した「石井・ランシング協定」の締結（一九一七年一一月）があった。しかも、アメリカ人であるジェームス・フランシス・アボット（James Francis Abbott）は自著の中で、日本によるアジア・モンロー主義の主張を容認すべきだとし、そうすることによってアメリカは中国の門戸開放を確実にするという利益を得ることができると述べていた[50]。このことは、同書の跋文で浮田和民も述べているように[51]、明らかに「石井・ランシング協定」を念頭に置いたものであって、当時の日本人にアジア・モンロー主義が国際的認知を受けたと感じさせるに十分なものとなったのである[52]。

以上のような観点は、一九一八年の末に書かれた副島義一の「支那問題を対象とする恒久平和の要件」にも引き継がれる。著者はそこで、アメリカがモンロー主義を保持するのと同様に、東亜で「日支連盟」を作ることによって将来の国際連盟による世界平和確立の一段階にする必要があると述べる[53]。そして、そのためにも中国は十分な国力を養う必要があるが、このことについては「石井・ランシング協定」で認められたように、日本は他の諸国とは違って特殊な関係、特殊利益を有することは当然であるとされたのである[54]。

ところで、以上のような勢力圏構想という現実の政策的観点から生じるアジア・モンロー主義とは別に、この時期には人種主義に基づいた言論もなされていた。前述したように、徳富蘇峰は大戦勃発以前から日本の対外膨脹の必要性を積極的に論じていたのであるが、一九一六年に入ると『大正の青年と帝国の前途』を著し、日本の使命は世界における黄白人種の均衡を回復することであると論じるようになる。しかし、スエズ以東のアジア地域が日本を除いて白人勢力の支配下にある現状において、人種的平等主義を即座に実行することは極めて困難であった。しかも、日本と人種を同じくする中国は、常に白人種に頼って生存を図るばかりである。こうした現状から判断して、日本は断固としてアジア・モンロー主義を遂行しなければならないとされるのである。彼は極めて率直に次のように述べる。

亜細亜モンロー主義とは、亜細亜の事は、亜細亜人によりて、之を処理するの主義也。亜細亜人と云ふも、日本国民以外には、差寄り此の任務に膺るべき資格なしとせば、亜細亜モンロー主義は、即ち日本人によりて、亜細亜を処理するの主義也。(55)

徳富は自らのアジア・モンロー主義の目的を、「白閥の跋扈を掃蕩する」ことにあると述べている。(56) この言葉は、彼の人種対立論を非常に強く印象づけるものである。しかし同時に、我々は彼の論の中からは、「白閥」と闘うべくアジアの「黄人」の連帯を求める傾向が極めて希薄であることに気づく。それは、上記引用部分で語られているように、日本人が他のアジア人と同一地平に立つことを求めるのではなく、明白にアジアを処理する主義なのである。さらに徳富は、日本人たるものは「自ら黄色人種たるを愧とせず、自家の面目を、堂々露呈し、他の長を採り、我が短を補ひ、自ら研磨、精進して、総ての点に於て、白人以上の資格を備へ、事実の論理の前に、白人を承服せしめ、更に我が東洋人士を誘掖して、白人と対等の交際を做さしむる」(57) ことが必要であると述べる。ここには、アジアの指導者として白人以上の資格を備え、白人を承服させる立場の日本と、導き助けられる東洋人士の明確な区分がなされていることを容易に見て取ることができるのである。(58)

徳富蘇峰の著書は当時の言論界に大きな影響を与えたが、これに最も好感をもって反応したのは大谷光瑞である。彼は一九一七年に『慨世餘言』というタイトルの著書を発表したが、その副題は「『大正の青年と帝国の前途』を読む」とされていた。ここで大谷は、徳富の著書の骨子が「亜細亜主義の五字にあり」とし、「亜細亜主義とは即ち大日本主義なり」と断じているが[59]、こうした評価はまさに正鵠を射たものであり、加えて当時の彼の主張と重なり合う部分を持つものでもあった。すなわち、大谷は前年に「帝国之危機」という論説を発表し、「亜細亜人の平和と福祉を増進せしめ、他国の来て亜細亜を侵凌暴虐をなさんとするを禦ぐ[60]」べく、アジア主義の遂行を唱えていたのである。

大谷がアジア主義を主張する根拠は、それが外患に対処し得る有効な手段と考えられたためである。彼が見るところでは、主要国家のうちで日本に禍をもたらす危険性を持つ国はアメリカと中国である。アメリカは近年急速に海軍力を増大させている点で脅威であり、また元来日本と親交を持つ国でありながら、近年に至って太平洋岸において日本人の排斥を行っていることは、全く不当なことであるとされた。これに次ぐのが中国である。中国は大国でありながら自存することができず、「夷を以て夷を制す」の術により列強を翻弄しようとして、逆に列強によって蠶食されている状態である。しかも、止むことのない国内の騒乱は東洋の平和を乱すばかりである[61]。大谷の考えでは、このような状態にある中国に、自覚を与え奮励させることが日本の務めであり、この上に立って初めて両国の「真正の親善」が成り立ち得るのである。

大谷のアジア主義は「日支親善」——もちろん主導権は日本にある——を基礎に、アメリカに対抗しようとする点で特徴的であった。これを強く意識して書かれたのが、国粋主義者として知られる若宮卯之助の「大亜細亜主義とは何ぞや」である。若宮によれば、アジア主義とは「欧米勢力を亜細亜に拒絶して、亜細亜人の亜細亜を建立せんとする、一の新なる理想」であるとされ[62]、この点においては他の論者と大きな違いはないが、それを侵略的・略奪的性格を持つ西洋文明とは異質な文明に拠って立つものとする点で特徴的である。例えば、アジア主義をして西洋文明の悪魔性を回避する手段とする見方は、この時代にあっては独特のものである。

さて、若宮は、大谷が大アジア主義を理想とするにもかかわらずアメリカの西洋主義を不当とするのが理解できないとする。そもそも、アメリカの軍備はアジアや日本に向けてのものではなく、南米を意識してのものであることは明白である。そうだとすれば、大谷のアメリカへの対抗を主眼とするアジア主義は全く的外れということになる[63]。若宮の考えでは、日本を含むアジアの主たる敵はイギリスである。彼によれば、日本はかつてアジアにおけるイギリス外交の門番の如きものであったが、日露戦争後の現在では、アジアで両国に共通する利害はないとされるのである。ここには、日英同盟の冷却化が如実に反映されていることを見て取ることができるであろう。若宮は次のように述べる。

日支離間の常習的陰謀者たる英人の亜細亜よりの退却を見ずに、何処に断金的日支提携の可能がある。日支親善の主義を基本として直に大亜細亜主義の理想の実現を空想する者は、先ず此の点に於て活眼を開くの必要がある[64]。

ここから分かるように、彼の「大亜細亜主義」はイギリス主敵論と日中提携を骨子としていた。そして、将来においては、イギリスからインドを独立させて、三国による同盟関係を創り上げることを構想していたのである。徳富をはじめ大谷、若宮に至るまで、程度の差はあるにせよ、白人種による黄色人種に対する排斥の事実に憤りつつも、しかし同人種である中国人の頽廃という現実から、日本の圧倒的な主導権の行使が必要であるとする点では一致していた。小寺謙吉の『大亜細亜主義論』もやはり同様の立場に立つ。小寺は同書において、昨今の「汎…主義」の趨勢の中でヨーロッパ人種による「攻勢的・積極的・征服的」なる黄禍論に対抗するには、「防禦的・消極的・平和的」をもって特徴とする大アジア主義の採用が必要であると述べている[65]。そして、この大アジア主義は四つの段階を踏むものと構想された。すなわち、第一期には日本と中国がこの主義の下に統一され、第二期には同一民族中の独立国家をこれに包み入れ、第三期には異民族によって支配された民族をこの中に入れ、そして第四期に至って全アジアの民族にこれを及ぼす、というものである。[66]

小寺の考えにおいては、黄色人種の中の最強国である日本と、最大国である中国が大アジア主義の中心となるとされるのであるが、日本は中国を「指導し扶護する」役割を負うものと想定されており、この点において彼は他の多くのアジア主義を唱える人々と変わりはなかった。そうした中で目を引くのは、「支那の覚醒」の代表的事例として孫文、胡瑛、黄興ら同時代の中国政治指導者の言説を引いていることである。特に、孫文が一九一三年二月の訪日の際に東亜同文会で行った演説については、「是れ純然たる大亜細亜主義論にして渠が曩に日支連合を政綱の一としたる理由の註釈とも視られざるに非ず」[67]と評価している。孫文自身の思想については後に扱うこととして、ここでは小寺が自らの大アジア主義を正当化するために、中国側からの「日支親善」に結びつく言説を必要としていたことが理解されればよいであろう。

一九一七年の段階で日本のアジア主義を分類し、その真諦を「日本主義」であると喝破したのは北昤吉である。北は前述した杉田定一、大谷光瑞、澤柳政太郎のそれぞれの「アジア主義」が成立の余地のないものだと切り捨てる。すなわち、杉田の所説は「攘夷的亜細亜主義」というべきものであって、黄白人種の大衝突が近い将来に起こり得るだろうと想像し、黄人連盟を作って白閥を討伐しようとするもので、実現の可能性を欠く上に却って日本の前途を誤るものだとする。また、大谷の主張は「自衛的亜細亜主義」とされ、劣弱である民族が、アジアに在るがゆえに結束しようとすることは、人種的偏見に捕われたものであり、もし自衛のために弱者同士が提携する必要があるとすれば、その提携の範囲はアジアに限られるべきではないのではないかとされる。[68]

それでは、北の考えるアジア主義とはいかなるものか。それはモンロー主義と同様、日本の政治的存在を確保し日本の文化の発展を希求するために、アジアにおける欧米諸国の圧迫を排除し、日本の指導的地位を確定することに他ならないとされる[69]。「アジア人のアジア」をモットーとするアジア主義に何らかの意義があるとすれば、それは本質において大日本主義でなければならないのである。我々は先に、大谷が徳富蘇峰のアジア・モンロー主義を評するに「大日本主義」という言葉を用いた事例を見たが、そこでは形だけとはいえ、まだ日中提携を前提とした黄白人種対立の構図が存在していた。ところが、北の場合になると、「吾人は国民の義務として人種的反感を挑発して白人憎悪の中心となることも、又弱小国の道連れとなって宋襄の仁を学ぶこともできない[70]」という言葉に現れているように、もはやそうした粉飾は一切消え去ってしまっているのである。ここには、アジア主義の究極の姿が剝き出しの形で描かれているということができるのではあるまいか。

さて、徳富や大谷の主張は、明確に白人種との対決を意識したものであった。これに対して、この時期の浮田和民のアジア主義がいかなるものであったのかを次に見ていくことにしよう。浮田が日露戦争以前においては、日本のモンロー主義に懐疑的であったが、戦後になると、それに急速に接近していったことはすでに述べたところである。そして、一九一五年に出版された著書の中で、彼は「極東の諸国は、先づ日本を中心として、一大団結を為すのが、将来必至の大勢といふものである[71]」と述べ、日本盟主論を明確に打ち出すことになる。これは、大戦勃発による浮田の「帝国主義論」の破綻ともいうことができるであろう。しかし、日米対決よりは協調に力点が置かれており、この点では徳富らとは大きな距離があるといえる。このような傾向は、一九一八年に書かれた「新亜細亜主義（東洋モンロー主義の新解釈）」にも受け継がれることになる。この論説は、欧米との対決を目指さないアジア主義であり、その目的は世界的平和機構を支えるものとしての地域的平和機構の創出を志向するものであったと評価される[72]。だが、同時代の中国の反体制思想家はこの論説に強く反発することになる。その問題は後の章で扱うこととして、ここではその概要を示しておくことにする。

浮田によれば、アジア主義には（一）旧亜細亜主義、（二）新亜細亜主義、（三）新新亜細亜主義の三つの種類があり、彼が採用するのは最後のものであるとされる。なぜなら、第一のものはオランダ人を除き、アジア以外の人間とは一切の関係を持とうとしない鎖国時代の発想であり、第二のものは、徳富蘇峰のアジア・モンロー主義であるが、それは人種主義に基礎を置いた感情的外交政策であるため極めて危険なものであるからである[73]。しかし浮田は、この人種的観点にのみ批判を集中させるのであって、「亜細亜モンロー主義の中堅となるのは実際日本であり、又た此の主義は日本なくして成立するものでない[74]」という前提には変わりなかった。そこで、浮田が考える「新亜細亜主義」とは以下のようなものである。

吾人の主義も亜細亜人によりて之を処理す可しといふ主義である。即ち東洋自治主義である。東洋の事は東洋人が之を処理するの主義である。併し乍ら其の所謂亜細亜人若くは東洋人とは単に白人に非ざる亜細亜人若くは東洋人なりとする解釈を否定するのである。吾人は亜細亜に定住する凡ての民族を人種の異同に拘らず亜細亜人なりと解釈するものである[75]。

アジアの問題は日本を中心とするアジア人が処理するということが浮田の主張の中心であるが、しかしそれは決して独占的・排他的な指導を意味するものではなかった。日本人のみならず、すべてのアジア人の利害を顧慮しなければならないのである。そのためには、諸外国の承認を受けておく必要があり、具体的には日英同盟の他に「日支同盟」を作る必要があり、これら二つの同盟が融合して三国同盟となればそれに越したことはない。そして、これに日仏・日露協約を加えることができるなら、東洋の平和と日本の安寧が脅かされることはないと述べるのである[76]。

浮田は、新亜細亜主義には現状維持と現状変化の可能性という二つの原則があるとして、これらを「新亜細亜主義の消極的要件」としている。他方、「積極的要件」としては、「亜細亜の列国をして其の内治上に各々完全なる自治独立を保持せしめ、而して其の外交上には亜細亜全体の正義と平和とを確保するに足る一種の協同を成立せしむること」であるとしている(77)。それは、アメリカ大陸連合、ヨーロッパ連合の成立に対応するものであって、この三つの連合の鼎立によって世界平和が確実になると見なされた。そして浮田は、アジアの連合の中で日本のあるべき姿勢は政治的権力を求めることではなく、経済上の利益を全うすることであるという。すなわち、日本は「政治上に於ては真に東洋保護者の責任を全うし而して経済上に於ては自他平等に利益を分つ相互主義を取るならば頓て日本と支那との間には経済的同盟も可能と(78)」なるのである。彼の議論は、欧米との協調を目指すものであることは事実であるが、彼がいかに平和の実現を目指すものであると強調しても、その「地域的平和機構」の行き着く先は、モンロー主義に名を借りた日本の資源確保に向けた経済圏構想でしかなかったというべきであろう(79)。

以上のように、第一次世界大戦前後にはアジア主義やアジア・モンロー主義を標榜する様々な言説が発表された。しかし、実践的なアジア主義者たちを除けば、徳富や大谷そして浮田のように繰り返しその理論を説いた人は少なく、むしろ経綸策を論じる際の行き掛かりとしてこの問題に触れている者の方が多いように見える(80)。だが、このことは翻っていえば、それほど日本の言論界あるいは知識界にアジア主義を肯定的に捉える風潮があったことを示している。しかも、そこで唱えられた言説のほとんどは、日本以外のアジア諸国の弱体性を前提として、日本の指導的立場が無条件に承認されるはずだという一方的な思い込みに基づいたものでしかなかった。そこには、アジアからのフィードバックは全くなかった。まさに、そのような形でアジア主義は時代の思潮として沸き立っていたのである。だが、こうした風潮に対して冷やかな態度で臨んだ者もいた。以下、そうした事例として大山郁夫と吉野作造の言説を紹介して、本節の締め括りとしよう。

大山郁夫は、黄禍論の隆盛の状況下で、欧米人の神経を逆撫でするような議論は慎むべきだと主張する。大山によれば、アジアをしてアジア人の天下にしようと画策する者たちは、「大帝国歟、否れば没落歟」と叫び、「徒に空中の楼閣を趁うて無打算に行動して、其脚下に自滅の墓を掘ること」を行っているのである。[81]その一例として挙げるのは、先に触れた杉田定一の「我が外交と東亜連盟」であるが、大山は杉田の所説を粗雑と呼ぶことも憚られるほどに低レベルのものであると述べている。そして、欧米人をアジアから一掃するために、世界の半分以上を敵として戦い、その上戦勝の後にアジア人全般の幸福を図るためには一体いかなる経済的、軍事的、および行政的基礎があるのかと、そのプログラムの現実性に疑問を呈する。結局のところ、アジア諸国が自らの発展を図らずに、現状のままで大アジア主義を唱えて無闇に排外を煽ることは、危険な事業というよりはむしろ「冒険の程度を超脱した無鉄砲の投機」に他ならないのである。[82]

大山は、アジア主義実現のためには少なくとも七つの障害があるという。[83]そのうちのいくつかを挙げれば、列強の既得権益を否定して経済発展を図ることは困難であること、アジア諸国間の現在および将来における実質的基礎が薄弱であるため、欧米との対決は不可能であること、そして何よりもアジア諸国相互間の信頼の欠如という事態が存在している。このような大山の指摘は、冷静な分析の上に立ったものということができる。さらに、思想としてのアジア主義の妥当性も問題とされる。すなわち、それは現代世界の政治思潮の主流である国民主義（ナショナリズム）と超国家的世界主義（コスモポリタニズム）とも齟齬を来すものであり、「其世界主義でなくして極端なる排外主義である点は、世界の他の部分の反感を挑発する所以で、国民主義の倫理的基礎を欠く点は、内部の結合力の薄弱を致す所以である」[84]と見なされた。結局のところ、思想としてのアジア主義は現実性と有用性を欠いているという結論になるのである。

次に吉野作造についてであるが、周知の如く彼は第一次世界大戦中にしばしば中国問題を論じ、寺内内閣の段祺瑞政権援助政策を批判し、そして日本の大陸侵出のイデオロギーであるアジア主義の利己的性格を問題視していた。例えば、一九一八年に吉野は「我国の東方経営に関する三大問題」を著し、国防、経済、文化の各問題についての日本のこれまでの成果と問題点を論じていた。彼はこれら三つのうち、日本は文化問題に関しては東方を閑却していたため、「殆ど言ふに足るもの無し」と断言する。[85] アジアにおいて、日本は文化的指導者の地位に立ち得ていないというのである。そうであれば、維新以後の日本は、奮励努力によってアジアの雄国となったからには、自らの文化的使命を自覚して、これをもって今後の国運発展の理想としなければならないのである。

それでは、近年議論されているアジア主義に対して、吉野はどのような姿勢を取ったのであろうか。彼は、「若し此の意味が、今後日本の国是は日本として東洋諸国に於ける文化の大宗たらしめざるべからずといふのであれば、是れは予輩の日本民族の文化的使命と同一の趣意である」[86]と述べている。しかし、現実の多くのアジア主義の議論がその範囲に留まっていたのでなかったことはすでに見たとおりであるし、吉野もそのことを認識していたのである。そこで吉野は、アジア主義という言葉がこれまで「高尚なる精神的意義」に用いられてこなかったと批判し、次のように述べる。

> 東洋民族殊に支那民族が、動もすれば日本民族に反感を懐き容易に我々と提携せざるに苦しんだ結果、我々日本人の方より、将来に於ける白皙人種の人種的圧迫を説いて、強ひて東洋諸民族の結束を促さんが為め唱へられた事がある。此意味に於ての大亜細亜主義は取りも直さず一種の排外思想である。白皙人種を共同の敵として、黄色人種を無理に結束せんとする苦肉の計に出づるものである。[87]

吉野は、単純に人種的対立の構図をもってアジアを一括りにすることは余りにも乱暴な議論であって、中国人やインド人の納得を得ることはできないだろうと述べる。このようなことからして、「今後東洋諸民族を結束するを得るの大亜細亜主義の原理は、之に依って又欧亜米人とも提携し得る所の広い立場に立つものでなければならない」(88)ということになるのである。

この論説において、吉野は決して日本の帝国主義政策を否定しているわけではない。それどころか、日本の大陸経営は当然のことと考えられており、その上に立っての中国との関係改善であり、そしてその手段としての文化問題への言及であったのである。しかしそのような限界があったとしても、当時のアジア主義に対する批判はまさに正鵠を射たものであった。だが同時に、アジア主義が欧米への対抗概念として、日本主義をオブラートに包む形で形成されたものである限りにおいて、吉野がいうような「欧亜米人とも提携し得る」ものであることは極めて困難であったというべきであろう。すなわち、アジア主義が本来的に、普遍的合理主義に根差す思想と対極にあるロマン主義の傾向を帯びているものとすれば、おそらく吉野の求めた方向はおよそ実現の可能性を欠いたものであったと考えられるのである。そして、その可能性の有無はおそらく、自国のあり方をトータルに否定する契機を持ち得るか否かにかかっていたのである。

本章においては、日本におけるアジア主義の思想的起源から説き起こし、明治・大正期の論壇における展開の過程を見てきた。それらは本来的に一つの「主義」と規定するには極めて曖昧で、かつ多様な形態を取って現れた言説の集積であった。しかし、その全体的特徴をいうならば、それは当初から人種対立的観点と日本の指導性をもって出現した。日清戦争前後に盛んに唱えられるアジア・モンロー主義も、その実態はアジア主義とほとんど変わるところはなかった。一九一〇年代末までの論壇に現れたアジア主義は、総じて反欧米列強・反白人種を唱えながらも、アジアからのフィードバックを欠き、日本と他の諸国を同一地平に立つことを求めようともしない、日本主義を本質とする偽装された連帯の思想であったのである。

もちろん、本章で見たように、そうした傾向に異を唱える論者もいた。しかし、彼らの議論からも、アジアの抱える課題を「非日本主義」的、あるいは「脱日本主義」的に解決するための模索がなされたとはいい難い。これらの矛盾は、果たして実践的なアジア主義者によって克服されたのか、あるいはその方向性を強められたのか。この問題は、次章以下で個別のアジア主義者を素材とすることで明らかになるであろう。

（1）松田宏一郎「『亜細亜』の『他称』性―アジア主義以前のアジア論―」、日本政治学会編『日本外交におけるアジア主義（年報政治学　一九九八年度）』、岩波書店、一九九九年、四一頁。
（2）山室信一「日本外交とアジア主義の交錯」、『日本外交におけるアジア主義（年報政治学　一九九八年度）』、五頁。
（3）西川如見「増補華夷通商考」、飯島忠夫・西川忠幸校訂『日本水土考・水土解弁・増補華夷通商考』、岩波書店、一九四四年、一一三頁。
（4）林子平『海国兵談』（一七九一年）、岩波書店、一九三九年、九頁。
（5）同右、二五頁。
（6）会沢正志斎「新論」（一八二五年）、今井宇三郎ほか校注『水戸学』、岩波書店、一九七三年、八八頁。
（7）同右、九四頁。
（8）平野国臣「制蛮礎策」（一八六三年）、宮部力次『平野国臣』、裳華書房、一八九六年、四〇頁。
（9）同右、四一頁。
（10）同右。
（11）「大日本国大清国修好條規」、外務省編『日本外交年表竝主要文書（上）』、原書房、一九六五年、四五頁。
（12）竹内好「アジア主義の展望」、六一頁。
（13）征韓論の実態に関しては、毛利敏彦『明治六年政変』（中央公論社、一九七九年）に詳しい。

(14) 黒龍会『東亜先覚志士記伝』上冊、原書房、一九六六年、三八〜三九、四三頁。
(15) 葦津珍彦『永遠の維新者』、葦津珍彦の主張普及発起人会、二〇〇五年、三六、四一頁。
(16) 頭山満『大西郷遺訓　立雲頭山満先生講評』、政教社、一九二五年、八〜九頁。
(17) 竹内好「アジア主義の展望」、六三頁。
(18) 松本健一『竹内好「日本のアジア主義」精読』、岩波書店、二〇〇〇年、一五二頁。
(19) 狭間直樹によれば、興亜会に先行する団体として振亜社が存在したが、ほとんど実体がなかったとされる（「初期アジア主義についての史的考察」、『東亜』第四一一号、二〇〇一年九月、九一頁）。
(20) 黒木彬文「興亜会・亜細亜協会の活動と思想」、黒木彬文・鱒沢彰夫編集・解説『興亜会報告・亜細亜協会報告』第一巻、不二出版、一九九三年、四頁。
(21)「興亜会規則」、『興亜会報告・亜細亜協会報告』第二巻、二五九頁。
(22)「欧羅巴四国同盟と亜細亜二国同盟」、『日本人』第六二号、一八九〇年一二月一六日、七頁。
(23) 同右、八頁。
(24)「亜細亜旨義とは何んぞ」、『亜細亜』第三二号、一八九二年二月一日、二頁。「旨義」とは通常「意味」や「趣き」の意味とされるが、ここではほとんど「大義」「主義」の意味で用いられている。なお、スピルマンの研究によれば、「アジア主義」という用語が最初に登場するのは、一九一三年六月二七・二八日に『大阪朝日新聞』に掲載された「日本民族の同化性」という論説においてであった（クリストファー・W・A・スピルマン「アジア主義の再検討」、柴山太編『日米関係史研究の最前線』、関西学院大学出版会、二〇一四年、五四頁）。ただし、同記事は日本人がヨーロッパに対抗しようとする意思のないことを論じたものであり、アジア主義は否定的に捉えられていた。
(25) 同右、三頁。
(26) 森本駿「我邦は亜細亜に於てモンロー主義の実行を宣言すべし」、自由党『党報』第六五号、一八九四年七月二五日、六〜七頁。
(27) 田岡嶺雲「東亜の大同盟」(一八九七年一一月二五、二八、二九日)、西田勝編『田岡嶺雲全集』第二巻、法政大学出版局、一九八七年、四三一〜四三二頁。
(28) 同右、四三五頁。
(29) 田岡嶺雲「日清同盟」(一八九八年四月五日)、同右、五二八頁。
(30) 近衛篤麿「同人種同盟　附支那問題研究の必要」、『太陽』第四巻第一号、一八九八年一月一日、一〜二頁。
(31) 近衛篤麿日記刊行会編『近衛篤麿日記』第二巻、鹿島研究所出版会、一九六八年、一九五頁。
(32) 竹越與三郎「世界の日本乎、亜細亜の日本乎」、『国民之友』第二五〇号、一八九五年四月一三日、二頁。なお、原文は無署名であるが、ここでは山室信一の所説に従った。
(33) 浮田和民『帝国主義と教育』、民友社、一九〇一年、三六頁。
(34) 田中守平「東亜連邦論(五)」、『日本人』第四一二号、一九〇五年六月五日、一七頁。
(35) 田中守平「東亜連邦論(六)」、『日本人』第四一四号、一九〇五年七月五日、一八頁。
(36) 同右、一八〜一九頁。
(37) 浮田和民『倫理的帝国主義』、隆文館、一九〇九年、二九七頁。
(38) 中村尚美『明治国家の形成とアジア』、龍渓書舎、一九九一年、二九七頁。
(39) 岡倉天心「日本の目覚め」、色川大吉編『岡倉天心』、中央公論社、一九八四年、二六二頁。
(40) 坪内隆彦は、岡倉のこうした傾向を当時の国粋派の動向の一環と見なし、その言説が「国家の論理に巻込まれていたことを示す」ものであるとしている(『岡倉天心の思想探訪』、勁草書房、一九九八年、五四頁)。
(41) 清水元「アジア主義と南進」、大江志乃夫ほか編『統合と支配の論理　岩波講座　近代日本と植民地　四』、岩波書店、一九九三年、九五頁。

(42) 徳富猪一郎『時務一家言』、民友社、一九一三年、二九三頁。
(43) 同右、三一七頁。
(44) 清水「アジア主義と南進」、九九頁。
(45) 無署名「欧洲戦局と我日本」、『中央公論』第三一四号、一九一五年二月、一一～一二頁。
(46) 杉田定一「我外交と東亜連盟」、『日本及日本人』第六七四号、一九一六年二月、二九頁。
(47) 同右、三〇頁。
(48) 河田嗣郎「経済的モンロー主義」、『太陽』第二巻第二号、一九一八年一月二七日、二頁。
(49) 同右、九～一〇頁。
(50) ジェームス・フランシス・アボット『日米問題』、大日本文明協会、一九一八年、二七二～二七三頁。
(51) 同右、三九～四〇頁。
(52) なお、当時日本にいた中国人留学生も、同協定を「極東モンロー主義」の宣言と見て、日本の大陸政策に反対する運動を起こしていた（小野信爾『五四運動在日本』、汲古書院、二〇〇三年、二八～三三頁）。
(53) 副島義一「支那問題を対象とする恒久平和の要件」、『太陽』第二五巻第一号、一九一八年一二月二七日、一二七頁。
(54) 同右、一三〇頁。
(55) 徳富猪一郎『大正の青年と帝国の前途』、民友社、一九一六年、四〇二頁。
(56) 同右、四〇三頁。ちなみに、徳富は自らの主張が決して白人の排斥を意味するものではないとしているが、そうした姿勢については、彼が「日本の世界における力の限界を自覚し、欧米勢力を無理にアジアから駆逐しようとして、かえって独立の危機を招来するような愚を避けようとする」ことを考えてのものであったとする見方がある（中村尚美「徳富蘇峰の『アジア主義』」、『社会科学討究』第三七巻第二号、一九九一年一二月、一九頁）。

(57) 同右、四〇六頁。
(58) こうした点から、徳富のアジア・モンロー主義とアジア主義の異質性を強調する論者もいる(李京錫「徳富蘇峰の亜細亜モンロー主義―大乗的使命と小乗的使命の関係―」、『早稲田政治公法研究』第七三号、二〇〇三年、二二九頁)。しかし、アジア主義が極めて曖昧な「主義」であることを念頭に置けば、両者の間に明確な線引きを行うことには、さほど意味があるとは思われない。
(59) 大谷光瑞『慨世餘言』、民友社、一九一七年、二頁。
(60) 大谷光瑞「帝国之危機」、『中央公論』第三四一号、一九一六年三月、二二頁。
(61) 同右、一八頁。
(62) 若宮卯之助「大亜細亜主義とは何ぞや」、『中央公論』第三四二号、一九一七年四月、三～四頁。
(63) 同右、一一頁。ちなみに、若宮はこれより前に、アメリカ人が日本のモンロー主義を許容する著作(ジョージ・ヰリアム・ノックス『東洋文明論』、内外出版協会、一九〇七年)を翻訳しており、あるいはそのことも彼の言説に影響を与えているのかもしれない。
(64) 同右、一三頁。
(65) 小寺謙吉『大亜細亜主義論』、東京宝文館、一九一六年、四頁。
(66) 同右、二七〇頁。
(67) 同右、一〇一八頁。なお、ここで小寺が「政綱」としているのは、文脈から判断して胡漢民の「民報の六大主義」を指しており、孫文の著作ではない。
(68) 北昤吉「誤解されたる亜細亜主義」、『東方時論』第二巻第七号、一九一七年七月、四～六頁。なお、北は澤柳の主張を「文化的亜細亜主義」と規定して、漫然と東洋文化を主張するのみと批判している。
(69) 同右、八頁。

(70) 同右、一〇頁。
(71) 浮田和民『世界の一回転』、冨山房、一九一五年、八一頁。なお、姜克實の研究によれば、浮田の言論にアジア主義の主張が最初に現れたのは、一八九六年一月の「新日本の大問題」という論説においてであるとされ、この中で彼はすでに日本盟主説を唱えていたとされる(『浮田和民の思想史的研究』、不二出版、二〇〇三年、四〇九頁)。
(72) 古屋哲夫「アジア主義とその周辺」、同編『近代日本のアジア認識』、緑蔭書房、二〇〇一年、七九頁。
(73) 浮田和民「新亜細亜主義(東洋モンロー主義の新解釈)」、『太陽』第二四巻第九号、一九一八年六月二七日、二〜四頁。
(74) 同右、七頁。
(75) 同右、八頁。
(76) 同右、九頁。
(77) 同右、一三頁。
(78) 同右、一四頁。
(79) 中村尚美は浮田の所説を、「とりもなおさず、『新亜細亜主義』を名分とする帝国主義的アジア侵略論であった」として、彼の正義や倫理を用いていた論理の破綻を示すものと見なしている(『明治国家の形成とアジア』、三一七頁)。
(80) 例えば、著名な社会学者であった建部遯吾のような人物も、日本の進路を論ずるに当たりアジア主義に言及し、アジア・モンロー主義が「実際主義」であり「国際政治主義」であるとの認識に立ちつつも、しかしその基礎がアジアを覆うだけの狭隘な理論であるとして、「東西普遍主義」「万国咸寧主義」よりも下位のものと見なしていた(『国体国是及現時の思想問題』、弘道会、一九二〇年、三九三〜三九六頁)。第四章で見るように、李大釗が日本のアジア主義を批判する際に、建部の名前も挙げていることは興味深い。

(81) 大山郁夫「大亜細亜主義の運命如何」(一九一六年三月)、『大山郁夫著作集』第一巻、岩波書店、一九八七年、一三九頁。
(82) 同右、一四二～一四三頁。
(83) 同右、一四四～一四七頁。
(84) 同右、一四八頁。
(85) 吉野作造「我国の東方経営に関する三大問題」(一九一八年一月)、『吉野作造選集』第八巻、岩波書店、一九九六年、三〇五～三〇六頁。
(86) 同右、三一一頁。
(87) 同右。
(88) 同右、三一二頁。

第二章　宮崎滔天のアジア革命論

本章は宮崎滔天（一八七一〜一九二二）とアジア、とりわけ中国との関わりを、思想と行動との側面から分析し、その特徴を考察するものである。

滔天は、近代における日本と中国の革命的連帯を象徴する人物として、これまでの研究では極めて好意的に評価されてきた。[1] それは、彼が同時代の国権主義的アジア主義者とは対蹠的な民権派アジア主義者であって、国利国権的思考とは全く無縁な人物と見なされてきたことによるものである。[2] 確かに、彼の思想は近代日本のアジア主義の流れの中では、他者との対等性を前提とする点で異彩を放っているといってよい。そして、その連帯論は孫文の革命運動の支援を伴うものであったことから、中国では今日においてもその功績は高く評価され、日本人の中では数少ない革命の功労者の一人に列せられているのである。

それでは、滔天の中国革命支援はいかなるものに由来するのか。それを一言で説明することは容易ではない。

ただ、それを「侠」の精神と結びつける見方は以前からある。[3] 実際、滔天自身も著作において、しばしば自らの行動を「侠」の精神と結びつけて論じているのである。「侠」の精神については、これを日本のアジア主義の「反知性的・非合理的なロマン主義的性格を濃厚に帯びていたことを、如実に示すもの」とする批判もあるが、[4] そもそもアジア主義の出自こそ反西洋的ロマン主義に求められ、それが後の発展の力となったことは確かであろう。滔天の「侠」の精神も、非合理的であるがゆえに彼をして中国に心情的にのめり込ませる一因となり、アジアの壮大な革命を追求させることとなったと考えられるのである。

しかし、本章は滔天の心情レベルの考察を主たる目的とするものではない。むしろ、時代環境の中での彼の言説と行動を追うことによって、近代日本のアジアでの在りようこそが問われなければならないと考えるからである。以下、本章においては、明治から大正にかけて、日本が次第にアジアの盟主たらんとして大陸への関心を深めていく時代環境の中で、滔天がいかなる形で思想形成を行い中国革命に関与するようになったのか、そして彼のアジア主義は日本の内政と国際秩序の変化に伴い、いかなる変容を遂げたのかを検討していくことにする。そこでは、日本の初期アジア主義の一つのモデルケースとされる、滔天の思想と行動の成果と限界が示されることになるであろう。

第一節　支那革命主義の形成

宮崎滔天（本名は寅蔵、戸籍名は虎蔵）は熊本県玉名郡荒尾の人である。滔天の思想形成にその家庭環境が大きな影響を与えたことはよく知られている。自伝の中で述べているように、彼は父からは「豪傑になれ大将になれ」と日に幾度となくいわれ、母からは「畳の上に死するは男子何よりの恥辱なり」といわれ、親類縁者や近在の人々からは「兄様のようになりなさい」といわれて育ったのである。[5]「兄様」とは熊本協同隊を結成して、西南戦争に加わり二六歳にして戦死した長兄の宮崎八郎のことであるが、彼の死は滔天の中に刻み込まれ、意識の深層にあって滔天の一生を支配し続けたといわれる。[6]滔天は八郎を通して、維新のやり直しという西郷隆盛の精神を受け継いだというべきかもしれない。そのため彼は、「官軍や官員や、総て官のつく人間は泥棒悪人の類にして、賊軍や謀叛とか云ふことは、大将豪傑の為すべき事と心得居」るようになったのである。[7]

「三十三年之夢」の記述によれば、滔天は幼少の頃から自由民権を唱えて憚ることはなかった。一八八四年、彼は徳富蘇峰が主宰する熊本の大江義塾に入学するが、自らの知識の欠如と弁舌の才のなさを痛感し、加えて名誉心こそ人間の本質とする同学の言に失望を覚え、翌年ここを退学して上京する。東京では精神的に満たされぬ生活の中で、キリスト教徒となり東京専門学校入学後には洗礼を受けている。帰郷後、長崎のメソジスト系のカブリ校に学ぶが、そこに多くの奨学金目当ての「詐欺信者」がいることを知り、キリスト教にも疑問を感じて棄教する。その頃、スウェーデン人の自然主義的アナキストであるイサク・アブラハム（Isak Abraham Ben）に出会い、その思想に関心を抱くところとなっているが、あるいは後の「自然自由の境」を求める思想はこの時期に胚胎したのかもしれない。

滔天は一八九〇年、一九歳にして前田案山子の娘槌子と婚約する。この頃まで、滔天の大陸への関心はほとんどなかった。[8]しかし、その彼に大陸に目を向けるよう熱心に説く人物があった。それは兄の宮崎彌蔵であった。一八八七年のある日、彌蔵は滔天に向かって次のように述べたのである。

以為く世界の現状は弱肉強食の一修羅場、強者暴威を逞ふすること愈々甚だしくして、弱者の権利自由日に月に蹂躙窘蹙せらる、是豈軽々看過すべきの現象ならんや、苟も人権を重んじ自由を尊ぶものは、須らく之が恢復の策なかるべからず、今にして防拒する所なくんば、恐くは黄人将に長く白人の抑圧する処とならんとす、而して之が運命の岐路は懸って支那の興亡盛衰如何にあり、支那や衰へたりと雖も、地広く人多し、能く弊政を一掃し、統一駕御して之を善用すれば、以て黄人の権利を恢復するを得るのみならず、又以て宇内に号令して道を万邦に布くに足る、要は此大任に堪ゆる英雄の士の蹶起して立つ有るに在るのみ、吾れ是を以て自ら支那に入るの意を決し、遍く英雄を物色して之を説き、若し其人を得ば犬馬の労を執って之を助け、得ざれば自ら立て之に任ぜんと欲す、故に已に一友と約して窃かに入清の準備を急げり。(9)

彌蔵の主張は簡単にいえば、帝国主義列強に対処すべく、中国で革命を実現し、そこを根拠地としてアジアひいては世界の被抑圧民衆の自由を回復しようというものである。しかし、この時の滔天はキリスト教に帰依しており、彌蔵の説に同意せず、逆に彼を論破してキリスト教に入信させることとなった。だが、前述したように滔天は間もなく棄教する。そして一八九一年夏、滔天はアメリカへの留学を思い立ち、まずハワイに渡るべく長崎に赴いたところ、やはりすでに棄教していた彌蔵が長崎の下宿先を訪れ、再び滔天に革命の道理を説くこととなった。曰く、「言論畢竟世に効なし、願くば共に一生を賭して支那内地に進入し、思想を百世紀にし心を支那人にして、英雄を収攬して以て継天立極の基を定めん、若し支那にして復興して義に頼て立たんか、印度興すべく、暹羅安南振起すべく、非律賓、埃及以て救ふべきなり、[中略]思ふに遍く人権を恢復して、宇宙に新紀元を建立するの方針、この以外に求むべからざるなり」(10)。滔天は彌蔵の説に完全に同意した。彼はこの時のことを、「余は之を聞いて起て舞へり、余が宿昔の疑問茲《ここ》に破れたればなり」(11)と記している。この後の滔天の支那革命主義は、彌蔵の構想を基礎として、滔天の個性と経験が肉付けされて形成されていくことになるのである。

当時の日本においては、アジア連帯の機運は徐々に高まりつつあった。一八七〇年代以降のロシアのアジアへの侵出に対する危機感の増大がその最大の要因であり、すでに一八八〇年三月には最初のアジア主義団体として興亜会が結成されていた。だが、革命的変革によって西洋に立ち向かい、既存の国際システムを変革しようとする言説は、おそらく日本では初めてのものであったろう。そこには、この後日本の論壇で流布する黄白人種闘争説の構図も見えるが、人権や自由といった普遍的価値の強調はそれらを後景に追いやり、彼らの革命論を際立せていたといってよい。そして彼らの場合、「三代の治や実に政治の極則にして、吾等の思想に近きものなり[12]」というように、人権や民権は多分に儒教的知識によって読み替えられていた点に特徴があった[13]。

しかし、なぜ中国で革命がなされなければならないのか、そしてそれがアジア全域に波及して世界を変えることになるのか。そこに客観的な分析があった形跡は全くない。彼らは、ただ中国の政治的不安定さの中に革命の可能性を見出し、革命後は世界を指導するに足り得る「大国」としてのイメージを抱いたのであろう。そして、そこには英雄待望論すら窺え、彼らの中には伝統的革命観が存在していたように思える。また、日本人でありながら、なぜ「心を支那人にして」まで中国革命に参加しなければならないのか、この点についても滔天らが思い悩んだ形跡はない。まさに、それは主観的革命願望といわざるを得ず、彼らの兄の民蔵が「正義の目的を達せんが為めに権道を用ゆるもの[14]」と批判した所以でもあった。ともあれ、滔天と彌蔵はこうした支那革命主義の下に、この後中国に関わっていくことになるのである。

滔天が「夢寐の郷国」である中国に初めて渡ったのは一八九二年五月のことである。大業を果たす準備として、彼の地の言語風俗に習熟する必要があると考えたからであった。しかし、滔天は長崎で友人の裏切りに遭い、上海に到着したものの資金不足のため、あえなく一カ月半で帰国を余儀なくされた。この時、上海には友人の宗方小太郎がおり、彼が教鞭を執っていた日清貿易研究所の荒尾精を頼ることは可能であった。しかし、滔天は荒尾を「支那占領主義者」として、自らの思想と対極に立つものと見なしており、彼を頼ることを潔しとしなかった[15]。

こうした姿勢は彌蔵の影響によるものであるが[16]、彼らは共に当初より国利国権を優先するアジア主義者から自らの立場を区別していたのである。ここに、滔天らの思想的潔癖さを見ることができるであろう。

帰国後の滔天は「無為の四年間」を過ごしたと記す。しかし、この間の一八九四年、滔天は彌蔵と再び中国への渡航を企てて金策に走ったことがある。当然、荒尾精のような「異主義者」の援助は眼中になかった。そこで彼は、当時日本に滞在していた朝鮮の改革者である金玉均を訪ね、「天下の大計、それも世界の大勢から説き起して、東洋の現状別けて支那革命の機の迫れることを滔々一時間も弁じたてた[17]」。そして、金に中国に渡る計画があることを聞いて、滔天も同行を願い出るが、今回が短期間の訪問であることを理由に断られ、後でまとまった資金ができた際に同行を許すとされた。結局、この計画は同年三月の金の暗殺で頓挫するのであるが、この時の滔天が朝鮮を「牛後の国で、積極的活動の根拠地でない[18]」と考えていたことは、当時の彼の革命論の抱える問題の一端を示している。金玉均もまたアジアの問題は中国を中心に考えるべきだと答えたといわれるが、果たしてそれが真意であったかは分からない。しかし、滔天に限れば、朝鮮は少なくとも大国に付する国であって、来たるべきアジア革命において重要性を持つ国とは認識されていなかったのである。

金玉均の死後、滔天は友人を介して炭鉱経営者である渡辺元を知り、この後彼から資金援助を受けることができるようになった。そして彼からは、「時機の来るまで支那商館に入って支那の言語風俗に習熟しては如何」かとアドバイスされた[19]。これを受けて、彌蔵は菅仲甫と変名して一八九五年一〇月から横浜の商館に住み込むことになるが、滔天は彼とは別の方策をもって「支那の言語風俗」の吸収に努めることになる。滔天は、当時「暹羅経綸」を説いていた岩本千綱を頼り、中国人の多く住むシャム（現在のタイ）に渡ることになったのである。滔天のシャム行きは、一八九五年春、農商務大臣スリサック（Surasak Montri）より移民募集のための資金を託された岩本が、病気となって渡航不能となったため、その代理として移民二〇名を率いて当地に渡るという形で実現した。バンコク到着後、会社倒産のため一時帰国するものの、二度にわたるシャム滞在は彼の中国人観と革命論に大きな影響を与えることになる。

シャムに渡った後、滔天は当地における中国人の活躍ぶりに目を見張る。彼は、当地のあらゆる産業が中国人によって握られていることを知り、「有躰に曰へば、暹羅は支那人に依って立ち、支那人の為めに維持せらる。換言すれば、暹羅は暹羅人の暹羅にあらずして、支那人の暹羅と言ふべけれ[20]」と述べている。イギリスやフランスがいかに政治を支配したとしても、中国人なしではこの国を運営できないとまで彼は断言する。そして、滔天は中国人の人種的・民族的強さを認識すべきだと述べる。すなわち、彼らは「英露の強よりも恐るべき人民」なのであり、「人種の生存競争の終局は、社会経済の理に依って支配せらるゝものなるを知らば、支那人は将来の世界に於て実に絶大無比の勢力者たるを忘る可からず[21]」とされるのである。滔天は日頃から中国人の自主独立、自律自治の精神と、その実行力の強靭さを強調していたというが[22]、そうした見方はこの時期に確立したものであったといえよう。彼はここに中国革命の主体の存在を認識したのである[23]。

しかし、他方において滔天のシャム国民に対する評価は低い。滔天の目には彼らは「無知蒙昧の蛮民」であって、「到底国民として自立するの資格なき人民」と映った。彼らは朝鮮人に比べても柔弱な人民である。なぜならば、「朝鮮人には衰へたりと雖も自ら奮って国政を改革せんなど志す東学党の如き謀反人」が存在する一方、シャム人は国政を改革しようとか、反抗に立ち上がろうとかする気概を持ち合わせていないからである[24]。むしろ、シャムはイギリス・フランスに虐げられてきたことから、今や「押掛嫁入」するかように強国となった日本に投じつつあると認識されている[25]。ここから分かるように、滔天にとってシャムには変革の主体の欠如から主権国家としての自立の可能性はないものとされた。それでは、朝鮮の場合はどうか。彼は国政を改革しようとする謀反人の存在は認める。しかし、それは明確には変革主体としては捉えられておらず、加えて、すでに金玉均との会見の際の姿勢に現れていたように、朝鮮をアジア革命の周辺国でしかないと見なしていた。結局、これら周辺国は大国である中国での革命を経てから救済されるべき国家でしかなかったのである。

滔天が日清戦争について状況的に論じた文章はほとんど残されていない。ただ、シャム問題を語る文脈の中で、これを肯定的に評価している箇所がある。すなわち彼によれば、日清戦争は「朝鮮の独立を助け東洋の平和を維持する」ためのものであり、「所謂弱者を助けて驕れるものを挫く」ためのものであったとされているのである。(26)このような評価は、当時の多くの義戦論とほとんど変わるところはなく、彼も当時の時代的雰囲気から自由ではなかったことを示している。そして彼は後に、「[日清戦争以前は]我を以て、弱小後進の島国として軽侮し、以後に於ては、貪欲驕慢の暴国として忿悪せる彼清国は、近時に迨《およ》んで、此迷夢より覚醒して、我が真意を覚悟し来たるが如し。而して、現今露独仏の諸国露骨的に、其野心を逞うせんとするの状を見るに及んで、愈々彼等を悪み、益々我に頼るの念を切実ならしめたり」と述べ、中国の上下の人心が日本に向かう契機となったことを評価している。(27)ここで日清戦争は、中国民衆の中に反ロシア・反西欧の意識を広め、日中国民の親密さを増大させた点に意義が求められているが、これは明らかに彼のアジア主義との整合性を図るための議論であったといえるであろう。彼のアジア解放の思想は、ぎりぎりのところで国権主義との接合を免れていたのである。

第二節　中国革命運動と滔天

滔天が中国革命の情報を得るのは一八九六年一月のことであった。この月、兄の彌蔵が横浜で中国革命派の陳少白と面会した旨を、シャムから一時帰国し長崎滞在中の滔天に手紙で知らせたのである。しかし、この時の滔天はしばらく静観すべしとして積極的な対応を取らなかった。同年六月のシャムからの帰国直後、彼は「余が活動の源泉」[28]とまで称した彌蔵の死に接するが、これと前後して彼が自らの支那革命主義の実行手段の大転換を図ったことは注目してよい。すなわち、これまで彼は「清国を以て根拠となし、以て東洋問題より、世界問題、社会問題を一時に決せんと」求めていた。そのようにして初めて人権を全うし、天下の窮民を救済し得ると考えていた。しかし彼は、「尋常平凡の士」にはこうした意見を容れる識見が欠けていることに気づいた。そこで、「遂に従来の方法を一変して、俗に入って正に帰し、虚を銜ひて実を出すの道」を採ることにしたのである。これは、「一人の力を以て大業の礎を成す能はざるを知」ったがゆえであり、彼は「爾来権門に出入し、政治家に交を締して、心にもなき政論を云々し、東方問題を云々して、彼等の意を迎へ、敢て其意を損せざらんことを努め」るに至ったのである[29]。

そうした方針転換の結果としてあったのが、一八九六年一〇月における犬養毅への接近であった。犬養の知遇を得たことによって、滔天は兄の死という「失望の谷」を脱出して「希望の天地」に入ることができたのであり、彼にとって犬養との出会いは「木翁は余が心的再生の母なる哉」と記すほどの決定的な意味を持つものであった[30]。しかし、それは一方では、「官」を目の敵にしてきた宮崎家の教えに反するものでもあったし、他方においては中国人となって世界革命の根拠地を建設するという当初の革命方式を放棄するものでもあった。今や、本来の形での支那革命主義は「行方不明」になりつつあった[31]。これより滔天は、犬養をはじめとする政治家や経済人との利害関係と持ちつ持たれつの関係の中で、世俗的浪人として中国の革命運動に関わっていくことになるのである。

滔天の中国革命派人士との初めての接触は、一八九七年五月に曾根俊虎を介して横浜で陳少白と面談した際のことである。滔天がこの時自らの革命の志を告げると、陳は彼に孫文の著作である *Kidnapped in London*（『倫敦被難記』）を与えた。滔天はこれによって、孫文の革命的経験を知ることができた。この後、彼は犬養の周旋で得た資金で中国視察を行った後、同年九月に横浜の陳少白の寓居で孫文に初めて会うことになる。彼の前に現れた孫文は、「三十三年之夢」の中に記されているように、小柄な西洋紳士然とした人物であって、滔天の抱いていた革命家のイメージを全く覆すものであった。そして孫文は滔天に向かって次のように説いた。

人或は云はんとす、共和政体は支那の野蛮国に適せずと、蓋し事情を知らざるの言のみ、抑も共和なるものは、我国治世の真髄にして先哲の遺業なり、則ち我国民の古を思ふ所以のものは、偏へに三代の治を慕ふに因る、而して三代の治なるものは、実に能く共和の真髄を捉へたるものなり、謂ふことなかれ我国民に理想の資なしと、謂ふことなかれ我国民に進取の気なしと、則ち古を慕ふ所以、正に是れ大なる理想を有する証的にあらずや［後略］(32)。

ここで孫文が言及した「三代の治」は、かねてから滔天が彌蔵と共に抱き続けてきた理想社会のイメージであった。そして、「支那四億万の蒼生を救ひ、亜東黄種の屈辱を雪ぎ、宇内の人道を快復し擁護するの道、唯我国の革命を成就するにあり」とする孫文の主張は、滔天のアジア革命論と完全に重なるものであった。ここに滔天は、自らの支那革命主義の実践者を見出したのである。その後、彼は孫文を犬養に面会させて東京での生活を保障させ、生活費は玄洋社から捻出させた。そして彼自身は、一八九八年五月から *Kidnapped in London* を「清国革命党領袖孫逸仙　幽囚録」と題して新聞に翻訳・掲載し、孫文の存在の宣伝に努めた。

しかし、滔天は孫文だけでなく中国の変法派にも関心を向けていた。戊戌変法の進行のさなか、滔天は犬養の命を受けて中国に赴き動向の分析に努めていた。政変によって変法運動は頓挫を来し、康有為は北京から天津を経て香港に逃れるが、滔天はここで康と連絡を取り、日本亡命の援助をすることになる。この時、滔天は康が日本とイギリスの力を借りて、皇帝を擁して再起を図ろうとすることは中国にとっては愚策に他ならず、外国の干渉の端を開きかねないことを認識していたが、今となっては策の是非を論じる余裕もないため、取り敢えず彼を日本で保護する必要がある、と述べている。(33)

後年になって、滔天は康有為の亡命援助が「主義の上から出たものではなくして、只一片の友情から助けたので」あって、「主義の上から云へば、僕等の素より支那革命主義で起ったもので、殊に孫逸仙とは死生を誓った者であるから、康に対しては何等主義の上から援助する必要はないのである」と記している。(34) しかし、香港で康と面会した時の滔天は、光緒帝との行き掛かりが解消されれば革命派との合流も可能だと述べており、(35) 現に日本到着後、滔天は革命派と変法派の合同を図るべく孫文と康有為の会談の場を設けようとした。列強の力が迫る中、中国の時局を救うには彼らの合同以外に道はなく、日本政府もこれを支援しなければならないというのがその理由であった。(36) しかし、康の頑なな姿勢のため両者は接触することすら叶わなかった。結局、翌年二月には、「康と革命党の調合は如何にも化学的作用によるも到底六ヶ敷からんと被存候」(37) と記すに至り、この度の孫康提携計画は失敗に終わったのである。

滔天の康有為への期待が完全に失われるのは、一九〇〇年六月の孫文の香港行きに加わり、さらにシンガポールに渡った際に、当地に在った康有為との面会を求めたものの拒否され、逆に李鴻章から送られた刺客と誤認されて、官憲によって逮捕・勾留されるという事件によってである。滔天はこの後、「何ぞ測らん昨の知己は今の知己にあらず、而も却て冠するに一大耻辱の名を以てせられんとは」と嘆き、康をして「善く皇帝の知遇に泣いて、而して友人の義誼を解せざるの人」と評して決別を宣言したのである。(38)

それでは、滔天の思想と行動において、康有為との連携構想はどのように位置づけられるのであろうか。滔天は多くの箇所で、それが思想信条の相違を超えた、「窮鳥懐に入れば猟師も殺さず」の精神からの援助であったことを強調している。また、滔天が革命派と変法派の連携が満漢の衝突を回避しつつ中国の共和制移行に有効に働くと考えたという説明も、決して理解できないわけでもない[39]。しかし、おそらくそれだけではあるまい。なぜなら戊戌変法の際の中国視察にしても、二年後のシンガポールでの康との接触にしても犬養の指示によるものであったからである[40]。一八九六年の方針転換以後の滔天は、思想としては支那革命主義を掲げつつも、政治行動の面においては権力に従属的であったと考えられる[41]。してみれば、一連の康有為との連携構想を、思想に基づいた主体的な革命的行動と見なすことは困難である。しかし、革命運動を実利的に捉える孫文にとっては、滔天のそうした行動は必ずしも排除すべきものでもなかったといえるであろう。

一九〇〇年一〇月の孫文による恵州蜂起において、滔天はこれに呼応すべく準備にかかったが、中村彌六の武器売却という裏切りもあって蜂起は為す術もなく敗れ去った。この時期の滔天の革命についての考え方は、蜂起とほぼ並行して書かれた「独酌放言」に現れている。彼によれば、中国は分割の危機にあるが、それは列強諸国の思いどおりに進むことはない。そもそも、分割が目前となったなら中国人はそれを座視することはないからである。それを強引に分割するとなれば、その分割区域には土匪征伐のための多数の兵隊を備えつけなければならず、それはかなりの出費を要することとなる。そればかりでなく、列強諸国は互いに境を接して勢力のバランスを取っていく必要があるのだが、その間には必ず猜疑心が生じることになり、各国の増兵競争という事態が生じる可能性がある。それは際限なく続くことになり、最終的には以下のように帝国主義列強の危機を招来することになる。

今の通り慾張ってやってゆきをると財政の紊乱を生じ、財政の紊乱は社会党虚無党が横行する結果を生じ、所謂帝国主義反対の勢力を惹起す。下万民に取っては三度の飯を二度に減じてでも国の区域を拡めねばならぬと云ふ希望はないからねェ。一将功成って万骨枯れサ《ママ》、一国土地を拡めて蒼生が青くなる時が屹度来るよ[42]。

滔天はここで、欧米における社会党や虚無党の決起による革命の発生を予想している。それは西欧の帝国主義体制を根底から崩壊させることになり、それによって列強諸国は中国の分割はもとより利権を求めての干渉も不可能となり、最終的に中国革命の実現を可能にするものと考えられたのである。ここには、主観的かつ楽観的な後進国革命への期待というものが見られるのである。

しかし、現実の中国の革命運動は恵州蜂起の失敗によって挫折する。この後、滔天が桃中軒雲右衛門の下に弟子入りし、浪花節語りとして革命の宣伝と同志の糾合に努めたことはよく知られている。それは、後に自ら語っているように、革命運動の挫折の責任を取ったものであったことは確かであろう(43)。だが、思想面において滔天は新たな傾向を見せ始める。それは、一九〇三年から翌年にかけて書かれた「明治国姓爺」においてである。そのタイトルの上には「新浪花節慨世危譚」とあり、これが浪花節語りの経験の中で創作された物語であることが分かる。今、少しくその内容と特徴を見ていくことにしよう。

「明治国姓爺」は堺鉄男という少年の冒険譚である。鉄男は平戸に生まれ、幼少の頃に日本がロシアに領土を奪われたことを知り、それに復讐すべく学問と武術に励み、さらにはロシア語を学び、密漁船の通訳として千島に渡ろうとする。途中、ウラジオストクを経て樺太に渡るが、官憲に発覚して別の船に乗り込むものの、嵐に巻き込まれ遭難したところを中国船に拾われ上海に連れていかれる。しかし、今度は漢口で革命の暴動に遭遇し、ロシア船に潜り込んでペテルブルグに至るというのが物語のあらすじである。物語の中で、鉄男は訪れた都市や船中で個性的な人物と出会い、その思想を語り合っており、この物語は言わば滔天の思想的信条の発露の場となっている。

まず、ウラジオストクと上海で出会う孫霞亭という中国人革命家が登場するが、この人物が孫文を暗示していることはいうまでもない。孫は、「一国の政府なるものは王道の大義に基いて政を執るべきものであって、外に対しては四海兄弟の義を明かにし、内に於ては一視同仁の意を体して、之を拡張し進歩せしめて、始めて政府たるべき義務を全うし得たと云ふものである」として、今これに反している清朝政府を革命によって倒すことは当然の権利であると主張する。(44)また、「支那の改造さへ出来れば、樺太も取戻すべしだ、印度安南も取戻すべしだ、浦塩香港も取戻すべしだ、比律賓も暹羅も緬甸も以て振起すべきではないか(45)」と述べ、そのアジア革命論を提示している。こうした点では、この物語は滔天の従来の支那革命主義の延長の側面も見せている。しかし、他方において滔天は、政治が「唯国を治め民を政《ただ》すの方便である」として、政治体制は時と場合と人民の知識の程度によって定まるものとし、政治体制の相違をことさらに重視すべきでないとする姿勢を示している。(46)

むしろ滔天は、この物語で政治体制の如何よりも国家を超越した状態を理想としていた。彼は物語の中で、国家の存在が世界の争いの源だとするフランス人医師に次のように語らせる。「敢て利害喜憂を異にする所以のものは唯一国家なる観念あるが為めで、此観念さへ取り除けば何時でも親めるのだ、利害も一致するのだ」。「国家なる名称は、泥棒なる君主が世界の一部を占領した贓品の呼称で、決して正当合理の名称でない」。「是を破壊し撃砕すべき責任こそあれ、忠勤を励むの馬鹿者たるべきものでない(47)」。これは明らかにアナキストの言である。そのような立場に立てば、「支那の復興をして打撃を欧洲に加へんとするは所謂防禦的進撃で、識らず知らずの泥棒的根性に魔せられて居る(48)」のであって、そのような考えは「泥棒の提灯持か国家の幇間」に導きかねないものであるとされる。ここに滔天は、自らの支那革命主義に対する疑問を呈するに至ったといえよう。すでに「独酌放言」の中においても、「国の興亡盛衰は一時の事だ」、「国が亡びても人類が亡びねば好い(49)」という言葉が現れており、滔天の中では国家否定の傾向が一層深められたと見ることができるであろう。しかし、それにもかかわらず、彼は現実の中国の革命運動を支援し続けた。

一九〇五年八月、中国同盟会が結成され、滔天も日本人であるにもかかわらず会員に列せられた。翌年九月、彼は同盟会の運動を側面援助すべく『革命評論』を創刊し、ここに数篇の記事を執筆している。しかし、そこではアジア主義的傾向は後退している。むしろ彼は、民族や人種を超えた「四海兄弟、自然自由の境」を理想社会として考えていた。それは、アナキズム、社会主義、共産主義という名称で括ることができるものではない。滔天は、社会の進化がいかなる進化を見せるかは予想がつかないものの、将来においては「但敵視せる人類が兄弟となり、不自然なる自由を脱して自然の自由郷に到達すべきを信ずるのみ」[50]と述べる。そのような状況に達すれば、そこでは君主を戴くも、大統領を戴くも、いかなる政体を選ぼうとも可であると説いている。[51]そのように曖昧なることは、人類のうち未だ理想の帰着点に到達した経験を持つものがないという事実に加え、先に「明治国姓爺」で示した「[政治は]国を治め民を政《ただ》すの方便」であるとする信念が生きていたためであるといえる。

そのような観点から、中国革命運動の指導者たる孫文も「人種主義的感情の上に立って欧米に報復せんとする者」ではなく、同民族・同種族を切愛し世界万民を均しく愛する人物と評されるようになった。[52]そこにあるのは孫文との初対面の際の、「支那四億万の蒼生を救ひ、亜東黄種の屈辱を雪ぎ、宇内の人道を快復し擁護するの道、唯我国の革命を成就するにあり」の言葉に感動する姿とは程遠いものがある。このように、辛亥革命に至る過程での滔天は、現実の政治活動とは別に、思想的にはアジア主義を超える地点にあったと見ることができるのである。

武昌蜂起発生の後、滔天は一一月の中旬に中国に渡り、孫文不在の中、黄興を暫定的な指導者に推して革命派の安定に努める一方、袁世凱との妥協には反対すると共に、「今や支那は青年の天下也。孫黄の天下也。ナマジ古役人を用ゆるは却って禍をのこす所以也」[53]として、岑春煊のような古い人物に頼ろうとする意見には反対の姿勢を見せていた。また、これまで革命運動に協力してきた日本人浪人も、今後は「余り出しゃ張らず新しい真志士軍人を紹介して、彼等に功を成さしむるが肝要[54]」と考えていた。ここから、彼は主体的に中国革命に関わることを断念したと見なし、それが彼の思想が現実の中国革命を超える地点にあったためであるとする見方もある[55]。しかし、そのような評価は事実からかけ離れているように見える。なぜなら、滔天には革命運動の中の際どい政治的駆け引きの場にいた事実もあるからである。

その一例として挙げられるものは、孫文の満洲譲渡計画への関わりであった。すなわち、武昌蜂起後の革命軍は、戦闘地域の拡大と戦闘の長期化につれて、武器弾薬の支出のために多額の資金を必要としていた。そのため、革命軍は日本に援助を求めたのであるが、一九一二年二月に桂太郎の意を受けた三井物産の森恪から孫文に向けて、革命援助の見返りに満洲の日本への譲渡が持ちかけられていた。そのような動きの中で、二月三日の南京での会談の際には滔天が交渉の証人として列席していたのである。この時、孫文は森の提案を受け入れる姿勢を示したが、結局は日本政府の応諾が得られず計画が挫折していた[56]。滔天は革命の最終局面まで革命の現場に関わり続けたのである。しかも、滔天が満洲譲渡計画に関わったのはこれが最初のことではなかった。一九一〇年一一月、滔天は孫文の意を受けて長谷川好道陸軍大将と面談しているが、その時の用件も満洲譲渡を条件とした軍事的支援の要請であった[57]。この申し出は日本によって拒絶されたが、滔天の甥である築地宜夫はその時の滔天が、日本の対応を「其短見、狭量、頑迷を及ぶべからずとなし、東洋諸民族の将来の為めに、非常に残念に思うて居た[58]」と記している。ここからは、滔天が政治的取引にかなり積極的であったことが窺える。今のところ、一九一二年二月時点での滔天の心境を知る手掛かりはない。しかし、少なくとも滔天が満洲譲渡計画を支持していたことは事実であろう。ここに、滔天の思想と現実の政治行動との乖離を見ることができるのである。

第三節　アジア主義の再構築

滔天の思想は、原理的にはアジア主義を超えるものであった。しかし、理想に向かうための第一歩がアジアの変革であることには変わらなかった。例えば、一九一二年九月に中国から帰国した際に、家人に向かって「さあ、今度は印度だぞ！」(59)と述べたことは、当時の彼が中国革命を次の革命へのステップだと考えていたことを示している。また、第二革命の敗北が目前となった状況の下で、彼は渡米を計画する黄興を思い留まらせて日本に行かせ、孫文と共に朝野の間に遊説させて真の「日支同盟」を作る必要性を述べていた(60)。滔天は中国革命運動の再建のために、アジア主義のやり直しを考えていたのである。それは、自らの思想的到達点とは別の次元からする、政治との関わりからであったといえる。

第二革命敗北後の滔天のアジア主義は、日本の中国政策に対する批判という形で現れることになる。そのことを典型的な形で示すのが、一九一五年三月に行われた衆議院議員選挙への立候補の際の主張である。彼は当時の世界情勢を次のように述べる。すなわち、第一次世界大戦終結後のヨーロッパは帝国主義と非帝国主義の衝突が続くであろうが、帝国主義が滅びなければ彼らが餌食を求めて東アジアに向かってくるだろうことは必定である。そうだとすれば、この際日本は、国是の大本、国防の大方針を定めて、「対支問題を根本的に解決し、以て大亜細亜主義の根底を確立する」ことが必要である(61)。具体的にいえば、それは日本政府に袁世凱支持をやめさせ、孫文らの革命派を支持せよというものであって、帝国主義に対抗すべく、革命派と提携せよという従来からの姿勢の延長線上にあった。

一九一七年から一八年にかけての滔天のアジア主義言説は、かなり錯綜した形で提示される。一七年、彼は前年に死んだ黄興の葬儀に参列すべく中国に長期滞在する。彼は、黄興ゆかりの湖南省の明徳学堂において講演を行っているが、そこでは次のような文言が述べられていた。

倘し能く亜洲を以て亜洲人の亜洲と為し、欧美人の亜洲と作すこと勿く、黄人を我が黄種の黄人と為し、欧美人の黄人と作すこと勿く、同種の人を合わせ以て白人に抗するは、宮崎の希望する所なり(62)。

これは人種主義を強く感じさせる言説であり、これをもって滔天の思想の多層性を示すものと見ることも可能である。しかし、ここで敢えて黄色人種を強調していることは、むしろ旧友である黄興へのオマージュとして読まれるべきであって、仮に彼の中で人種主義が持続していたとしても、それはすでに彼の思想の主柱ではなかったと見た方が妥当である。そのことは、以下のようにロシアの革命政権の承認・提携を主張する姿勢からも理解される。

ボルシェビキ政権成立後の状況下で、滔天は、日本が「ならう事なら新露西亜、新支那を助けて、其国礎を確立せしめ、以て永久の親睦を結び、以て皇徳に光被せしむべきである。［中略］若し新露西亜を抑へて之を敵とし、新支那を抑へて南方人を敵とする最終の結果如何を考ふれば、実に寒心に堪へざるものがある(63)」と述べている。すでに滔天は、ロシア二月革命の時点で、これを「快心の事」として好意的に評価し、「若し純民党の主権に帰せば是迄我等を疑惧せしめたる露国勢力の東漸は多く憂とするに足らざる可く」云々と述べており(64)、今これが実現した形となったのである。滔天が、日本政府の北京政府支援の姿勢を改め、「新支那」すなわち孫文の広東政府を支援せよとするのは当然としても、アジア以外の国家と提携せよと説いたのは初めてのことであった。しかし、彼の政治的主張は「日支同盟」にロシアを加えたアジア主義の方向に進むことはなかった。それは、後に見るように、彼の共産主義に対する評価に関わっていた可能性もある。

一九一八年半ばの滔天は、日本の軍閥政治家たちによる対中国政策への失望のあまり、自らを「悲観病[65]」と称して、将来に向けての絶望的な言説を繰り返すようになる。明らかに、彼ら政治家たちの北方政権支援という形の「日支親善」は、滔天のアジア主義実現の可能性を阻むものであった。しかも、彼らの政策は日本を亡国に陥れかねないものとも考えられた。しかし、そうした中での次のような言説は、彼の国家と民族に対する考えを示していて興味深いものがある。

唯一言したきは、日本が亡国となれば、無論中華民国も亡国です。併し彼は国家的に亡びても、或は理想的に生き得るかも知れず、理想的に生き得ないとしても、民族的には亡びません。啻に亡びぬばかりでなく、或は却って大に発展するかも知れません。支那民族は民族として発展すべき総ての要素を兼備して居ます。それに引替へて我日本は如何でしょう。国家的に亡びたならば、民族としての日本人は、私は心細く感ぜざるを得ないです[66]。

同じく亡国を迎えたとしても、日本と中国とでは民族としての生存の可能性に大きな違いがあるというのである。それは、滔天が二〇年以上前にシャムで実見した中国人の民族的強さ、そして自主独立、自律自治の精神に対する敬服の現れであったようにも読み取れる。そして、ここでは国家の滅亡か否かがさしたる問題ではないとすれば、人間の唯一の所属先は民族と考えられていたかのように見える。しかし、彼の中では、「人類の一員として生きたいのが私本来の本願[67]」という表現に見られるように、人種や民族はすでに人間を分ける単位ではなく、さらなる理想の境地があると考えられていたはずである。それにもかかわらず、この時点で彼が中国の生存の可能性の根拠として民族的要素を挙げたことは、それがこの時期の彼の悲観病を救う唯一の目安と考えられたからではないだろうか。

さて、一九一八年一月に出されたウィルソン（Thomas Woodrow Wilson）の一四カ条の平和原則は、第一次世界大戦の講和原則、ひいては大戦後に実現されるべき国際秩序の構想を全世界に提唱するものであったが、これは滔天の思想に大きな影響を与えることとなった。彼によれば、過去にはアジアにおける「白人禍」に対抗する戦いがあったが、今は舞台一転の時であり、この新舞台において世界人道の幕が開かれるとしたら、日本は進んで大戦後の世界の大勢に従うべきであるとの考えを表明している(68)。世界の大勢とは、ウィルソンの主張に現れているように、「世界的立場」に立脚して世界改造の大事業に参画することである。その中心となるのが国際連盟であった。彼はいう。「ウヰルソンの国際連盟世界改造なる語は、今日に於て当を得たり。但し如何んか連盟し、如何んか改造せんとする、是れ今日以後の見物也。願はくは総てをして徹底的にならしめよ。国家的に偏せずして人道的に徹底せしめ、人種的に偏せずして、人類的に徹底せしめよ(69)」。おそらく彼は国際連盟が、「明治国姓爺」で提示したような、国家を超越する世界に近づく一歩となるものと考えたのであろう。

だが、以上のような立場とアジア主義は両立が難しいことは明らかである。むしろ、それに対する評価は厳しいものとならざるを得ない。滔天は、孫文がアジア主義を標榜して機関誌を発行する計画があるとの情報に接すると、「実に結構なる企て也」としつつも、「されど之をレニン君に問はんか、亜細亜とは誰がつけし名称ぞやと笑はん。更に之を日本人に語れば、又しても孫の空想かと嘲らん(70)」と記している。また彼は、「亜細亜主義に偏して継子根性を発揮するは愚の愚なり(71)」とも述べており、ここでは「アジア」の強調がマイナスのイメージをもって語られていることが容易に理解されるのである。そうした考えは、ヨーロッパの侵略主義が後退したとする認識と対になっていた。そして、彼は第一次世界大戦後の世界の変化によって、欧米先進諸国が中国革命を積極的に支援するようになるのではないかとの考えを示している。なぜなら、これまで欧米諸国は彼らを劣等視してきたため、中国の革命派は人種的近接性を理由に日本を頼りとしてきたが、今や日本が革命の妨害者となり、逆に彼らが欧米との価値観の共通性を認識する可能性があるからである(72)。滔天は、アジア主義は存立し得ないのではないかと考えているのである。ここに至って、滔天はアジア主義から一時的に離脱したということができるのである。

さて、滔天にとっては、世界的立場か否かに関わりなく、中国人に対する日本人の差別的態度は許し難いものであった。「白人に怯にして同種同族に驕なる」日本人が、自らを君子国と称することは恥ずべきことと考えられた。彼によれば、日本人は白人に対しては陰では「毛唐」などと言いつつも、面と向かえば彼らに諂い歓心を買うことに努める一方で、中国人に対しては奴婢に接するが如く、二言目には「チャンコロ」と罵るのが通例である。今や、かつての大和魂や武士道などは無きに等しいのである(73)。そのような差別主義的体質を持った日本が、パリ講和会議の場において「人種的差別撤廃提案」を行ったことは、滔天からすれば本末転倒した行為と考えられ、彼は終始これに批判的な姿勢を取り続けた。そもそも、日本が講和会議で人種的差別に反対しておきながら、南洋のチューク(旧称・トラック)諸島を委任統治領として求めることは「病人の囈言《うわごと》」にも似たものであり(74)、正義人道の主張に悖《もと》るものであった。そして、彼は次のように述べる。

人種案の如き、問題としては好箇の問題也。唯我が言ふ所の人種案なるものが、甚だ不徹底なるを憾みとす。若し我に於て、朝鮮を解放し、台湾を解放するの決意を以て絶叫し、提案し、遊説し、努力せば、彼等の看板たる人道正義の手前、多少の反響を与へたるや論なし(75)。

人種的差別撤廃の主張は、日本の植民地支配を終わらせる覚悟がなければ、何ら説得力を持つものではなかったのである。当時の日本政府や日本人全般にそのような覚悟があるかといえば、おそらくなかったであろう。そうだとすれば、日本による人種的差別撤廃の提案は徹底さを欠いたもので、全く意味をなさないものであった。滔天はこの問題に関しては、一貫して冷静な姿勢を崩すことはなかった。彼は、戦勝に伴うナショナリズムから自由であったといえよう。

しかし、国際連盟やウィルソンに対する滔天の期待は長くは続かなかった。すでに一九一九年二月には、滔天は「彼等の国際連盟は、一面軍国主義に対する予防にして、其半面は正義人道主義に対する防禦也。即ち正義人道の仮面を被れる泥棒也[76]」と述べていた。また、ウィルソンに対しては、彼がアメリカ国内の反対派に遭って国際連盟参加を見送ったこと、そして四月の人種的差別撤廃提案の採決の最終段階で反対派に妥協したことをもって、「腹黒き政治家」と断罪するに至る。滔天は、このような政治家によって唱えられる正義人道なるものが、日中両国の軍閥によって唱えられる「日支親善」と同様に、百年河清を待つに等しく、実現の可能性が全く存在しないことは明らかであると述べている[77]。いずれにせよ、世界の大勢たる世界的立場が正義人道に繋がるものでないことが明らかになったのである。

それでは、日本の採るべき方向はいかなる道か。滔天が選ぶべき方向と考えたのは、列国と協調を保ちつつ、「徹底せる人道主義を基礎とせる亜細亜連盟の主唱者となり、朝鮮を解放し台湾を解放し、更に支那に対する外交を一変して親善の実を挙げ、爾余の諸弱国を助けて平等組織の下に連邦を組織し以て白人に対抗すべし[78]」とする道であった。「亜細亜連盟」なるものは彼の言説としては初めて登場するものであるが、これは滔天本人も述べているように、一九一九年三月二三日に開かれた第二回人種差別撤廃期成大会におけるポール・リシャール(Paul Richard)の発言を受けてのものであった。リシャールはこの時、日本が人種的差別撤廃を主張するよりも、アジアの統一と独立を図るべきだとして次のように述べていたのである。

亜細亜民族の間には人種的差別無きや、諸君は亜細亜の一部に対し人種的差別を与へ居らざるや如何、故に予は此の機会に於て諸君が亜細亜民族の間に、先づ以て人種的差別を撤廃し、精神的に亜細亜連邦若くは統一ある独立組織の同盟を画策されんことを望む(79)。

滔天は第一次世界大戦後の世界的立場の虚構に気づき、リシャールの刺激を受けて再びアジア主義に回帰することとなったのである。そして、その新たなアジア主義は先にも示したように朝鮮と台湾の解放を伴うものであって、当然そのことは彼の地の住民が独立精神を持っていることが前提とされるべきものであった。しかし、滔天のこの後の中国や朝鮮における排日や独立運動についての見解は、必ずしも整合性をもって論じられるのではなく、しばしば矛盾した言説を伴いつつ展開されることになる。

五四運動に対する滔天の反応は複雑であった(80)。彼は中国における排日感情の原因が、日本人の持つ差別感情や商人たちの利益至上主義にあると認識していた。そのため、事件発生直後の滔天は、山東の利権獲得が必ずしも日本の利益となるものではないことを指摘し、むしろこの度の利権獲得によって、中国の民心を敵に回して全国的な排日運動に繋がることを危惧していた(81)。彼はこの時点では事態を冷静に見ていたといえる。しかし、五月八日に発せられた張継・戴季陶・何天炯の連名による「日本国民に告げる書簡」に接すると、旧知の人たちによる日本批判であった意外さもあってか、これに強い反発を示し、「物先づ腐って虫之に生ず、我が軍閥外交の行はるゝは、之を誘引するに足るべき腐敗物の存在するが為めならずとせんや。腐敗物とは何ぞや、支那の軍閥官僚は即ち是也(82)」と述べて、排日運動発生の原因が中国側にあったとした。さらに彼は、この運動が山東問題に名を借りての鬱憤晴らしだとし、山東における日本の働きをも無視して利権の還付を求めることは、あまりにも日本を侮辱した振る舞いであると批判している。

こうした主張は、一歩間違えば日本擁護にも受け取られかねないものであるが、滔天にしてみれば、日本と中国は「グズグズすると共に白人にしてやられたるべき運命に置かれたる国」[83]であるが故に、内輪もめをしている場合ではないとの思いがあった。「亜細亜連盟」形成のためには、排日運動は抑えられなければならないと考えられたのである。加えて、排日に伴うボイコットは日本人に反省を促す示威運動としては有効かもしれないが、同時にそれは日本人を苦しめるという点ではすでに時代遅れの手段であるとも考えられていた[84]。それ故、一九一九年一一月に起きた福州事件に際して、学生たちによるボイコットの噂を聞いて「聊かウンザリせざるを得ず」との感想を漏らし、排日運動は「万一日本に打勝ちたりとするも、前門犬を防いで後門更に虎を迎ゆる」に等しい行いであると述べている[85]。愛国運動は帝国主義の介入を誘引する原因となっているのであって、中国の学生たちは世界の大勢に順応して、国家的桎梏から脱しなければならないというのである。

ここでは、再び「世界の大勢」としての世界主義的立場から中国の排日運動に批判が加えられているのであるが、しかしそれが欧米列強に対向するアジア主義の正当化のためのものであったことは、この時期の滔天のアジア主義がナショナリズムの超克の上にあるべきものと考えていたことを示唆している。例えば彼は次のようにも記している。「若し［東アジアの勢力関係という］此の機微が察し得らるゝとすれば、排日や独立騒ぎは無用の業だ、寧ろその犠牲と努力を挙げて彼等自身の積極的向上主義に捧げ用ゆるを賢なりとする。積極的向上主義とは何か、世界人類主義則ち是れだ[86]」。明らかに、滔天は植民地の解放を唱える一方で、いったん現実の解放運動に直面すると、ナショナリズムよりも世界人類主義を勧めるという矛盾を犯していた。そうした矛盾は、彼の思想の奥底に入り込んだ国家否定の理想に起因するものでもあったであろう。

しかし、滔天のアジア主義の新たな提示は決して情熱と確信を伴ったものではなかった。むしろ、そこには強い悲観主義が表出している。すなわち、彼はその過程において、自らの中国革命との関わりを醒めた目で振り返り、かつての支那革命主義についての自己批判を行い、かつそれとの決別を宣言しているのである。彼は一九一九年の初めに書かれた文章において、かつて「三十三年之夢」の中で説いた理想を、ウィルソンの「世界的立場」に仮託したことの誤りを認める。[87] そして彼は、これまで中国革命に費やした努力を、なぜ日本の改善に尽くさなかったのかと自問する。これに対して、滔天は次のように答える。日本には世界を動かす力はない以上、中国を理想国たらしめれば世界を変革し得ると考えて、「自己の誇大妄想的径路を辿って来た結果が即ち今の我身の上」であるのだと。しかし、彼はもはや支那革命主義は誇大妄想だとし、「今や私は此の妄想より醒むべき時期に到達しました」と述べるのである。[88] そもそも、日本は中国のために何もしてやれなかったではないかと彼はいう。日本の頑迷政治家は、取りすがる革命主義者を突き放し、併せて守旧派までも突き放して欧米人の手に渡そうとしている。もはや、そのような日本は「支那に於て無用の長物」だと見なされたのである。[89] 滔天の「悲観病」はなお持続しており、彼のアジア主義の再構築はそうした精神状況の中でなされていたのである。

滔天はアジア主義を政治的運動として考えていたが、その果てにはいかなる社会が求められていたのであろうか。すでに、彼の中に国家を超える思想があったことは繰り返し述べたところである。彼は理論的体系化を得意とするところではなかったため、それを具体的な形で示すことはなかった。しかし彼は、自らを社会主義者として自覚していたことは事実である。彼の言葉によれば、「それは過激主義でもなく、共産主義でもなく、又無政府主義でも国家社会主義でもない一種の社会主義であって、十年前に著はした『三十三年之夢』にも発表した至極穏和な社会主義」であった[90]」。前述したように、滔天はアジア主義者の観点からロシア革命には好意的に反応した。それは、革命によって列強の脅威の一つが消滅したという意味においてであった。また、彼は日本においても革命の到来は不可避であり、それは共産主義革命という形態を取る可能性もあると考えている。なぜなら、現在の労働者階級の自覚の程度と、資本家政治家の覚醒の程度には、あまりにも大きな間隔があり過ぎるからである。(91) しかし、共産主義は個人の自由を抑圧するという点で大きな問題を持っている。

共産社会は、個人の自由性を奪ひ取って、同一型に打ち込まんとする一種の牢獄也。少くとも軍隊生活也。敵国外患ある場合若くは或る目的の為めに国外に発展せんとする場合に便利なる組織なるは言を待たずと雖も、人間幸福の上より之を見れば、浅間敷くも窮屈なる社会なるべし。(92)

滔天は異なった個性が発揮されることを至上の喜びと考えていた。そのような立場からすれば、自由を強調するクロポトキン（Pyotr Alekseevich Kropotkin）の無政府共産主義ですら不十分であった。このように、滔天は自由と個性を強調し、将来に無権力社会を求めていたが、それはヨーロッパに起源を持つものではなかった。むしろ彼は、そうした思想にはほとんど価値を置いていなかった。それは第一次世界大戦後の文明観の影響によるものでもあろうが、今後はアジア固有の文化が全世界を照らす日が来ると考えていたのである。滔天は西洋の物質文明が自滅の道を歩み始めていると見て、それがこれまでの西洋人の行いに対する「自然の応報」であるとする。それでは、西洋的近代をモデルとした日本はどうかといえば、西洋文明にかぶれ過ぎたため多少の反動は免れない点もあるという。しかし中国はほとんど無垢に近い。そのため滔天は、「支那の先覚者が、徒らに新しがらず、支那をして文明の余毒を受けしめず、支那固有の社会政策を根拠として新社会を打開せんことを望む」ことになるのである。(93)

それでは「支那固有の社会政策」に基づく新社会とはいかなるものか。それは、中国古代の「三代の治」をモデルとする、農業を中心とした人民の自治社会であった。滔天はいう、「人間の智慧は遠の昔に行詰まれり。三代の作は文化の極致と知らずや[94]」と。それをさらに具体的に表現すれば、「土地の正当なる分配に依って生活の安定を農業におき、自然的因果律の下に節制ある個人自由主義を基礎とする、理想的自治社会[95]」であった。顧みれば、「三代の治」は滔天が彌蔵と共に支那革命主義を唱え始めた頃からの理想の社会であった。中国根拠地論としての支那革命主義は放棄されて久しいものの、理想としての「三代の治」は彼の中に一貫して生き続けていたことが確認されるであろう。しかも、ここに至って中国固有の理想世界は、滔天によって人類の未来に普遍化されることになったのである。

本章では宮崎滔天のアジア主義に焦点を当て、その思想的変容と特徴について考察してきた。本章で明らかにされたのは以下の諸点である。

滔天が彌蔵の影響を受けてアジア主義者として出発したのは一八九一年のことであったが、彼の思想はその出発点から他のアジア連帯論者とは異なって民権論を立脚点としており、中国を根拠地として日本を含む各国の社会的変革によって、既存の国際システムを変更しようとする点で特徴的であった。しかも、滔天の考えの中には日本を盟主とする発想はなく、この点において当時のアジア・モンロー主義の流れとは対極にあった。しかし、彼には中国革命の可能性についての客観的な分析を行った形跡はなく、彼のアジア革命論は主観的な革命願望に支えられていたと考えられる。

滔天はアジア主義者として中国の革命運動を熱心に支持し続けた。それは彼の思想的純粋さに支えられたものであることは確かである。しかし、その一方で、彼の支援活動は一八九六年における方針転換を経て、政治家との繋がりの中でなされたものであった。戊戌政変後の孫文と康有為の提携計画が、犬養毅の介在によるものであったことは、滔天が決して脱世俗的なアジア主義者ではなかったことを示している。彼は革命の実現が、思想の力に頼るだけでは不可能であることを知っていたのである。

同時代のアジア主義者の中で、滔天が際立っていることは、日本の対外膨張主義に反対したばかりでなく、その思想が国家を超越する地点にまで到達したことにある。それはフィクションの世界で示されたものであって、体系化されたものではないが、そこではアジア主義ですら否定の対象と見なされていた。それは明らかにアナキズムの境地に近いものであった。当時の日本には、限定的ながらアナキズムに関する情報はあったとはいえ、彼がいかなる情報を基に思想に取り込んだのかは現在のところ判然としない。あるいは、それはかつてのイサク・アブラハムとの交流の名残であるのかもしれない。しかし、それが政治行動と合致した形をもって現れることはなかった。滔天の生涯の中で、それが一致する機会があったとすれば、それはウィルソンの一四カ条の平和原則に多大な期待を抱き、世界的立場を今後の新たな潮流と考えた時であろう。しかし間もなく、現実の国際政治が正義人道とは無縁なものであることを知り、彼は再びアジア主義に立ち返った。このようなアジア主義からの離脱と復帰の過程は、彼の中のナショナリズムと普遍主義の間での葛藤を示すものであった。中国の排日運動に対する矛盾した対応はその現れであった。しかし結局、滔天は思想と現実との矛盾を解決することはなかったのである。

滔天は一九二一年三月から一カ月ほど広東を訪問する。この時、彼は大宇宙教という新興宗教に精神的な救いを求めていた。途中で立ち寄った上海で、戴季陶や章炳麟と会見した際にも滔天は大宇宙教について熱心に説明するものの、彼らは「奇怪々々」と述べるばかりであったという。[96] しかし、彼の中国の革命運動への関心は持続していた。彼は広東での革命運動の高まりを、民報社時代と軌を一にするものだと感じたと記している。だが、この時も日本の態度いかんが革命の成否の鍵を握ると考えていた。曰く、「若し我国の改造さへ出来れば、対外問題は問題ではない。看よ南方と云はず北方と云はず、皆手を額にして日本の真実なる厚意を歓迎すべく待ち構へて居るではないか」(97)。しかし、日本は最後まで彼の期待に応えることはなかった。翌年一二月、滔天は五一歳で病死する。その二年後、国共合作を成立させた孫文は、日本を訪問して「大アジア主義」講演を行うのだが、仮に滔天が余命を保っていてこれを聞いたならば、どのような感想を持ったであろうか。自由なき共産主義を嫌いつつも、融通無碍な精神の持ち主であるがゆえに、アジア革命の大義から案外にこれを好意的に受け入れた可能性はあるといえよう。

(1) これまで、滔天に関しては多くの研究がなされており、アジア主義の思想潮流の中での彼の位置づけを問うものから、革命論の形成に主眼を置いたものまで様々であるが、評価はおおむね好意的である。伝記も数種類出版されているが、代表的なものとしては、渡辺京二『評伝　宮崎滔天』(大和書房、一九八五年)、上村希美雄『宮崎兄弟伝』(全六巻、葦書房［完結編のみ熊本出版文化会館］、一九八四〜二〇〇四年)、榎本泰子『宮崎滔天—万国共和の極楽をこの世に—』(ミネルヴァ書房、二〇一三年)などがある。

(2) 上村希美雄「アジア主義—宮崎滔天を中心に—」、西田毅編『近代日本のアポリア—近代化と自我・ナショナリズムの諸相—』、晃洋書房、二〇〇一年、一二七頁。

(3) 衛藤瀋吉「滔天と清国革命はどうして結びついたか」、『思想』第五二五号、一九六八年三月、二〇頁。また、渡辺京二の著作は全編が「侠」をモチーフとしており、榎本泰子も「侠」の思想の影響を指摘している(前掲、一〇九頁)。

(4) 深町英夫「近代日本のアジア主義を振り返る」、『東方』第三九四号、二〇一三年一二月、二五頁。

(5) 「三十三年之夢」(一九〇二年一〜六月)、宮崎龍介・小野川秀美編『宮崎滔天全集』(以下、全集と略す)第一巻、平凡社、一九七一年、二六頁。

(6) 渡辺『評伝　宮崎滔天』、二三三頁。
(7) 「三十三年之夢」、二七頁。
(8) 衛藤「滔天と清国革命はどうして結びついたか」、二五頁。
(9) 「三十三年之夢」、四二頁。
(10) 同右、五四～五五頁。
(11) 同右、五五頁。
(12) 同右、五四頁。
(13) 野村浩一「『アジア』への彷徨―宮崎滔天の思想と行動―」、同『近代日本の中国認識―アジアへの航跡―』、研文出版、一九八一年、一二六頁。
(14) 「三十三年之夢」、五五頁。
(15) 同右、五八～五九頁。
(16) 「支那革命物語」(一九一六年一〇月～一九一七年一二月)、『全集』第一巻、二九八頁。
(17) 「金玉均先生を懐ふ」(一九一六年三月)、『全集』第四巻、平凡社、一九七三年、二八三頁。
(18) 同右、二八二頁。
(19) 同右、二八五頁。
(20) 「暹羅に於ける支那人」(一八九六年一二月)、『全集』第五巻、平凡社、一九七七年、六五頁。
(21) 同右、七〇頁。
(22) 築地宜雄「宮崎滔天」(一九五九年)、『全集』第五巻、四八五頁。
(23) しかし、その滔天が中国人の日本内地雑居には否定的な態度を示していることは整合性を欠くのであるが、あるいは掲載紙の『国民新聞』の立場を意識してのものであろうか。

(24)「暹羅土人の風俗」(一八九七年一月)、『全集』第五巻、八一頁。
(25)「暹羅国王来遊の噂に就て」(一八九七年一月)、『全集』第五巻、八三頁。
(26)同右。
(27)「幽囚録」(一八九八年五〜七月)、『全集』第一巻、四二七〜四二八頁。
(28)「三十三年之夢」、一〇三頁。
(29)「宮崎槌子宛」(一八九七年六月二三日)、『全集』第五巻、三四九〜三五〇頁。
(30)「三十三年之夢」、一〇七頁。
(31)渡辺『評伝　宮崎滔天』、一四八頁。
(32)「三十三年之夢」、一一八頁。
(33)「犬養毅・平岡浩太郎宛」(一八九八年一〇月一日)、『全集』第五巻、三五四頁。
(34)「清国革命軍談」(一九一一年一〇〜一二月)、『全集』第一巻、二六三頁。
(35)「平岡浩太郎・犬養毅宛」(一八九八年一〇月七日)、『全集』第五巻、三五五頁。
(36)「東京だより」(一八九八年一二月一二日)、『全集』第五巻、二二六〜二二七頁。
(37)同右(一八九九年二月八日)、二四一頁。
(38)「三十三年之夢」、一六八頁。
(39)「支那革命物語」(一九一六年一〇月〜一九一七年一二月)、『全集』第一巻、三八一頁。
(40)近藤秀樹「宮崎滔天年譜稿」、『全集』第五巻、六六六、六七一頁。
(41)渡辺京二は、滔天の一連の行動を「日本政府の謀略ないし外交活動の手駒」の範囲を出るものではないと見ている(『評伝　宮崎滔天』、一五二頁)。
(42)「独酌放言」(一九〇〇年一〇月)、『全集』第三巻、平凡社、一九七二年、一八頁。

(43)「軽便乞丐」(一九一四年九月)、『全集』第二巻、平凡社、一九七一年、四八八頁。
(44)「明治国姓爺」(一九〇三年八月〜一九〇四年一月)、『全集』第三巻、一二二頁。
(45)同右、一三九頁。
(46)同右、一七二頁。
(47)同右、二〇七頁。
(48)同右。
(49)「独酌放言」、一一二頁。
(50)「革命問答」(一九〇七年三月)、『全集』第二巻、六一五頁。
(51)同右。
(52)「孫逸仙」(一九〇六年一〇月)、『全集』第一巻、四七二頁。
(53)「宮崎槌子・長江清介宛」(一九一一年一二月一二日)、『全集』第五巻、三七八頁。
(54)同右、三七九頁。
(55)渡辺『評伝 宮崎滔天』、二五二頁。
(56)この間の経緯については、藤井昇三「孫文の対日態度—辛亥革命期の『満州』租借問題を中心に—」(石川忠雄教授還暦記念論文編集委員会編『現代中国と世界—その政治的展開—』、慶應通信、一九八二年)に詳しい。
(57)近藤「宮崎滔天年譜稿」、七〇〇頁。
(58)筑地「宮崎滔天」、四九六頁。
(59)同右、四九七頁。
(60)「宮崎槌子宛」(一九一三年八月三一日)、『全集』第五巻、三九三頁。
(61)「立候補宣言」(一九一五年二月)、『全集』第二巻、口絵写真より。

(62)「我校歓迎宮崎先生大会記」(一九一七年四月一日)、『全集』第五巻、七一三頁。
(63)「南北妥協問題に就て」(一九一八年五月一日)、『全集』第四巻、三二九頁。なお、ここで「皇徳」という言葉を使っているのは、この論説の掲載誌である『亜細亜時論』が黒龍会の出版物だったことを考慮してのものであろう。
(64)「水野梅暁宛」(一九一七年三月二八日)、『全集』第五巻、四五四頁。
(65)「銷夏漫録」(一九一八年七月〜)、『全集』第四巻、三三五頁。
(66)同右、三三四頁。
(67)同右。
(68)「東京より」(一九一八年一一月一〇日)、『全集』第二巻、三九頁。
(69)同右(一九一八年一二月九日)、同右、五一頁。
(70)同右(一九一八年一二月四日)、同右、四七頁。
(71)同右(一九一八年一二月一九日)、同右、五五頁。
(72)「炬燵の中より」(一九一九年二〜三月)、『全集』第三巻、二四六頁。
(73)「東京より」(一九一八年一一月一二日)、『全集』第二巻、四一頁。
(74)同右(一九一九年二月一三日)、同右、八一頁。
(75)同右(一九一九年四月九日)、同右、一一九〜一二〇頁。
(76)同右(一九一九年二月一三日)、同右、八〇〜八一頁。
(77)同右(一九一九年四月二五日)、同右、一二七頁。
(78)同右、一二八頁。
(79)同右(一九一九年三月二四日)、同右、一〇八頁。
(80)同右(一九一八年一一月一二日)、同右、四一頁。

(81)同右(一九一九年五月八日)、同右、一三一~一三二頁。
(82)同右(一九一九年五月一三日)、同右、一三五頁。
(83)同右。
(84)「久方ぶりの記」(一九一九年一〇月)、『全集』第四巻、四一八~四一九頁。
(85)「旅中漫録」(一九一九年一一~一二月)、『全集』第四巻、四四〇頁。
(86)「出鱈目日記」(一九二〇年九月二四日)、『全集』第三巻、四八九頁。
(87)「炬燵の中より」、二三七~二三八頁。なお、この文章は友人との会話という形式を取っているが、榎本泰子も指摘しているように実際は滔天自身の自問自答と見た方がよいであろう(『宮崎滔天』、二三三頁)。
(88)同右、二四八頁。
(89)同右、二四九頁。
(90)「久方ぶりの記」、四一七頁。
(91)「出鱈目日記」(一九二〇年三月一五日)、三一六頁。
(92)同右(一九二〇年五月二四日)、三八四~三八五頁。
(93)「久方ぶりの記」、四一九頁。
(94)「出鱈目日記」(一九二〇年一一月二一日)、五一九頁。
(95)「世界の大勢に引摺られて」(一九二〇年四月)、『全集』第二巻、六五六頁。
(96)「広東行」(一九二一年三~四月)、『全集』第一巻、五六五頁。
(97)同右、五八九頁。

第三章　頭山満における皇国とアジア

本章では頭山満（一八五五～一九四四）とアジア、とりわけ中国との関わりを、思想と行動の側面から分析し、その特徴を考察する。

頭山は明治・大正・昭和にわたって政治的影響力を持った国権主義者にしてアジア主義者である。しかも彼は、いかなる公職についたこともない、生涯「無位無官」の浪人であった。だが、宮崎滔天のような他のアジア主義者と比べて、頭山に対する評価は決して高いとはいえない。さすがに、彼をヒトラー型の人物とするような極端な評価[1]は今日では見られないとはいえ、精神面・世論面で太平洋戦争に対する大きな役割を果たしたとする見方は今日でもなお一般的である。本章は、そうした一般的評価を前に、頭山の革命的再評価を企てるものではない。しかし、これまで投機的な側面ばかりが強調されてきた孫文との関係などは、彼の思想と行動を再検討することによって、より実態に近いものが見えてくるのではないかと考えられる。

ところで、頭山を含めて日本の国権論的アジア主義者の思想性については、その存在自体を疑問視する見解さえある。例えば、ある論者は次のように述べる。「頭山満も内田良平も、時事評や政略論、精神論は盛んに講じていても、後世に残るほどの思想を提示していない。いや正確に言うならば、彼らは意図的に思想を構築することを放棄していた。彼らは『思想』というものに対して、積極的に無頓着たろうとしていた」(2)。確かに、頭山は生前に体系だった著作を発表したわけではなく、その言説は周辺の人物が記録して残したものでしかない。また、他の論者は、頭山にまつわるエピソードは数多く残されているものの、そのエピソードは所詮管見でしかなく、全体像を窺わせるに足るものではないとする(3)。しかし、思想的抽出は困難さを伴うとしても、彼が無思想・無原則であったことにはならないであろうし、問題はその行動の源泉となっているものを定義しにくい点にあったと考えられる(4)。しかし筆者は、周辺の人物を介して頭山が残した言説を整理することによって、彼の思想の本質に近づくことは可能だと考えるものである。

さて、頭山とアジアに関する先行研究としては、趙軍による「『皇アジア体制』をめざした興亜思想――頭山満の場合――」(5)という優れた論稿がある。著者は頭山の興亜思想を「尊皇論」と「攘夷論」の二本柱からなるものと捉え、その最終目的は「皇道を世界に布く」ことにあったとしている。本章も基本的にはこうした見方を踏まえつつ、頭山の対外思想を「皇《すめら》アジア主義」と称することとする。それは、「皇国日本」をアジアに拡大しようとするという意味においてである。以下、本章においては、こうした思想が如何なる政治的経験を基に生じてきたのか、そしてそれはいかなる特徴を持つものであったのか、さらには具体的な実践活動として、一九二〇年代半ばまでの中国とどう関わっていったのかについて考察していくことにしたい。

第一節　初期の活動——民権論から国権論へ——

頭山満は一八五五年、福岡藩士である筒井亀策の三男として生まれた。幼名は乙次郎という。後に母方の頭山家を継ぎ、名を満と改めた。一六歳の時、女医にして儒学者でもあった高場乱の興志塾に入り、ここで後の玄洋社のメンバーとなる進藤喜平太や箱田六輔らと知り合うことになる。この塾は「区々たる読書の末節に拘泥する」ことを良しとせず、「志士的精神を磅礴するもの」であったといわれる[(6)]。在塾中の頭山の学習について、同学の記すところでは、「毫も章句に拘泥せず、而も其会心の所に至るや、反覆誦読、夜に継ぐに晨を以てすると云ふ工合で、之を暗誦するに至らねば息まず[(7)]」というものであった。そして、高場の不在時にあっては、江戸期の儒者である浅見絅斎の『靖献遺言』を代講することもあったということである。評伝に基づく限り、頭山の尊皇思想の基礎はこの時期に作られたということができるであろう。

一八七五年から七六年にかけて、全国的に征韓論、民権論が広まっていった。頭山もその影響を受け、福岡に矯志社が組織されると彼はその一員となった。同社は、高知の板垣退助、萩の前原一誠、鹿児島の西郷隆盛の私学校と連絡を取りつつ活動を行った。七六年一〇月、萩の乱が勃発すると、矯志社はそれに呼応しようとしたが、事前に計画が漏れて失敗に終わり、頭山、箱田六輔、進藤喜平太ら十数名の社員は国事犯の嫌疑で捕らえられ監獄に送られた。七七年、西郷隆盛らが決起すると、矯志社は同じ福岡の強忍社と共にこれに呼応して兵を挙げるが、これも失敗に終わり、指導者の越智彦四郎、武部小四郎らは斬罪に処せられ、約四〇〇名の同志が投獄された。この時、頭山らは獄中にあったため連座を免れ、西南の役が鎮圧されると共に釈放されて福岡に帰った。そして彼らは、越智、武部の遺志を継ぎ、「有為の青年を糾合して剛健なる団体を作」らんとして、博多湾頭に向浜塾を設立したのである。[8]

一八七八年五月、参議兼内務卿の地位にあった大久保利通が暗殺されると、知らせを受けた頭山は板垣退助に決起を求めるべく高知に赴いた。しかし板垣は頭山に、「挙兵の到底政府転覆に可ならざる所以を説き、且つ大いに民権の伸長す可きを論じ有司専制の害を述べ、〔中略〕立憲政体民撰議院の利を語[9]」った。数度にわたる板垣との対談から、頭山は尊皇主義と民権論が相矛盾するものではないと理解し、同地にしばらく滞在して各地の民権家と交わった後、日本各地を歩いて民権論者との連絡に努め、福岡に帰った後は向浜塾を閉鎖し新たに向陽社および向陽義塾を創設し、子弟教育に努めることとなった。その趣旨書に「義塾は則ち教育を以て民権を培養するの地なり[10]」とあるように、彼らの結社は民権論を指針に据えたものであった。また、具体的な政治活動としては、箱田、進藤らと筑前共愛公衆会を組織し、国会開設、条約改正の請願などを行っている。

一八七九年一二月、玄洋社が設立され、社長には平岡浩太郎が就任した。[11]そして、半年ほど経ってから以下のような「玄洋社憲則」が制定された。[12]

第一条　皇室を敬戴す可し
第二条　本国を愛重す可し
第三条　人民の主権を固守す可し

第三条は後に、玄洋社自身によって「民権を固守す可し」と改められるが、『玄洋社社史』が記すところでは、「実に之れ当時潮の如くに沸きし民権論より来る者」であって、「皇室敬戴」、「本国愛重」と矛盾するかのようであるが、藩閥政治・有司専制の政治においては尊皇維新の実は失われたに等しく、今ここで御誓文を奉じ公義輿論を興し民に政治に参与させることは、皇室を永遠に安固たらしむる所以であり、憲則の三カ条はそれぞれ矛盾するものではないとされたのである。[13] おそらく、頭山の認識もこれを超えるものではなかったと考えられる。また、憲則の「皇室」「本国」「人民」の順序をもって、「頭山らにとって、民権はすでに唯一の重要な目標でなくなり、民権から国権に傾き始めたとする見方があるが[14]、当時においては、皇室や国家を先に置き、人民を後回しにするのはごく普通に見られたことであり、玄洋社にのみ特徴的なことではなかった。[15]

玄洋社は当初、福岡の一地方結社に過ぎなかったが、一八八七年からの条約改正をめぐる問題で、同社は一躍世間の注目を浴びるに至る。条約改正問題は、日本にとって明治維新以来の懸案であり課題であった。一八八五年に成立した伊藤博文内閣（外相は井上馨）は、早速この問題に取り組んだのであるが、政府の外交姿勢と一般国民の考えとでは大きな開きがあった。すなわち、井上の案では税権の回復だけが目的とされており、法権については日本の裁判所に外国人裁判官の任命を約して、列国の同意を求めようとするものであったのである。これに対しては、朝野を挙げての反対運動が起こり、一八八八年に伊藤内閣は総辞職した。続いて成立した黒田清隆内閣は、外務大臣には大隈重信を任用したが、条約改正案は井上案に部分的修正を加えたものに過ぎず、しかも極秘のうちに条約改正交渉が進められていった。ところが、一八八九年六月、外交交渉の事実が『ロンドン・タイムズ』によって報じられるや、「屈辱条約改正」として以前にも増して反対運動が盛り上がることとなったのである。

条約改正案が伝えられると、玄洋社はこれを国家の一大事と考えて、中止に追い込むべく反対運動に取り組むことになる。箱田六輔、平岡浩太郎、進藤喜平太らは福岡にあって運動の勢力拡大を図る一方、頭山は玄洋社を代表して東京に赴き運動に直接携わることとなった。[16] 上京後の頭山は、松方正義や伊藤博文らと面談して反対論に加担するよう説得に当たっている。玄洋社だけでなく、急進的民権論者、国権主義者など広範な勢力が反対運動に加わり、世論は大いに盛り上がりを見せた。しかし、黒田首相と大隈外相の改正方針に変化はなく、反対運動は行き詰まりを見せていた。そのような状況の中で、ある日の会議において頭山は、「屈辱条約の締結は断じてやらせてはならない。余は政府をしてやらせぬことに決めた」と発言している[17]。この発言は、引き続き生じる直接行動を暗示するものであった。果たして、彼はこの後、大井憲太郎を訪ね、人を介して爆弾を譲り受けさせ、一八八九年一〇月における来島恒喜による大隈重信襲撃に供したのであった[18]。確かにこれは、玄洋社が政府の外交政策に影響を与えようとした最初の事件であった。

この時点で、頭山が国権主義の立場を明確にしていたことを示す明確な証拠はない。だが、彼が所属する玄洋社は大きな転換を遂げていた。社史の記すところでは、玄洋社は一八八六年八月に長崎に来航した清国北洋艦隊の兵士たちの乱暴狼藉を契機として、国権主義に転じたものとされる。曰く、「玄洋社社員等は之の国辱を聞いて、皆悲憤慷慨す、乃ち茲《ここ》に民権伸長論を捨てゝ、国権主義に変ずるに至れるなり。［中略］宜しく日東帝国の元気を維持せんと欲せば、軍国主義に依らざる可らずとし、国権大いに張らざる可らずとし、遂に曩の民権論を捨つること弊履の如くなりしなり」[19]。しかし、この文言は一種の口実でしかない。実際には、一八八八年一月における箱田六輔（第四代社長）の死後、進藤喜平太が社長となるに及んで、玄洋社は国権論に大きく舵を取り、吏党と提携する方向に傾いていったのが実態である。そして頭山が、吏党化への傾斜に不満を抱く箱田と、その死の直前に激論を交わしたという事実は[20]、彼の政治的スタンスが玄洋社の主たる方向と同一であったことを示唆している。

さて、一八九〇年一一月、第一回帝国議会が開かれたが、政府と民党は衝突を繰り返し、翌年に至っても対立は解消されなかった。こうした官民衝突の事態を見て、頭山は次のように述べていた。「民権固より重んぜざるべからず、然れども国権は更に之を一層重んぜざる可からず、我国は将来東洋の盟主たらざる可からず、而も其の天職を果さんとせば、宜しく軍備を拡張せざる可からず、民党議員は徒に感情に走せて事理を審かにせず、徒に反対せんが為に反対するが如き態度あるは、予の深く採らざる所なり」[21]。頭山は、ここに自らが国権主義の立場に立つことを明確に表明した。そして彼のこうした姿勢は、一八九二年の選挙干渉事件への伏線となるものであった。

一八九一年六月、山縣有朋の後を継いで松方正義が内閣総理大臣に就任した。彼のもとで開かれた第二回議会では、海軍予算の拡張をめぐって民党と政府が鋭く対立した。さらに、海軍大臣樺山資紀のいわゆる「蛮勇演説」があって議会は空転し、一二月には衆議院が解散され、翌年二月に総選挙が行われることとなった。この選挙では、内務省による大がかりな選挙干渉がなされ、死者まで出したことで知られているが、玄洋社も福岡での選挙において民党排撃に積極的に加わることとなった。当時、福岡の県令であった安場保和は、早くから頭山と親交があり、松方は安場を介して彼に選挙介入を委嘱することとなった[22]。松方は自らの軍備拡張論と、頭山の対外発展論・国威宣揚論が一致すると見たのである。後年、頭山は次のように記している。

自分は元来尊皇主義の民権論者であるが、二十五年の総選挙に際しては、過激主義者の団体を破壊せんとするを慮り、之れを黙視する能はず、熊本の国権党と相提携して、時の政府を掩護し、自由改進連盟の民党と闘ったものである。［中略］当時自分は東洋に於けるわが国威の失墜しつゝあるを慨し、対外進取の経綸を尽し時の政府をして自主的外交の方針を樹立せしめ、大いに国権を張らんことを期したものである[23]。

頭山の国権論転換については、彼が民権運動の先駆者の一人でもあったこと、そして民党との因縁の深さ故に、それを惜しむ声もあったといわれるが、彼には彼の信念があったのである[24]。すなわち、「国威失墜」への憂慮と

「対外進取」の精神がその主たる要因となっていたのであり、ナショナリズムこそ彼を転換に駆り立てたものであった。「何でもよい、海軍拡張さえ出来ればよいので、私にしては吏党も民党もないのじゃ。国家の為めにければ、それでよいのじゃった[25]」という言葉は、そのことを象徴的に表している。そして、政治的立場の転換はあったものの、民権・国権いずれの立場にしても「尊皇主義」を基礎としていたことには違いはなかった。その意味では、自由民権運動と国家主義運動は同根であったともいえるのである。

『玄洋社社史』には、選挙干渉以後の頭山について次のように記している。「頭山、松方等と結びしの不覚を悟り、之れより韜晦して、再び政界に出でず、眠れる獅子の如く、林中深く、其の姿を隠して、只天下を白眼視するのみなりき[26]」。そして頭山は、アジア問題に積極的に関わっていくことになるのである。

第二節　皇アジア主義者としての頭山満

玄洋社はもともと、同志相依る極めてゆるやかな集団であった。そして、その大陸政策の特色は、アジア諸国の「近代化と独立達成」のために支援を行うことにあり、アジアの各国が日本と同程度に近代化し、他国の支配を脱して独立を達成し、日本と提携して、経済的・軍事的な同盟関係を樹立することを望んでいた[27]。これは、玄洋社が西郷隆盛の「征韓論」の流れを汲むことに起因していた。こうした観点から、玄洋社が最初に行った行動は、朝鮮の独立運動への支援であった。一八八四年一二月、金玉均、朴泳孝ら朝鮮の独立党のメンバーは立憲君主制国家の樹立を目指してクーデターを企てた（甲申政変）。しかし、袁世凱率いる清軍によってクーデターは撃破され、金玉均は同志らと共に日本に亡命することとなったのである。

当時、東京の芝公園の付近を活動の拠点としていた玄洋社の社員（久田全、来島恒喜、的野半介ら）は各地の同志と連携して、金玉均を援助して朝鮮に義勇軍を組織しようと計画し、福岡にいた頭山にも連絡し上京を促した。頭山は上京の途中、神戸で金玉均と会い、彼を有為な人物であると認識したが、玄洋社の早急な行動の主張に対しては「軽挙」を戒め、「妄動して名を汚すは真に国家の為に図る者に非ず、宜しく自重すべし[28]」として慎重論を唱えた。そして彼は、まずは釜山に「善隣館」と称する語学学校を作り、これを拠点に独立党を支援しようと主張した。しかし、この計画は大井憲太郎らによる大阪事件（一八八五年）の余波を受けて頓挫を来すことになる。そして、金玉均は日本政府による事実上の軟禁を経た後、一八九四年に上海で暗殺され、玄洋社によるアジア独立運動支援の第一幕は終焉したのである。

ところで、前節で見たように、頭山は一八九〇年時点でアジアにおいて日本が盟主たるべきことを述べるようになるが、八〇年代においては、日本と朝鮮が協力してアジアの独立運動を進めようとしていたと推察させる言説がある。例えば、頭山は金玉均と初めて会った際に、「日韓同胞論」を説き、「互いに相提携し相扶翼して覇を唱えざるべからず[29]」と述べていたのである。しかし、朝鮮における改革運動の失敗は、おそらく頭山に朝鮮の協力対象としての資格を疑わせるようになったであろう。この後、そうした言説は一切見られなくなり、関心はむしろ中国やインドといった国に向けられることになるのである。

頭山はすでに朝鮮問題を契機として、アジアへの関心を示していたのであるが、彼の関心をさらに深めたのは二人の人物であった。一人は陸軍軍人であり、日清貿易研究所の設立者でもあった荒尾精である。頭山が福岡で荒尾の訪問を受けたのは一八八六年春、彼が大陸に実地踏査に赴く直前のことであった。この時、荒尾はまだ二八歳であったが、頭山はその非凡さを見て取ったのか、後年荒尾に「真に偉人の器を具え、大西郷以後の大人傑であった[30]」と最大級の評価を与えている。こうしたことを前提に、大川周明は、「少なくとも荒尾との親交が、［頭山］翁をして一層大なる関心を東亜問題に抱かしめるに至ったことは疑ふべくもない[31]」と述べている。しかし、どのような点で頭山の関心が触発されたかについては定かではない。

これに比して、今一人の人物である近衛篤麿からの影響はより明確である。当時の日本の論壇においては、アジア・モンロー主義が流行を来しており、近衛もその有力な論者の一人として知られていた。第一章で述べたように、彼はアジアの将来が人種競争の舞台となることが免れ得ないと予測し、その最終段階では黄白人種の闘いへと収斂していき、その場合には日本人、中国人を問わず白人種の仇敵と見なされるだろうとして、同人種同盟の結成が必要であると唱えていたのである。頭山はそのような主張について、「〔近衛〕公の大陸経綸の志、亜細亜問題に対する抱負は吾々の敬服する処であった」として、次のように述べていた。

「東洋は東洋人の東洋なり」と絶叫して起ったのは、霞山公が第一人者だ。亜細亜民族が一致結束して起ち、西欧諸国の暴慢と其侵略的野心を駆逐せんとする、大亜細亜主義を提唱したのは公が其第一声である。公は米国のモンロー主義を引例して、亜細亜モンロー主義の実行と義務は、日本と支那の双肩に在りとして日支提携を説いた。其先見の明と達識雄図とは今更ながら敬服に堪へない(32)。

頭山の近衛に対する評価は絶大なるものがあり、その影響を受けた点も明確である。すなわち、それは日中提携を中心とするアジア諸国の連帯であり、それによって欧米勢力をアジアから駆逐することであった。アジア主義言説の展開過程からすれば、この点では頭山の主張は近衛のそれを超えるものではない。その意味においては、頭山を「近衛の忠実な追随者(33)」とする評価は当を得たものということができる。ただ問題となるのは、その核にある思想傾向とそれのアジア主義への反映の度合いということであろう。

それでは、頭山の思想的基礎はどのようなものであったのか。伝記には、頭山の思想系統は儒教を根幹として、これに神仏を取り入れて日本精神となしたものであり、さらにそこには禅と陽明学が幾分加味されていると記されている[34]。頭山は社会化の過程で儒教的教養を身につけているので、これが根幹となったことは間違いないであろう。また、陽明学に関しては、彼が若い頃に読んだ大塩平八郎の『洗心洞劄記』を通してのことと思われる。しかし、現在残されている記録においては、彼が体系的に儒教を論じた箇所はない。彼は儒教こそ東洋人を人間らしい人間にした教えであって、その根本義は日本人の指導的要素であるとしているが、こうした捉え方は、極めて通俗的なものであるといわなければならない。ただ、儒教のいくつかの徳目の中で、頭山がとりわけ「忠孝」を強調している点には注目しておきたい。すなわち、彼は日本人は身を忘れて人や国家に尽くすという「忠孝」の精神を、絶対に失ってはならないと指摘しているのである[35]。ここから、彼にとっての儒教が、尊皇主義との関連で捉えられていたことが理解されるであろう。

ところが、頭山の言説においては、日本文明の根幹となったとされる儒教よりも、むしろそれを基礎として形成されたとされる「日本精神」の方が、強烈なインパクトをもって現れる。頭山の考えでは、今日にあっては、武士道は治者・被治者双方を貫く日本国民全体の精神でなければならない。そして、それによって維持されるべき国家は天皇道を特徴とするものである。ここで頭山がいう「天皇道」とは神格化された天皇制イデオロギーを意味しているのであるが、彼はそれについて次のように述べる。「日本は魂立国の国じゃ。君民一如、皇道楽土の国柄だ。日本の天皇道位尊くまた洪大無辺なものはない」。このような国は普遍性を持つものである。それゆえ、「日本の天皇道は只だに日本国土を治め大和民族を統べ給ふのみならず、実に全世界を救う大宇宙を統ぶるものだ。而も日月の普きが如く、偏視なく偏愛なく所謂一視同仁じゃ」とされる。そして、彼の考えるところでは、天皇道はあらゆる教えの究極に位置するものである。すなわち、「孔子の曰ふ祭政一致、宇宙一貫の道理も、釈迦の欣求浄土も、クリストの愛も、畢竟するに天皇道の一部だ」というのである[36]。

頭山は、儒教はもとより、武士道や天皇道についても深く掘り下げて論じていたわけではない。むしろ、それらは感覚的に捉えられていた感がある。そして、具体的な根拠を示すこともないまま天皇道に最高の価値が付与される。すなわち、儒教には日本精神の根本をなすものという位置づけがなされていたが、他方、天皇道は普遍的価値を有するものとして認識されていたのである。それゆえ、天皇道は日本を超えてアジアへ、そして世界へと拡大されるべきものと考えられている。彼は次のように述べている。「天子様は世界に上御一人だけだ。実に日本の天皇陛下に依って、皇道を世界に布くことが、神意であると信じて居る。其処に世界民族も亦その堵に安んじ、所謂世界を挙げて皇道楽土が招来されるのである」[37]。これこそ、頭山の皇アジア主義の原理となるものであったのである。

それでは、頭山は西洋文化に対してどのような考えを持っていたのであろうか。一九二五年九月に『ジャパン・アドヴァタイザー』紙による頭山のインタビューから、当時の彼の姿勢を知ることができる[38]。彼はここで、「東洋が泰西文化に接触して以来、日本国民の犯したる最大の過誤は、唯だ無鉄砲な態度を以て西洋の物質的教訓を採用した事である」と欧化の傾向に批判的姿勢を示す。しかるに、多数の思慮ある人々はこの過ちを自覚するに至り、国民として自己を反省し、その取り入れた西洋思想を、国民精神を基礎として矯正すべきと考えるに至っている。だが、西洋の文化の中にはすでに日本の中に深く入り込んでいるものもあり、今となっては捨て難いものもある。そこで、頭山が示したのは、「孔子の教ふる忠孝の根本義を紊《みだ》るが如き外来思想は堅く之を防止しなければならぬ」というものであった。西洋文化に対する頭山の姿勢は、忠孝の精神を最低限の防衛ラインとするものであって、決して無差別的な排外主義ではなかったことが理解される。

以上のような思想傾向の延長線上に対外観・対外思想があると考えられるのだが、頭山の場合は玄洋社の対外観をそのまま体現したかのように、まずは西郷隆盛の征韓論を原点とするものであった。すでに述べたように、西郷の対朝鮮政策は決して「征伐」の如き荒療治を主張するものではなく、平和裡にアジアを結束させて西洋の侵略を阻止するという穏やかな政策であった。頭山は、「明治初年すでに大東亜の建設を志し韓清と親善して露国の南下を抑へやうとしていたのが南洲一派だ[39]」として、西郷を高く評価している。そして、国家の外交姿勢として、頭山は「強国にして正義」が理想であるとする。彼は西郷の遺訓に対する講評で次のように述べている。

強国にして正義、即ち南洲翁がいはれたやうに、広く弱小国を憫れんで、それぞれ文化を進めしむるのが、之が国を為すの理想といふものではないか。たゞ人の国を征伐して、之を略奪し、苛斂誅求して他の弱小国民を苦しめる丈ならば、何も国を作って居る必要はないのぢゃ[40]。

さらに頭山は、日本が世界の「道義の大本」とならなければならないという。これこそ、日本の国家たる使命なのである。そして、近いところで中国、インドと提携して、仁義道徳の理想国を作るべきであるとする[41]。ここに、道徳を基礎としたアジアの連携が唱えられたのである。ここで示された中国とインドは、日本と共にアジア独立運動の中心となるメンバーであった。この両国を道義によって感化し、「見事に日本の片棒を担ぐ様にさせた時、始めて東亜の建設が出来る[42]」と考えられていたのである。インド問題に関しての具体的な関与としては、一九一五年におけるラス・ビハリ・ボース（Rash Behari Bose）への支援活動があったことはよく知られているところである。しかし、インドへの関わりはそれ以上深まることはなかった。むしろ、次節で見るように、頭山のより大きな関心は中国に向けられていくことになるのである。

頭山の考える日本と中国は「日支一家」の関係と称せられるが[43]、それは家族というよりも、むしろ夫婦の関係に譬えられる。彼は次のようにいう。

日本と支那とは数千年来、同文同種、地理的にも、民族的にも、人情的にも提携融合しなければならぬ立場にある。〔中略〕日本と支那とは天の与へた夫婦も同様だ。夫婦は諸外国が羨む位仲がよからねばならぬ筈だ。(44)

日本と中国は一心同体の関係であってこそ、列強諸国のアジア侵略に対処し、それらをアジアから放逐することができるのであった。その前提としては、中国が弱小国の状態から脱することが必要である。現在の中国は、あたかも獅子や虎が檻の中に閉じ込められている状態と同じで、実力を全く発揮することができないでいる。中国と提携するためには、彼らをまず檻の中から解放してやる必要があるのである。そして、両国が本当に一緒になって事に当たることができるようになれば、イギリスもアメリカも敵うものではない(45)。彼らはいずれ、アジアから撤退せざるを得なくなるのである。それでは、中国を檻から出してやるのは誰かといえば、それは明らかに日本にその役割が求められていた。日本は中国に対して、主導的立場にあったと考えられるのである。

先に述べたように、頭山は日本・中国・インド――後には満洲もそこに含まれるようになる――が中心となってアジア解放に立ち上がるべきだと考えていた。彼は、東洋から西洋人を駆逐するのは人類を救うためであるとし、「東洋の独立に依って人類の真の文明を作って、従来の獣の文明から人類を救済する」のだと述べている(46)。「人類の真の文明」とは、彼の言説の全体から推して天皇道以外には考えられないのだが、このことの実現のためには「攘夷」が必要であった。「日本だけでなしに、今度は亜細亜が一体になって攘夷をするのぢゃ。攘夷と同時に皇道を世界に布く大建設ぢゃ。攘夷はその大前提、これが亜細亜の大維新ぢゃ(47)」。ここからは、アジア諸国による攘夷によって、西洋諸国はアジアから駆逐され、その空間に日本の統治イデオロギーが充塡されるという構図が浮かび上がってくる。しかし、そこではイデオロギーの普遍性あるいは正当性の検証がなされた形跡は全くない。天皇道は無条件的に真理とされていたのである。

このように、頭山はアジア諸国の連帯を説くのであるが、それは日中関係のあり方からも想像されるように、決して対等の関係に立ってのものではなかった。西洋諸国に対抗するためにはアジア諸国は団結すべきであるが、そのためには日本がアジアの盟主とならなければならないと、頭山は論じているのである。ある論者は次のように指摘する。「翁の大陸政策は五十年来一貫して居る。吾が日本が東洋の盟主として隣邦と互助連環東亜全体を日本の皇道に化せしむること。東洋を打って一丸とせる皇道楽土を建設しやうと云ふのが、翁の理想のやうだ」。[48]すなわち、頭山の理想は日本の指導の下での「皇アジア」の建設と、さらに進んで「皇世界」の建設であった。頭山の脳中には、「皇室敬戴」と「国権拡張」という二つの観念が深く刻み込まれていたのであるが、[49]これらこそ彼の皇アジア主義を支える要素であった。彼の中国革命への関与は、以上のような対外思想に基づいていたのである。

第三節　中国革命と頭山満

頭山が孫文と最初に出会ったのは、一八九七年のことである。孫文はイギリスでの亡命生活を終え、カナダを経由して日本に渡っていたが、この年の九月初旬、滞在中の横浜で宮崎滔天と会い知己となっていた。前章で見たように、滔天は日本人の中での孫文の最初の同志である。当時、日本政府は清朝に配慮して、孫文の滞日を好ましくないと考えていたため、滔天は平山周と孫文の処遇について相談し、次いで犬養毅に話を持ちかけたところ、犬養は強引に外務省の許可を取りつけて東京に家を借り、平山の語学教師の名義で滞在することとなった。これが孫文および中国革命と日本志士との出会いのきっかけであった。[50]頭山もその年、滔天を介して孫文と相知ることとなったが、伝記にも頭山が孫文にすぐさま傾倒し、以後、中国革命派の中では彼を特別視するようになった旨が記されている(51)。

日本のアジア主義者は中国の反政府勢力の結集に熱心で、前章で述べたように宮崎滔天は戊戌変法失敗後の康有為グループにも同情的で、日本に亡命させた後、孫文らと共闘させようとしたことがある。この試みは康有為側からの拒否に遭って失敗に終わった。一九〇五年の孫文の訪日に際しては、彼と黄興とを結びつけることに尽力し、この時は七月の中国同盟会の結成に至らせることができた。また、大陸浪人の中には、直接中国に渡り革命派の活動に参加した者も少なからずいた。しかし、頭山はそうした試みや活動に加わることはなかった。武昌蜂起以前においては、大陸浪人を指揮して中国革命に参与したのは主に内田良平であり、孫文と頭山の関係は決して濃密なものではなかった(52)。そのような中で、唯一確認できる記録は、孫文からの蜂起のための資金援助の依頼であった。すなわち、頭山は一時炭鉱の売買に携わり、夕張炭鉱の売却によって七五万円という財産を手にしていたことがある。そこへ、鎮南関での蜂起を計画していた孫文が、犬養の紹介によって資金の援助を求めて訪れたことがあったのである。しかしあいにく、金はすでに使った後であったため、頭山は孫文の期待に応えることはできなかった(53)。実現しなかったとはいえ、これが頭山の中国革命との最初の関わりであった。

頭山が中国革命に本格的に関与するようになるのは、一九一一年の武昌蜂起の勃発後のことである。当時、武侠の精神に燃える志士浪人たちは相継いで革命軍の支援に出かけ、かつ国内の一般世論も極めて革命軍に同情的な姿勢を示していたのであるが、日本政府の態度は混沌としており、ほとんど決定するところが見えない状態にあった。というのは、この時は桂内閣から西園寺内閣への替り目に当たり、新たな外相に任じられた内田康哉は長らくヨーロッパやアメリカの駐箚大使であったため、中国情勢には疎い状態であった。また、時の駐華公使の伊集院彦吉は袁世凱と親密な関係にあり、袁との関係を基準にして中国の時局を考察し、対策を講じようとする傾向にあった。そして何よりも、山縣有朋を中心とする元老が、隣国に共和政体が実現することを好まず、むしろ革命鎮圧論をもって西園寺内閣を牽制したためであった。このような風潮の中で、頭山は「お隣の支那が共和国になったからとて、我が国体に影響を及ぼすなどと心配するのは自ら我が国を侮るやうなもの」[54]だとして、中国革命を積極的に支援する姿勢を示した。彼は天皇道を基本とする国体の揺るぎなさに強い確信を抱いていたのである。

武昌蜂起勃発後、日本で大陸浪人を中心とする様々な団体が結成されると、頭山はそれに積極的に関わっていくことになる。一〇月一七日には、彼をはじめ内田良平、三浦梧楼ら三〇〇余名が集まって「浪人会」の会合を開き、政府に「厳正中立」政策を採るよう申し入れることを決定した。一一月上旬には、内田、小川平吉、古島一雄らと共に「有隣会」を組織し、革命派支援の運動方針を確定した。同会は、すでに北京にいた平山周、武漢に在った末永節と連絡を取り、中国の情報の収集に努めていた[55]。また、一二月下旬には東亜同文会の根津一らが中心となって「善隣同志会」が組織されると、頭山もこれに名を連ねた。同会が採択した決議は、革命軍の行動に干渉しないように列強諸国と日本政府に呼びかけ、中国革命を支援する立場を表明した点で注目に値するものがあった[56]。

漢陽が陥落する三日前、当地に在った萱野長知はアメリカ滞在中の孫文に帰国を促す電報を打った。「早く帰って収拾してくれぬと黄と黎だけではいけぬ、大将来れ、統帥なければ大事の成就に妨げあり」という内容の電文であったという。萱野は同時に、頭山や犬養毅に「天下を取っても後の方法がつかぬから誰か来てくれ」という主旨の電報を打って、来援を要請した[57]。当時、中国の動乱に乗じ、日本の不良浪人が革命援助に名を借りて多数入り込み、中国革命派だけでなく日本の心ある志士たちも非常に迷惑を被っていた。そこで、大陸浪人の中の不良分子を押し鎮める必要性と、孫文らと会談して忠告を与える必要性から、三浦梧楼の薦めもあって頭山と犬養を中国に派遣することとなった[58]。そして、彼らのもとに「渡清団」が作られ、一二月一九日には犬養らが、同月二五日には頭山らが上海に向かったのである。頭山が一行を連れて上海に到着すると、「大小の浪人連、頭山の名に恐れ皆慴伏して、完く其影を南清より消す[59]」状態になったといわれる。

一九一二年一月、中華民国臨時政府が成立するが、それと同時に南北妥協の空気が醸成されていくこととなった。しかも、孫文は二月一四日に参議院に大総統の辞表を提出し、後任に袁世凱を推す旨を表明し、自らも袁の招請に応じて北上するとしていた。中国に渡って間もない頭山もそのことを知り、即座に南北妥協反対の態度を示し、孫文の北上に対しては、「それは以ての外である。孫が北京に乗り込むとなると、下手をすると殺されるかも知れぬ、決して行ってはならぬ。反対に袁を南京に呼び寄せるがよい[60]」と述べ、孫文との会見を求めて宮崎滔天、萱野長知と共に南京に向かった。そして、当地にいた寺尾亨を交えて孫文と面会し、北上反対の意見を表明した。彼らの発言の主旨は、孫文らが「革命の主人公」であるという地位を決して譲ってはならないというものであった[61]。結果として孫文は北上することはなかったが、袁世凱も北京での兵変を口実に南下することはなかった。その後、頭山と犬養毅は武昌に黎元洪を訪ねて妥協反対を説いた。また、犬養は革命派の人材不足から岑春煊を担ぎ出し、孫文との合作を図っていたが、これは孫文の拒否に遭って失敗に終わっている。

頭山が孫文と袁世凱との妥協に反対だった理由は、中国が孫文の下に統一されてこそ日中提携の可能性が高まると考えたからに他ならない。頭山は、かつての金玉均暗殺以来、袁世凱には強い不信感を抱いていたといわれる[62]。しかも、袁は辛亥革命以前、特に朝鮮駐劄時には、日本の朝鮮への拡張策に対抗した経歴を持つ人間でもあり、そのような人物に孫文が権力を譲り渡すことは、日本にとって得策ではないと頭山が考えたことは当然であった。むしろ、親日的姿勢を採る孫文の下に革命が貫徹され、統一国家が樹立される方が、今後の大陸政策に有利なものと考えられたのである。

最終的に中国の南北講和は成立し、頭山らの望むところとはならなかった。さしたる収穫のないまま帰国した頭山は、松本楼で開かれた歓迎会で辛亥革命について聞かれた際、「支那の今度の革命は膏薬療治ぢゃ。本当の切開手術をしないから、今に見ろ、また処々に吹き出物がするよ」[63]と述べた。彼の予言はすぐに現実のものとなる。すなわち、臨時大総統の地位を手にした袁世凱は、一九一三年三月の宋教仁暗殺を始めとして、国民党を様々な形で挑発し、第二革命の発生を見たものの、即座にこれを鎮圧し、独裁体制への道を進み始めたのである。そのような状況の中で、戦いに敗れた孫文は再度亡命先を日本に求めることになる。

一九一三年八月九日、孫文は福州から台湾、門司を経て神戸に到着した。しかし、時の日本政府（山本権兵衛内閣）は、袁世凱政権に配慮して孫文の上陸を許可しない方針を取った。孫文は船中から萱野長知に電報を打って救援を依頼した。電文は、「遠く外遊することは我党の前途の為め都合が悪い、是非共日本に滞留したい、就ては神戸の船中で密会協議したい」[64]という内容であった。萱野はこれを受けて、犬養と頭山に相談したところ、頭山は「窮鳥懐に入れば猟師も殺さず」の譬えから救援を約束し、古島一雄に神戸に行って孫文の上陸を実現するよう依頼した[65]。この時の頭山は、「今は袁の世の中であっても、将来は孫の時代が来る」[66]ことを確信していたのである。結果として、孫文は萱野、古島の尽力によって上陸を果たし、入国許可はその後の犬養と政府との交渉によって下りた。孫文は、直ちに東京に向かい、頭山邸の隣家（海妻猪勇彦宅）に約半年間隠れ住むことになる。以後、一九一六年五月に日本を去るまでの第二次亡命生活は、以上のような頭山の援助によって可能となったのである[67]。

一九二一年一一月、ワシントン会議が召集された。当時、頭山はこの会議を「国難」と捉え、日中関係の悪化をもたらす可能性を持つものと考えていた。頭山はこの会議の目的が日本と中国を引き離すことにあると見なした。彼は次のようにいう。

今度の会議の目的も期する所も畢竟日本と支那とを引き離さうとするに在る。元来アメリカの日本に恐るゝ所は、日本が支那から豊富なる資源を得ることにある。これ故日本を支那から切り離すことが彼等としても急務である。その上でユックリと両者を別々に料理しようと云ふのがアメリカの肚ぢや。(68)

頭山の見るところでは、アメリカの巧みな懐柔策によって、今や中国の人心は日本を離れ英米に頼ろうとしている。これに加えて、日本も中国に対して拙劣な外交を展開してきたとする。山東の利権などはすぐに中国に返還しておけばよかったし、資本も十分につぎ込んでおけばよかったのである。ところが、「日本人の吝な了見を疑はれて山東問題は変にこぢれて来るし、アメリカの投資には負けて、如何ともする事の出来ぬ破目に陥って了った(69)」とし、この期に及んで山東半島の利権を返還することになれば、それは中国とアメリカにもぎ取られることも同然であると考えられた。

事実、会議が召集されると、中国には山東利権の回収の気運が高まってくる。一九二三年三月には、駐日公使が「二一カ条」の廃棄を通告するまでに至る。こうした対日ナショナリズムの高まりの中で、頭山は同月二八日に開かれた「対支有志大会」において、「日本国民は大正四年の日支条約に対し今後支那が如何なる態度に出づるも断じて其の廃棄を許さず」との意見を表明した。そしてその後排日運動が続き、長沙事件が発生すると七月一六日には「対支連合会」を開き、中国側の反省を促すと共に、「帝国は自衛の為め適宜の処置をとるべき旨を申し合わせた」のである。(70)彼は日本外交の失策については認めるものの、ここからは中国のナショナリズムを理解しようとする姿勢は全く見て取ることはできない。これは頭山の最大の問題点であったというべきであろう。

こうした姿勢の延長線上に、一九二四年における孫文との最後の会談があったのである。

一九二四年一〇月、北京政変が発生し、一一月一日には馮玉祥、胡景翼らが孫文に北上を要請する旨を打電した。これを受けて、孫文は北京に行くことを決断し、一〇日には「北上宣言」を発した。一七日、孫文は上海に到着し、当地で日本訪問を決意することになる。帰国して間もない李烈鈞の勧めがそのきっかけとなった。すなわち、孫文から北上についての意見を求められた李が、一旦日本に渡って、頭山、犬養らと会談することが北方での交渉に有益であると説いたのである[71]。そこで、孫文は船中から頭山宛てに「此度弊国時局収拾の為特に神戸を経て北京に向ふ、東亜の大局につき御相談したし、神戸まで御来駕あらば幸甚、尚ほ朝野諸賢に御伝声を乞ふ」という電報を送った[72]。船が一一月二四日に神戸に着くと、内田良平は頭山に来神を促す電報を送り、それを受けた頭山は東京から神戸へ向かうこととなった。この時、孫文が頭山に不平等条約廃棄の主張への支持を求めていたことは確実である。現に頭山の態度いかんによっては、政界の動向が変化を来すことも十分予想されるところであった。しかし、国権派アジア主義者の間では満洲問題の処理の仕方が懸念されていた。そこで、黒龍会の内田良平は事前に頭山に対して、「満州《ママ》問題については、確りと一本釘を打ってもらいたい」と熱心に勧告していたのである[73]。

　頭山と孫文の会談は、一一月二五、二六日に神戸のオリエンタルホテルで行われた。会談の場には孫文の側から李烈鈞、戴季陶のほかに山田純三郎がおり、日本側では犬養毅の使者としての古島一雄、頭山門下の藤本尚則（東京朝日新聞記者）等がいた。二五日の会談で、孫文はアジア諸国の提携の必要性を述べつつ、「支那が従来諸外国との間に結べる旧条約を一切撤廃すべき希望を力説した」。おそらくこの発言は、頭山が想定したものであったであろう。そこで頭山は、満洲における特殊権益は将来中国の国情が大いに改善され、他国の侵害を受ける懸念のなくなった場合は還付されるべきであるが、「目下オイソレと還附の要求に応ずるが如きは、我が国民の大多数が之を承知しないであらう[74]」と述べたのである。翌日の会談では、藤本が満蒙の既得権益、具体的には旅順・大連回収問題についての考えを質した。孫文はこれに答えて、「旅順大連の回収権といふ所までは考へてはゐない」とし、この問題が「現在出来上がって居る以上に、更に其勢力が拡大する場合は問題になるが、今の通りの勢力が維持される以上、問題の起ることはない(75)」と述べ、現状維持の姿勢を示したのである。

会談に同席した藤本尚則は、「動もすれば日支間の重大危機を孕まんとした旅大問題は斯くて両雄の談笑裡に無事平穏なるを得た」と記している。そして、「その代り孫氏は翁に望むに治外法権の撤廃と関税自主権の回復に於て日本が支那のため列国に率先して斡旋されんことを以てし、翁は其の要望を至当なりとし、能う限りの尽力を為すべき旨を答へた」とされる(76)。この会談の時の頭山の発言が、孫文の不平等条約撤廃の内容を治外法権撤廃と関税自主権のみに限定させる効果があったことはほぼ確実である。現に孫文は、一一月二八日に行われた「大アジア主義」講演の中では、満蒙の日本の権益問題については全く言及しなかったのである。しかし、孫文の言動においても、前年四月に旅順・大連回収運動を抑制してでも日本との関係をつなぎとめようとする姿勢を示していたことが確認されている(77)。こうしたことを勘案すれば、孫文の側からすれば、頭山との会談で日本の世論の瀬踏みを行い、以前から設定していた最大限の譲歩ラインを確認したものといえるかもしれない。

孫文との会談に現れた頭山の姿勢、そして以前からの彼の言説の端々を捉えて、多くの論者は頭山の「侵略的野望」を強調する傾向にある。例えば、頭山が辛亥革命直後に中国を訪れて帰国する際に、満洲の平原を眺めて「大分広いねぇ、之れは日本が取ってやらにゃ、支那ぢゃ始末が悪からう(78)」と述べたことは、その証左としてしばしば言及されるところである。しかし、そもそも孫文が以前は満洲を放棄するつもりでいたことは明らかである(79)。だが、国内でのナショナリズムの高まりの中で、孫文がその革命的指導者であろうとするなら、そのような姿勢を維持し続けることはできなかった。彼は国内の事情から従前の立場を変えざるを得なかったのである。

こうした事情を知る日本の国権主義者は、孫文にあらかじめ「釘を打つ」ことを当然のことと考えていたのではないか。これに対して、何よりも日本の支持の獲得を求める孫文にとって、それは妥協できない要求ではなか

った と考えられる。それゆえ、孫文が会談の際、頭山にソビエト・ロシアへの理解を求めつつ、日中が一体となってインドを独立させ、アジアからイギリスの勢力を駆逐するには、「日本の陸海軍を強大にしてもらひ、それでやるよりほかはありません」と述べたことは[80]、あながち政治的な意図を込めた言葉とは思えないのである。皇アジア・皇世界の実現を求める頭山にとっては、中国ナショナリズムの昂揚に理解を示すことは不可能であった。それを知った孫文は、日本の支持の獲得による日中ソ提携という国際戦略の実行に向けて、利権回収という民族的課題を一時的に棚上げして、日本の国権主義者との妥協を図ったと考えられるのである。

本章では頭山満の初期の行動の軌跡を踏まえ、その思想的特徴を検討した上で、一九二〇年代半ばまでの中国革命への関わりについて論じてきた。

頭山は民権論者として出発したが、玄洋社の政治的立場の転換に歩調を合わせるかのように、国権論の立場に移行した。彼にとっては、国権の強化こそが何物にも優先されなければならないと考えられたのである。そして、彼自身の語るところでは、「国威失墜」への憂慮と「対外進取」の精神がその主たる動機となったのであった。この二つの要素は、彼の対外思想およびアジア問題への関与の基礎となったと見ることができるであろう。

頭山の対外思想は、日本が盟主となってアジア諸国を連ねて欧米列強の勢力をアジアから駆逐すべしとするものので、それは一九世紀末から二〇世紀初めにかけて盛んに唱えられたアジア・モンロー主義の範疇に属するものである。しかし、頭山の場合、それを支える思想的基礎が儒教と天皇道であった点で特徴的である。頭山は儒教が日本精神の根幹になったとするが、それは「忠孝」が強調されるがゆえに、天皇道と矛盾なく併存し得たのである。そして彼は、日本・中国・インドが中心となってアジアを解放すべきだと考えていたが、そこには文化的相対主義の観点はほとんど見られず、普遍化・絶対化された天皇道の普及によって「皇アジア」、さらに進んで

「皇世界」の実現が求められたのである。

頭山と中国革命との関わりは、主として孫文との関係を通して生じたものであった。孫文の日本での亡命生活に関しては、頭山の支援には多大なものがあった。辛亥革命に当たっては、孫文支持の立場から袁世凱への権力移譲に反対したが、現実の政治的駆け引きの中では何ら成果を上げることができなかった。それは、現実政治の中での浪人の立場であった彼の限界であったといえよう。頭山と孫文の最後の接触は、一九二四年一一月の神戸においてであり、それは孫文のアジア主義と頭山の皇アジア主義の一瞬の交錯であったといえる。結局、会談では孫文が頭山の利権維持の姿勢に妥協するのであるが、これをもって孫文が頭山に失望したということはないであろう。確かに、頭山は中国のナショナリズムを正当に理解することはできなかったが、孫文の側にも利権問題を棚上げする準備はある程度できていたと考えられるからである。

（1）ハーバート・ノーマン「日本政治の封建的基礎」、大窪愿二編訳『ハーバート・ノーマン全集』第二巻、岩波書店、一九七七年、二五七～二五八頁。

（2）中島岳志『中村屋のボース―インド独立運動と近代日本のアジア主義―』、白水社、二〇〇五年、一二九頁。

（3）松本健一『雲に立つ―頭山満の「場所」―』、文藝春秋、一九九六年、七〇頁。

（4）頭山の思想に関わる今一つの難題は、彼の言説には年代の確定ができないものが多いため、その思想と対外観の時期区分がほとんど不可能な点にある。そのため本章では、彼の思想を生涯全体にわたるものとして、一般化した形で提示しておかざるを得ない。時期区分の問題については、今後の研究の進展を待ちたい。

（5）趙軍『大アジア主義と中国』、亜紀書房、一九九七年に所収。

（6）藤本尚則『巨人頭山満翁』、田口書店、一九三二年、五二頁。

（7）同右、六一頁。

(8) 同右、七〇頁。
(9) 玄洋社社史編纂委員会編『玄洋社社史』、玄洋社社史編纂会、一九一七年、二〇七頁。
(10) 頭山満翁正伝編纂委員会『頭山満翁正伝 未定稿』、葦書房、一九八一年、七〇頁。
(11) 『玄洋社社史』をはじめ、多くの文献では一八八一年二月創立説を採っているが、ここでは石瀧豊美の考証に従った(石瀧豊美『玄洋社・封印された実像』、海鳥社、二〇一〇年、一二三~一三〇頁)。
(12) 同右、一二六~一二七頁。
(13) 『玄洋社社史』、二二六頁。
(14) 趙軍『大アジア主義と中国』、八九頁。
(15) 石瀧『玄洋社・封印された実像』、二七六頁。
(16) 『玄洋社社史』、三三五頁。
(17) 葦津珍彦『大アジア主義と頭山満』、日本教文社、一九六五年、三五頁。
(18) 『頭山満翁正伝』、一六九~一七二頁。
(19) 『玄洋社社史』、四〇八頁。
(20) 上村希美雄『民権と国権のはざま―明治草莽思想史覚書―』、葦書房、一九七六年、二五二~二五三頁。
(21) 『玄洋社社史』、四一四~四一五頁。
(22) 同右、四一九頁。
(23) 『頭山満翁正伝』、一九五~一九六頁。
(24) 藤本『巨人頭山満翁』、二五八頁。
(25) 頭山満(談)・薄田斬雲『頭山満直話集』、書肆心水、二〇〇七年、一三七頁。
(26) 『玄洋社社史』、四二七頁。

(27) 西尾陽太郎「玄洋社の大陸政策」、『歴史教育』第一八巻第四号、一九七〇年四月、六七～六八頁。
(28) 『玄洋社社史』、二四八頁。
(29) 上村『民権と国権のはざま』、二四七頁。
(30) 『頭山満直話集』、八四頁。
(31) 大川周明（中島岳志編・解題）『頭山満と近代日本』、春秋社、二〇〇七年、一三〇頁。
(32) 吉田鞆明『巨人頭山満翁は語る』、感山荘、一九三九年、一一五頁。
(33) 趙軍『大アジア主義と中国』、九五頁。
(34) 『頭山満翁正伝』、一一頁。
(35) 中野刀水『頭山満翁の話』、新英社、一九三六年、五頁。
(36) 吉田『巨人頭山満翁は語る』、一一～一二頁。
(37) 同右、四一八～四一九頁。
(38) 藤本『巨人頭山満翁』、四九九～五〇〇頁。
(39) 『頭山満翁正伝』、八八頁。
(40) 頭山満『大西郷遺訓　立雲頭山満先生講評』、政教社、一九二五年、五三頁。
(41) 同右、九九頁。
(42) 鈴木善一『興亜運動と頭山満翁』、照文閣、一九四二年、七九頁。
(43) 趙軍『大アジア主義と中国』、一〇一頁。
(44) 吉田『巨人頭山満翁は語る』、四一二頁。
(45) 田中実『頭山満翁語録』、皇国青年教育協会、一九四三年、一三二頁。
(46) 中野『頭山満翁の話』、一四頁。

(47) 鈴木『興亜運動と頭山満翁』、二四頁。
(48) 吉田『巨人頭山満翁は語る』、三四一頁。
(49) 中野『頭山満翁の話』、三三八頁。
(50) なお、中国革命派を匿う費用は、ほとんどが筑豊の炭鉱主が貢いだ金によるものであった。孫文の場合は、最初の生活費は平岡浩太郎が出していたが、彼が没落した後は、辛亥革命に至るまで、その大部分を安川敬一郎が出したといわれている(古島一雄『一老政治家の回想』、中央公論社、一九七五年、一〇九頁)。
(51) 『頭山満翁正伝』、二四三頁。
(52) 李吉奎「孫中山与頭山満交往述略」、『中山大学学報(社会科学版)』、二〇〇六年第六期、三一頁。
(53) 藤本『巨人頭山満翁』、三一一頁。
(54) 藤本尚則『頭山満翁写真伝』、葦書房、一九八五年、二三頁。
(55) 黒龍会『東亜先覚志士記伝』中冊、原書房、一九六六年、四六三〜四六四頁。
(56) 趙軍『大アジア主義と中国』、一一四頁。
(57) 『東亜先覚志士記伝』中冊、四二八〜四二九頁。
(58) 藤本『巨人頭山満翁』、三九七頁。
(59) 『玄洋社社史』、五八三頁。
(60) 藤本『巨人頭山満翁』、四一〇頁。
(61) 『頭山満翁正伝』、二四七頁。
(62) 葦津『大アジア主義と頭山満』、一一七頁。
(63) 『東亜先覚志士記伝』中冊、四七九頁。
(64) 萱野長知『中華民国革命秘笈』、帝国地方行政学会、一九四〇年、一九八頁。

(65) 古島『一老政治家の回想』、一一九頁。
(66)『頭山満直話集』、一七二頁。
(67) 李吉奎「孫中山与頭山満交往述略」、三五頁。
(68) 藤本『巨人頭山満翁』、四七四頁。
(69) 同右。
(70) 同右、四七五〜四七七頁。
(71)「李烈鈞将軍自伝」、章伯鋒・顧亜編『近代稗海』第九輯、四川人民出版社、成都、一九八八年、七四頁。
(72) 藤本『巨人頭山満翁』、五一八頁。
(73) 葦津『大アジア主義と頭山満』、一七一頁。
(74) 藤本『巨人頭山満翁』、五二四〜五二五頁。
(75) 同右、五二六頁。
(76) 藤本『頭山満翁写真伝』、二六頁。
(77)「旅大回収運動ノ広東学生団体ニ対スル孫文ノ訓示ニ関シ報告ノ件」(一九二三年四月三日)、外務省編『日本外交文書』大正一二年第二冊、日本国際協会、一九七九年、二四〇〜二四一頁。
(78) 藤本『巨人頭山満翁』、四〇二頁。
(79) 例えば、一九〇六年、ロシアのある亡命革命家が中国革命成功の暁にはロシア革命を援助して欲しいとの要請に対し、孫文は「自分は万里の長城以外の事は関係せぬ」と述べて断ったことがあり(『中華民国革命秘笈』、八六頁)、また一九二〇年代初頭にも「将来国民党が支那を支配する暁には満洲は必ず日本に委任する」とも述べていた(佐々木到一『ある軍人の自伝』、普通社、一九六三年、九三頁)。
(80) 田中稔『頭山満翁語録』、皇国青年教育協会、一九四三年、八二頁。

第二部　中国における受容と展開

第四章　中国の近代革命思想とアジア連帯論

日本の初期アジア主義に関しては、第一章においてその概略を述べた。そこでは、日本のアジア主義が欧米のアジア侵出に対する危機感と、アジア諸民族の近代化への立ち遅れに対する苛立ち、そして自国のみが欧米への対抗主体たり得るという自負心を背景として形成されたものであることを述べてきた。本章では目を転じて、中国におけるアジア主義の言説を見ていくことにする。中国が被侵略国であるという現実が、上述した日本のアジア主義とは全く異なる性格を付与するであろうことは容易に想像し得るところである。そして、中国人の目を通すことによって、日本のアジア主義の問題点もより鮮明になることであろう。

第一節　孫文――人種主義と日中提携論――

近代中国の思想に現れる「アジア」性に着目する時、我々は日本の場合とは異なり、中国では前近代の思想の中にアジア主義の起源を求めることが難しいということに気づく。古来、中国では華夷秩序の観点から世界を見る傾向が主流であったことからすれば、危機の到来の時代に際しても、自らをアジアの一員として他の諸民族と連帯を求める思想が、中国人の中に自律的に発生する契機は少なかったと考えられるのである。もちろん、中華世界が解体を余儀なくされる過程で、中国の政治エリートたちは自らが欧米列強に抑圧を受ける「アジア」の一国であることを否応なしに認識せざるを得なくなる。そのため、中国の体制エリートの中には、王韜のように日本のアジア主義団体である興亜会の働きかけに対して積極的に応じた人物も見られる。しかし、彼らの言説は全体的に見て受動的なものであり、本書が念頭に置く「アジア主義」に通じるものではなかった。むしろ、そのような言説を展開したのは反体制エリートたちであった。その事例として、まず取り上げられるのは孫文である。

孫文のアジア主義を見るに当たって、あらかじめ指摘しておかなければならないことは、彼の主張が人種論と日中提携論を主たる構成要素とするものであること、(1) しかし第一章で見たように、日本のアジア主義が主として国家の外交政策をめぐる言説の総体としてあったのに対して、孫文にとってのそれは中国革命の達成という目的に向けてのプロセスに位置づけられているということである。このことを念頭に置いて、一九二〇年までの彼の言説を追っていくことにする。

孫文のアジア主義言説の最初の事例は、一八九七年八月、横浜で宮崎滔天と初めて会った際の発言に求められることが多い。この時、孫文は次のように語ったとされる。

余は固く信ず、支那蒼生の為め、亜洲黄種の為め、又世界人道の為めに、必ず天の吾党を祐助するあらんことを。君等の来りて吾党に交を締せんとするは、則是なり。［中略］支那四億万の蒼生を救ひ、亜東黄種の屈辱を雪ぎ、宇内の人道を恢復し擁護するの道、唯我国の革命を成就するにあり。(2)

ここには、先に挙げた人種論と日中提携論の二つの要素を明瞭に見て取ることができるであろう。当時は、日本でアジア主義の言説がまとまった形で登場する時期に該当するのであるが、おそらく孫文の語った内容はそれらからの影響は受けていない。むしろ、そこには根本的な質の違いが存在しているように見える。それは、「宇内の人道を恢復」するという言葉から分かるように、孫文の主張の中に「世界主義」的な傾向があったことである。孫文は、侵略に抗するために「人種」を持ち出しながらも、それはさらに高い次元への階梯として位置づけられていたと見ることができる。(3)ただし、それはあくまでも理念上のことであって、革命の戦略や戦術に直接反映されるか否かは別問題である。

翌一八九八年六月、孫文は来日中のフィリピン独立運動の志士マリアーノ・ポンセ（Mariano Ponce）と会談した後、宮崎滔天らと協力して日本から武器・弾薬の援助を得て、これをフィリピンに送ろうと計画した。結局、この計画は失敗に終わったのであるが、この時の孫文の意図は、フィリピン独立運動を援助してその成功が得られれば、次は独立国家としてのフィリピンからの援助によって中国革命を一気呵成に成功させることにあり、(4)その行動は上述した彼のアジア主義の反映であったといわれている。(5)これが事実であるとすれば、彼のアジア連帯の姿勢の基盤には、自国の革命達成が優先課題として据えられていたことも推察されるであろう。同じように、孫文は中国革命に対する支援を獲得することを前提に日本のアジア主義者に接近していったということができる。

大陸浪人といわれる人々への接触がそれに当たるのである。

しかし、清末の孫文は日中提携を述べることはあっても、それを「アジア」という地域との関連で論じる傾向はほとんどなかったといってよい。そうした中で、日本のアジア主義者の議論について論じたものとして「支那保全分割合論」がある。孫文はここで当時の日本の中国保全論、すなわち「中国は日本と輔車唇歯、同文同種の間がらにある」ことから、「中国がひとたび分割されれば日本がかならずや、そのあとを追うことになろう。日本のために計るならば、よろしく中国を保全すべきである。中国を保全することは、とりもなおさず自国を保全することになろう」という議論を取り上げ、国勢からして中国が保全される道理がないことを論じている。(6) そもそも、満洲王朝に仕える漢人の洋務派官僚に頼っていては、中国の保全などは不可能だというのである。このことから、日本のアジア主義者による「保全」論が、孫文の日中提携論と相容れるものでなかったことが理解される。

しかし、他方において孫文は、日本の大陸政策を容認する形で日中提携論を推進しようとする姿勢も示していた。例えば彼は、一九一〇年六月の日本訪問について述べた文章の中で、その訪問の目的が、当時の中国の青年たちの日本の満洲政策に対する反発を非とする旨を日本の在野の人士に説明し、「両国野党の交わりを結び、提携して共に東亜の進歩を図ろう」とする考えに基づいたものであったと述べている。(7) こうした説明は、明らかに日本のアジア主義者からの革命支援を念頭に置いたものであった。こうした姿勢を「日本の大アジア主義が持つ侵略性について、明確な認識を欠いていた」(8) とする見方は、孫文の革命達成を最優先課題とする戦略を無視した観念的な評価というべきであろう。彼は、自らの革命に利用可能なものはすべて利用しようとしたのである。

孫文が「アジア主義」を公然と語るようになるのは民国成立後のことである。一九一三年二月から三月にかけて、孫文は日本を公式訪問した。この孫文の訪日は、英米への援助要請に失敗したことを受けて、日本の財閥が中国での影響力拡大を図って計画・組織したものであった。孫文はこの時、二つの目的を持って日本に向かった。すなわち、第一に国家建設のために日本からの援助を獲得すること、そして第二には連日・反ロシアないしは亜洲同盟によって欧米列強に対抗することである。(9) ここで、孫文は革命を一応達成した国家指導者という立場から、国家建設と同時に国際戦略についても日本との提携によって進めること、特に後者に関しては両国の同盟からアジアの団結を図り、イギリスをはじめとする欧米列強に対抗しようとする姿勢を打ち出すに至る。以下、この間の発言を見ていくことにしよう。

孫文は一九一三年二月一五日に開催された東亜同文会の歓迎会に出席している。革命前には強く反発していた「保全論」を宗旨とする団体の招きに応じたことは、政治的潔癖さにこだわらない孫文の性格を示すものといえるであろう。ここで孫文は、「日本は真に第二の故郷」であるとして、日中両国の友好協力の必要性を訴えた。彼は次のように述べる。「東亜の形勢を見ますするに、文明若くは文明に近き国で、世界的に其地位を認められて居るのはたゞ日支両国が存在して居る計りです、二国は現に東亜に存在して居りますするが、此東亜の平和を維持し得る力を有しているのは唯だ日本のみであります」(10)。そして彼は、日本の存在を頼りとして中国革命の達成が可能であったといい、今後の国家建設においても同様であるという。しかも、こうした日中の協力関係が、「アジア」という高次の概念の中で語られていることは印象的である。孫文は次のように述べる。

畢竟するに亜細亜は亜細亜人の亜細亜である、日支両国の人は相交る上に猜疑があってはならぬ、のみならず妄《みだ》りに他邦人の説を軽信して他を誣ゆるが如きは断じて避けなければならぬのであります、亜細亜の平和は亜細亜人が保たなければならぬ義務があります、殊に日支両国は相提携して行かなければなりません(11)。

一見して分かるように、上記引用部分にはアジア・モンロー主義に通じるものがある。しかし第一章で見たように、当時の日本の論壇ではその種の主張が一時停滞する時期に当たることを考えれば、これは東亜同文会主催の歓迎会であることを意識したものであると推測される。後にある人物は、この時の孫文の発言を「東亜同文会、近衛［篤麿］会長が『支那保全』の大旆をかざして中国革命の援助に尽くした恩義に対して深い謝意を表したもの」であると述べているが(12)、それは「謝意」というよりはむしろ今後の国家建設に対する支援の期待を込めてのものであったと見た方がよいであろう。孫文が「東洋は東洋の東洋である」という近衛の発言を知っていたか否かは不明であるが、「保全論」の内容を知っていたほどであるから、類似した言説が流布していたことはおそらく認識していたことであろう。孫文の発言は、そうしたものに対応するものであったと考えられる。後に小寺謙吉によって、「純然たる大亜細亜主義論」と評価された理由がここにあったのである。

日本訪問中の孫文は、各地での講演会や歓迎会での発言で、欧米の帝国主義に対抗しアジアの平和を維持するためには日中両国の提携が必要だと繰り返し論じた。中国人留学生への講演では、「アジア大局の維持の責任は我々黄人にある。日本と中国は唇歯輔車の国であると同時に、同文同種であり、東亜の大局を維持するためには、必ずや助け合って進んで行くことができる(13)」とし、かつての日本の侵略政策は本心から出たものではなく、やむなく行ったものであると述べていた。そして、いつの頃からか、彼は日中提携による欧米列強への対抗という政策を、「アジア主義」という言葉で表わすようになる。その最初の事例は不明であるが、三月一一日に行われた大阪の青年会館での講演では、「亜細亜人をして亜細亜を治めしめよ、吾が大亜細亜主義の達せらるゝ一々青年会の力に負う処多かるべし(14)」と述べていた。それはおそらく、日本におけるアジア主義やアジア・モンロー主義といった言説の流布を踏まえたものであったと考えられる。

孫文の日本に対する過剰ともいえる期待は、欧米列強への不信感と表裏をなしていたと考えられる。そして、日本の政界の中には孫文の主張に対して共鳴する意見を表明する人物もあった。当時、政権の座を降りたばかりの桂太郎はその代表例である。

孫文と桂は二月二〇日と三月二日に会談しており、その時の様子は後に書かれる戴季陶の『日本論』に記されている。それによれば、桂はこの時、日露戦争の結果、日英同盟の役割は完全に終わり、今や太平洋における英日両国は完全に敵対関係にあるという前提の下に次のように述べた。「日英同盟にかえるに日独同盟をもってし、対露作戦にかえるに対英作戦をもってして、是が非でもイギリスの覇権を打ち倒さなければならない。かくてこそ東方は安泰となり、日本も生命を保つことができる。日本の生命のみでない。ダーダネルス海峡〔中略〕から太平洋までの全東方民族の運命が、この計画の成否にかかっている(15)」。そして今後、日中両国が提携すれば東半球の平和が保持できるとして、中国、日本、トルコ、ドイツ、オーストリアの五カ国の提携を提案している。一方、孫文は次のように述べたという。「日本がロシアを討った後に、そのまま南下して中国の国民革命を援助し、不平等条約の束縛を取り除き、共同してイギリスの覇権をアジアの外に阻んでいれば、アジア民族はここから自由・平等を獲得できたであろう。ただ、中日両国が相互に信頼し、共に努力して初めてこの遠大な目的に到達することができるのである(16)」。

以上のような二人の発言からは、イギリスへの対抗、アジア民族の解放、日中両国の提携という三点が共通の了解事項となっていたことが理解される。もちろん、革命的民主主義者である孫文と帝国主義的侵略を正当化する桂とが意見の一致を見たことについては、孫文による日本の中国侵略に対する過小評価に起因するとの見方もある(17)。確かに、反ロシア、反イギリスだけで日中提携が可能だとする孫文の認識には大きな問題がある。だが、そうした点をすべて割り引いたとしても、この時の孫文は桂の主張の中に、自らの考えるアジア主義との共通点を強く認識したことは疑いない。彼らの思惑はそれぞれ別にあったとしても、これをもって日本と中国のアジア主義が交差した最初の事例と見なすことはできるであろう。
以上のような孫文の日本での発言は、この時の最大の目標である日本の支援獲得に向けての政治的意図を込めてのものではなかった。そのことは、帰国後の言説からも確認することができる。三月二七日の上海での演説では、今回の日本訪問によって、日本人が中国に好意的であることを確認できたと述べ、日本人が大アジア主義（原文では「大亜洲之主義」）を抱いていることを好意的に紹介していたのである[18]。そして、彼自身の中でも従来の黄白人種対立論が持続していく。例えば、一九一四年七月八日の中華革命党発会式における演説では、将来の世界戦争が黄白人種の争いとなるとの考えから、日中の連携の必要性が述べられていたのである[19]。
しかし、孫文にとっては「アジア主義」は恒常的に言及される概念ではなかった。孫文の言説として次に現れるのは、一九一七年に発表された「中国の存亡問題」においてである。孫文はここで、中国・アメリカ・日本の関係を取り上げ、中国と日本とは人種的に兄弟の関係にあり、アメリカとは政治的に師弟の関係にあるとして次のように述べる。

そもそも中国と日本がアジア主義によって太平洋以西の豊富な資源を開発し、また、アメリカがそのモンロー主義によって太平洋以東の勢力を統合し、各自それぞれの発達を遂げたなら、百年にわたり衝突の憂いはなくなるのである[20]。

ここで、日本やアメリカに対して過剰ともいえるような評価がなされていることは、論説全体を貫くイギリスに対する強い警戒心――それはイギリス主敵論といってもよいほどのものである――と表裏をなすものということができる。すでに指摘したように、この時期の日本では日英同盟の効果が薄れてきたとの認識から、イギリスに対する不信感が現れ始め、それがアジア・モンロー主義に強く反映されるところとなっていた。そして、孫文が一九一三年の時点で桂太郎を通じてそうした傾向を認識していたことからすれば、彼がこの段階でアジア主義を持ち出したことは、まさに日本の時代思潮に著しく接近したものと見ることができる。このような傾向は、孫文が意図的に行ったものである可能性は低いが、彼の反英的日中提携論が、先に見た若宮卯之助の所説と極めて似かよったものであることは印象的である。

しかし、一部には、孫文がアジア主義のような理念や感情によって思考・行動することはなく、一貫して利害＝ナショナル・インタレストのみを基準としていたとする見方があり、そうした立場からすれば、孫文の日本とアメリカについての言説は「外交辞令」に他ならず、日本やアメリカの国家エゴイズム的本質については何の幻想もなかったと見なされる(21)。だが、そうした見方はアジア主義を「理念や感情」に限定することから生じるものであって、決して当を得たものとはいえないように思える。孫文には彼なりの、革命達成と国家建設に向けてのアジア主義があったことを認める必要がある。このような前提に立った時、同年九月に、孫文が日本人のインタビューに答えて、第一次世界大戦における日本の対独参戦を批判しつつも、日中提携と「アジア人のためのアジア」という原則を主張していることは(22)、仮にそれが戦略レベルのものであったとしても、日本を構成要素に含めたアジア主義が彼の中で持続していたことが確認されるのである。

孫文の対日批判の最初の事例は、一九一七年一月の「日支親善の根本義」であるが、彼の対日観は一九一九年以降大きな変化を生じたとされている。すなわち、この年に勃発した五四運動の後、孫文は日本の新聞記者に答えて、山東問題に関する中国国民の排日感情は旺盛であって、今後百年は消えることはないだろうと述べていた(23)。そして、日本が中国に対独参戦を促して、その後に山東の権利を奪い取ることは「中国を売りて猪仔と為す」ことと異ならず、「日本人士日に同種同文の親善を唱へて、而して其中国を待つは、則ち遠く欧米に如かず、是れ何ぞ中国人の日本を恨んで欧米に親しむを怪しまんや」、「東隣人士其れ果して同文同種の誼あらば宜しく日本政府を促がし、早日猛省して、日本の対外方針を変更し、中国方面に向って侵略を為さざらしむべし[24]」と述べている。ここからは、これまでの論調と打って変わった日本政府批判の姿勢が窺えるのである。

しかし、これに伴って孫文のアジア主義にも大きな変化が生じたのかといえば、必ずしもそうではなかった。というのは、孫文は一九二〇年一月に日本の新聞に掲載された記事において、中国人の排日感情が容易に除去しがたいことを前提としながらも、次のように述べているからである。「アングロサクソン民族と非アングロサクソン民族の結合との衝突は早晩免れ難い運命である。之に就ては是非とも日本及び支那が相結んで中心勢力となって抵抗しなければならぬ[25]」。ここからは、孫文が依然として黄白人種対立の構図で世界を捉えていたことが分かる。そして、日本との提携を除いてはアジアの団結はないという考えが、彼の中に持続していたことが理解されるのである。同様のことが、同年一〇月の宮崎滔天宛の書簡からも窺える。そこでは、孫文は日本の対中国政策を批判しつつも、アジア侵略をやめて「同舟救済」の策をなせば、東亜は幸福を享受し、日本も最終的に利益を得ることができると述べていたのである[26]。

孫文のこうした傾向について、藤井昇三は「抑圧民族対被抑圧民族の対立」という構図への過渡期を示すものと見なしていたが[27]、この問題は孫文のアジア主義の質的変化にも関わるものであって、一九二四年一一月の「大アジア主義」講演前後の言説との持続・断絶にまで視野を広げて検討する必要がある。そのため、この問題の精察は別の機会に譲るとして、差し当たりここでは、対日批判の開始にもかかわらず、彼の当初のアジア主義の二大要素が持続していたことが確認されればよいだろう。

以上において、一九二〇年に至るまでの孫文のアジア主義の内容について概観してきた。この節の初めに述べておいたように、孫文にとってのアジア主義は革命達成、そして国家建設のための戦略として捉えられていた。

そのため、彼の主張の中には日本以外のアジア諸民族に対する関心は極めて希薄であった。彼が日本の中国大陸への膨張政策を批判する一方で、南洋への発展は歓迎する旨の発言を残していることは、[28]そうしたことの現れであるといえよう。同じことが朝鮮問題にもいえる。森悦子の研究によれば、孫文はしばしば朝鮮問題に言及するものの、それは優先課題としての日中提携を実現するための前提条件として必要とされたために他ならなかった。そして、朝鮮は中国と同じ被抑圧民族の地位に置かれていたとしても、中国革命の達成のためには実質的な力を期待できる対象ではなかったのである。[29]

そうであるとすれば、この時点までの孫文にとってのアジア主義とは、ほとんど日中提携論の別名でしかなく、他のアジア諸民族の解放ということは視野に入っていなかったということができる。彼にとってのアジア主義という言説の用例は、おそらく日本からの影響によるものだと考えられるが、それは日本の論壇の主張とは異なり、極めて現実的政策に根差したものでありながら、必ずしも日本のアジア主義に対抗する意図を持ったものではなかった。そして、黄白人種闘争を唱えながらも、白人種の支配に取って代わろうとする世界システムの転換を意図する構想もほとんど見られなかった。我々は、この時点までの孫文のアジア主義の実質が、そうしたものであったことを確認しておく必要がある。

第二節　亜洲和親会の思想――アナキズムの影――

本節では、二〇世紀初頭に日本在住アジア人によって組織された、亜洲和親会の思想的特徴について考察していくこととする。[30]

第一章で見たように、日本に起原を持つアジア主義の流れにおいては、二〇世紀初頭に至るまで「日中提携」

を基本的に強調しつつも、日本の指導的立場を前提とするものが主流であって、そこにはアジアからの情報の還流はほとんどなく、真の意味でのアジアの解放を目指すものではなかった。もちろん、アジア革命を唱えた宮崎滔天のような人物も存在した。だが、それは全体から見るならば極めて例外的な事例であった。そして、中国の側にも日本の政略的アジア主義を全面的に否定し、乗り越えようとする契機も見えなかった。しかし、そうした可能性を切り開く新たな思想運動は、一九〇七年に至って日本の地で、アジア各地からの亡命者を中心に生じることになるのである。

まず、亜洲和親会の成立と活動から見ていくことにしよう。二〇世紀初頭、アジア各地から多数の留学生、亡命者が日本の地にやってきた。未だ帝国主義についての認識が不十分な状態にあって、アジアの民族主義者の間には日本に対する過度の期待を抱いて、活動の拠点を日本に置こうとする傾向が生じたためであった。具体例を挙げるなら、一九世紀後半以降、ベトナムで抗仏運動を展開していたファン・ボイチャウ（潘佩珠）は、一九〇五年に日本に渡り東遊《トンズー》運動に力を注いでいた。また、同年六月に日本に亡命していた孫文は、八月に既存の革命派を結合して中国同盟会を結成していた。彼らの活動は、いずれも日本政府ならびに日本のアジア主義団体に支援を期待してのものであった。

しかし、日本政府の彼らへの対応は苛酷なものであった。すなわち、一九〇五年一一月には日本政府は清朝政府の要請を受けて「清国留学生取締規則」を公布し、革命派学生の取り締まりを強化した。一九〇七年には、日本政府はフランス政府の要請を受けて在日ベトナム人の抗仏運動の弾圧に乗り出し、ハーグ密使事件に際してはこれを口実に、第三次日韓協約を強要して朝鮮の植民地化をさらに進めた。また同じ年、在日インド人留学生が挙行した「シーヴァージー王記念会」において、イギリス国王のインド支配を讃えた大隈重信の無神経な発言は、会を主催した章炳麟らを憤慨させたのである。[31] こうした傾向は、アジアの民族主義者をして日本政府に期待をかけることが、もはや幻想に過ぎないのではないかという思いを抱かせるに十分であった。このような状況の中で、彼らの目が日本の在野勢力に向けられるのは当然の成り行きであった。

一方、日本の社会主義運動の潮流にも、大きな変化が起こりつつあった。それは、幸徳秋水の思想転換によるアナキズム的傾向の増大であった。一九〇六年七月以前の幸徳は、マルクス主義を基礎とした比較的穏健な社会民主主義者として活動していた。ところが、彼は一九〇五年二月に起きた筆禍事件で投獄され、出獄後にアメリカに渡り、翌年六月に帰国した後、突如としてアナキストたることを宣言した。この後、日本の社会主義者の中には、社会民主主義が時代遅れの思想であって、将来の主流は直接行動とアナキズムであると考える傾向が生じてきたのである。

在日中国人革命家たちも、こうした日本の思想界の傾向から無縁ではなかった。例えば、一九〇七年三月には、張継と章炳麟が北一輝の紹介で幸徳秋水と接触を始めていたのである。(32) 張と章は、幸徳と接触する前からアナキズムの知識を有していたが、彼らは日本の代表的アナキストと交わる中で、思想的理解を深めていったものと考えられる。そしてこの後、在日中国人アナキズム運動の中心となる劉師培も彼らを介して、幸徳ら日本の思想家・活動家と接触していった。

以上のような思想的分岐状況に加え、当時の同盟会の中では孫文の指導や金銭問題をめぐって深刻な対立関係が生じていた。この時、反孫文の先頭に立っていたのは章炳麟、張継、宋教仁らであった。そして、一九〇七年六月の恵州蜂起が失敗すると、反孫文派の勢いはさらに増大し、章炳麟らは孫文を総理の地位から解任することを提案したほどであった。劉師培もこの争いに積極的に関わっていった。劉はこの同盟会の内部抗争を契機として、急速にアナキズムに傾いていった。そして、彼の妻の名義で、東京で出版された女子復権会機関誌『天義』は、実質的に中国アナキズム運動の出発点となったのである。

劉師培を中心とする在日アナキストたちは、幸徳ら直接行動派の「金曜講演会」に倣って「社会主義講習会」を組織した。その設立大会は一九〇七年八月三一日に行われた。そして、これと同じ時期に、ほぼ同じメンバーによって亜洲和親会が組織された。このことは後述するように、同会の規約にアナキズム的要素が入り込む原因の一つとなった。成立の事情に関しては、ファン・ボイチャウや陶冶公、竹内善作らの回想に記されているところであるが[33]、それらから総合的に判断すると、同会は章炳麟、張継、劉師培ら中国の革命派の人々が、インドの同志と協議して発起され、一九〇七年夏に第一回の会合が開かれ、同年秋に宣言書および約章が発表されたものと見られる。竹内によれば、会の「上置き」には章炳麟が置かれたということであるが[34]、後述するように同会には会長・幹事の職がなかったということであるから、これは「実質上の中心的統轄者といったほどの意味[35]」であったと考えられる。会における章の主導的な役割は、「亜洲和親会規約」が彼自身の手によるものであったことからも理解される。なお、陶冶公の回想では、中国側の入会者は、章炳麟、張継、劉師培、何震ら数十名であったとされている[36]。

「亜洲和親会規約」の前文においては、まずアジア諸民族の宗教性と非侵略性が述べられる。すなわち、人々は厚くそれぞれの宗教を信じるが故に、「民族性は尊く、互いに侵犯せず」、「そこに侵略という事態はなく、ただ仁、義に優れた者に服し、尊敬す」という状態があったのである[37]。しかし、この百年来というもの、ヨーロッパ勢力の侵入によりアジアの勢いは日に日に衰え、政治的・軍事的に衰退したのみならず、民族的に自らを尊ぶこともなく、学問も衰え、ただ功利に汲々とする状態である。そのため、インド、中国を始めアジア各国は植民地と化し、今や各民族は滅亡の危機にある。そこで、「我等これに鑑み、即ち『亜洲和親会』を起こし、以て帝国主義に反対し、自らその民族を護らんと」し、「我等のバラモン、釈迦、孔子の諸教を振興し、慈悲惻隠の心を以て西洋蛮族のエセ道徳を排斥せん」と述べ、まずインド、中国がこの会を組織し、独立を謀るならば、この二国はアジアの防壁たり得るのであるから、独立主義を抱く一切のアジアの民族は共に盟を誓うべきだと述べている。[38]

「亜洲和親会規約」によれば、同会の「趣旨」は「帝国主義に反対し、アジアにおける、主権を喪失せる民族に各々その独立を達成させようとすること」[39]とされており、帝国主義に反対する立場を明確にしていた。周知のように、同盟会の綱領では「駆除韃虜、快復中華、建立民国、平均地権」が挙げられるだけであって、当時においては、亜洲和親会のように反帝民族主義を掲げた組織は他に類を見ない。また、同規約においては、会員に関しては「凡そアジア人にして、侵略主義を主張する者を除いては、『民族主義』者、『共和主義』者、『社会主義』者、『無政府主義』者を問わず、すべて入会するを得」とあり、対象がアナキストだけではなく、アジア解放を目指す広範な人々であったことが分かる。[40]そして、より広範な地域の人々を結集しようとする意識は、この会の規約が中文と英文で印刷されていたことにも表れていた。[41]

しかし、規約の中にはアナキズムの影響も散見される。そのことは例えば、「義務」の第一条に「本会の義務は、相互扶助を以て各々その独立と自由を獲得すること」が掲げられており、また「組織」の項目では「会には、会長、幹事の職は無く、各会員はすべて同権とする」[42]と述べられていることからも理解される。「相互扶助」なる言説が、クロポトキン思想の影響によるものであることは明らかである。このようなアナキズム的要素とアジア民族解放の主張の結合は、アジア連邦の構想となって現れた。竹内善作はその回想において、明確に「ゆくゆくはアジア連邦を結成しよう」というのが亜洲和親会の主張であったと述べているのである。[43]

亜洲和親会で論じられたアジア連邦なるものが、果たしていかなるものであったかは現存する資料の上からは判然としない。ただ、その構想の起源が大杉栄にあったと推測することは可能であろう。大杉は先に述べた社会主義講習会において、第五回（一九〇七年一一月一〇日）、第六回（同年一一月二四日）、第八回（同年一二月二二日）の三回にわたって、バクーニン（Mikhail Aleksandrovich Bakunin）の連邦主義について講演を行っていることが確認されている。公安調査資料によれば、第八回の講演会では、次のように述べていた。

我々の理想としては東洋連邦を造り、完全なる平和同盟の実を挙げんことを望む。之れが為めには、現在の国家を破壊するの手段に出でざる可からず。〔中略〕人の自由は正義に依りて求めざる可らず。正義に依らずして、国権に依り得たる人民の自由、即ち国法上の自由は偽として之を見る可きも、真の正義としては認む可からず。東洋連邦は斯かることを全く排斥して、真性なる同盟に依りて一団体を組織せざる可からず。我々の同盟は、権利とか名誉とか称する仮面的正義を排して、全く自然的自由平和の同盟に依りて、団体を造らんと欲するものなり。(44)

社会主義講習会での大杉栄の講演は、バクーニンの著作である「連合主義、社会主義及び反神学主義」のうちの、「連合主義」の部分を下敷きにしたものであると見られる。彼はそれを基に、「東洋連邦」なるものを作り、「欧洲連邦」「米国連邦」と密接な関係を持たせることによって、将来の無政府社会を建設しようと考えたのである。(45)そのような考えを持っていた大杉が、亜洲和親会の会合に参加し演説していたという事実(46)は、彼がそこで連邦問題を論じたという確たる証拠はないにせよ、先に述べたアジア連邦構想の由来を大杉に求めさせる一つの根拠となるものである。そして仮にそうだとするならば、亜洲和親会には意外にも日本の思想的動向が強く影響を与えたということになるであろう。

さて、亜洲和親会の規約によれば、会合は月一回開催されるはずであった。しかし、そのうち現在確認できるのは、一九〇七年の夏に開かれた二回についてだけである。この二回に参加した竹内善作の回想によれば、第一回会合は青山のインディアン・ハウス（インド人の合宿施設）で開かれ、中国、インドの革命派の人物に加え、日本人では堺利彦、山川均、守田有秋が参加した。第二回会合は九段下のユニテリアン教会で開かれ、中国、インド、ベトナム、フィリピンの革命派に加え、日本人では竹内、堺、森近運平、大杉栄らが参加したといわれる。大杉はこの日、持論である非軍備主義について講演を行ったが、汪精衛が立ち上がって「我々は須らくイタリアのあの統一当時におけるマチーニ［マッツィーニ］に学ばなければならない」と、中国語で演説したということである。[47]このような、アナキズムに対する民族主義的立場の強調の事実などは、亜洲和親会が思想的に一元化を求めた団体ではなく、むしろ多様性の中で共通の目標を求めたものであったことを顕著に示しているということができる。

亜洲和親会の二回の会合に関しては、以上のこと以外にはほとんど分かっていない。ただ問題なのは、竹内が回想において「不幸にして朝鮮の人々は一人も見えなかった」と記していることである。彼らは、「日本人が出席するならばわれわれは出席しない」、という建前をとって」いたとされるのである。[48]しかし、ファン・ボイチャウは朝鮮を参加国の一つに挙げており、大杉栄も同様のことを記している。[49]また、同会規約の「組織」の項目の中に、朝鮮に連絡機関を置く旨を記していることからすれば、[50]朝鮮人の参加が予定されていたことはほぼ確実であったと考えられる。ただ、彼らが日本人社会主義者に好意的であったか否かは別である。なぜなら、アジアの解放を説きつつ、中国問題には積極的に取り組みながら、自国の朝鮮支配に直接批判の矛先を向け得ない日本人社会主義者の姿勢には、ある種の不快感を持ったことは十分に考えられることだからである。

その後、亜洲和親会は一九〇八年八月頃までは確実に活動を続けていたらしい。そのことは、同年八月一〇日発行の『民報』第二三号に「亜洲和親会之希望」という一文が掲載されていることからも確認される。しかしその活動は、すでにさほど活発なものではなくなっていた。その停滞化のきっかけについては、竹内善作は会の運営の中心人物であった張継が、同年一月に起きた日本人社会主義者の金曜会屋上演説事件への連座を恐れて、翌年二月に東京を離れてフランスに逃れたことによるとする一方[51]、大杉栄は同年六月二二日に起きた赤旗事件による内外同志の離散を契機とすると記している[52]。ともあれ、その後、劉師培が会の運営に当たったが、彼は組織力の面でも統率力の面でも著しく劣ったといわれ、亜洲和親会の活動は急速に低下していったのが実態であった。その劉師培も一〇月末には日本を離れ、転向への道を歩むことになる。そして、とどめとなったのは、日本政府による『民報』の発禁処分であった。編集発行人の章炳麟は新聞紙条例違反として罰金刑に処せられ、活動停止状態に追い込まれてしまったのである。

この後、亜洲和親会の活動は所期の目的を達することなく、完全に消滅したものと見られる。しかし、同会の結成は、従来の日本型のアジア主義とは違って、人種よりも民族を前面に押し出したこと、そして盟主の存在を予定せず、アジア諸民族の自発性に基づいて連帯を求めた点において、画期性を有するものであったということができる。

以上において、亜洲和親会の成立と活動について見てきた。次に、彼らのアジア認識と連帯の思想について見ていくことにしよう。

亜洲和親会は一年数カ月で活動の幕を下ろしたため、目に見える具体的な成果を上げたとはいえないかもしれない。現に、彼らの運動が辛亥革命の動向に直接的な影響を与えた形跡はない。しかし、この会の経験を基として、同会の中心メンバーの一人であった劉師培が「亜洲現勢論」と題する論説を書き、アジア革命から世界革命へと向かう壮大な革命のプランを提示したことは注目されてよい。そこには、アナキズムとアジア主義の結合が見られるからである。以下、この論説の内容を中心に見ていくことにする。

冒頭、劉師培は「現在の世界は強権の横行する世界であり、アジアは白人の強権が加えられている地域である。

したがって白人の強権を排除しようと欲するならば、どうしても白人がアジアに加えている強権を排除しなければならない」と説く[53]。そして、イギリスを始めとする白人種のアジア侵略・支配の実態を示し、「現在のアジアの全地域が白人の強権を受けていることは、何の疑いもないところである」と述べている[54]。しかしその一方で、著者は弱小民族が互いに連合すれば必ず強権を排除する力を持つことができると述べ、強権の排除は強大政府の転覆に繋がり、これこそ世界平和の出発点であるとしている[55]。

続いて劉師培は、アジアの弱小民族が今まさに勃興しようとしている証拠として、以下の三点を挙げる。第一は、人民が独立の思想を抱いていることである。インド、ベトナム、朝鮮の抵抗運動がそのことを物語っているという。目下、アジアの弱小民族は、強大民族の圧政下にある者は、日々その束縛を逃れようと思い、君主・官僚の圧政下にある者もまたその虐政を逃れて民気を伸長しようと考えている。これらはいずれも、アジア弱小民族が甘んじて抑制を受けていない証拠であるのである。ここではいくつかの事例が提示されているが、それらは劉師培が亜洲和親会の活動を通して得た情報を基にしたものであった。

第二は、社会主義が次第に理解されつつあることである。最近、アジアの弱小民族は資源をことごとく強大民族に吸い取られ、民生は日に日に困窮に追い込まれ、結果として、生きる道を失った民衆は勢い社会主義に向かわざるを得なくなっている。例えば、インド人の間では社会主義を標榜する団体が結成され、在英、在日のインド人にも社会主義思想が広まりつつある。朝鮮、ベトナムは本国ではさほどではないが、在日留学生の間には社会主義を好んで論ずる傾向が現れている。また、中国人には地権平均を唱える者があり、社会主義の書籍、雑誌も東京で刊行され始め、パリでもアナキズム誌『新世紀』が刊行されている。アジア各地で暗殺行動が発生しているが、それは無政府党の主張と暗合するものである。こうしたことから、「数年のうちに社会主義、無政府主義がアジア全体にゆきわたることは疑いを容れない[56]」とされるのである。これらの情報も、やはり亜洲和親会での交流によるものであるが、同時に、それと並行して行われていた社会主義講習会での経験にも基づくものであったであろう。

第三は大同主義が次第に理解されつつあることである。劉師培は、アジア諸国で大同主義が理解されつつあるということを、中国とアジア諸民族との文化的近接性の面から捉えた。すなわち、朝鮮、ベトナムの地はもと中国の版図に属し、文字・文化・風俗習慣ともにほぼ同じであるため、そこに住む人々は常に中国と親密であった。シャム、日本の文化もまた、その起原を中国に持っている。このことは東アジアの結合を容易にするものである。さらに、仏教やイスラム教などの宗教を媒介とした諸民族の交流や、インド、フィリピンにおける英語の普及などは、アジア各地の結合を容易にするものと考えられた(57)。彼は、こうした錯綜した文化的共通性をもって、アジアにおける大同主義普及の基盤と考えたのである。ここでいう「大同主義」とは、国境を超えて連帯を図るための国際主義の意味で用いられているのであるが、こうした意識が共有されるようになれば、アジアの弱小民族が国家主義から大同の団結に進むことも遠くないものと考えられたのである。

以上のような列強によるアジア支配に抗する国際的連帯主義が、「亜洲現勢論」の第一の特徴であったとするならば、第二の特徴は、アジアの弱小民族の解放闘争が強国の革命闘争と連携しなければならないとしたことである。劉師培の言葉でいえば、「アジアの弱小民族が独立を実行しなければ強大民族の政府を顛覆することができず」、「アジアの弱小民族は強国の民党と連携しなければ独立を実行できない」のである(58)。このことを、劉は次のように説明する。すなわち、帝国主義は侵略政策によって弱小民族を損ねているばかりでなく、国内的にも軍備拡充に向けての増税策を採るため、自国の民をも損ねている状況にある。もし、侵略を受けている弱小民族が強国の強権に反抗すれば、強国の政府はその離反を恐れて派兵せざるを得なくなる。その時、強国の社会主義者やアナキストがこの機に乗じて革命を起こせば、容易に勝利を得ることができる。また、強国の政府は、本国の革命への対応のために撤兵せざるを得なくなり、これによって、弱小民族の独立も達成されることになる。かくして、アジア植民地の離反と強大民族の政府の転覆とは直接の関係を持つと考えられ、こうした目的を達成するためには、アジア諸民族と強国の民党との連帯が必要であるとされたのである。[59]

しかも、最近の強国の民党の中の社会主義やアナキズムを信奉する者は、世界主義と軍備撤廃主義を提唱しており、このことはアジアの弱小民族の解放運動にとって裨益するところ甚大なものがある。今もし、アジアの弱小民族が社会主義やアナキズムに目覚めて、これら両派と連携するに至るならば、独立を宣言する以前において は、強国内部に在る者に軍備撤廃主義を鼓吹してその国の軍隊を解散させる一方、弱小民族の独立の心を強固にして強国が恐るるに足らないことを悟らせることができる。また、独立を宣言した後には、強国が大軍をもって鎮圧する恐れのある時は、両党と連携して軍費の納入を拒否させるとともに、同盟軍務拒否の宣伝を軍隊内に持ち込ませることができる。もし、植民地と強国の民党が同時に反乱を起こすならば、列強の各政府は内乱を恐れて遠征軍を送ることができない。満洲北部、中央アジアの人民は東アジアにおけるロシア民党の助力をも得て、自由を獲得することができる。かくして、東アジアの強権をことごとく消滅させることができるのである。劉によれば、これがアジア独立の方策である。[60]

しかし、以上のような劉師培の構想は、アジア民族の独立をもって終了するのではない。当然、そこでは政府の廃絶が想定されていた。もし、革命後に依然として政府を設けるなら、仮に共和制を採用したとしても、所詮フランスやアメリカの後塵を拝するだけで、「暴を以て暴に易える」のみと考えられた。そこで、弱小民族は独立の後には、必ず政府を廃止し、人民大同の思想を利用して、バクーニンの連邦主義あるいはクロポトキンの自由連合の説を実行することが必要だとされたのである。[61]ここに、アジア解放の主張すなわちアジア主義はアナキズムと結合されたのである。

第三の特徴は、劉師培がこの論説において、日本の侵略政策に対して厳しい批判を加えていることである。劉によれば、同じアジアの地に位置していながら、日本はアジアに強権を行使する白人種の一員になったと見なされている。「現在のアジアの全地域が白人の強権を受けていることは、何の疑いもないところである」。「しかしながら最近のアジアの情勢を見ると、弱小民族がいずれも憐れむべき衰亡に沈んでいるなかにあって、ただ日本政府だけはアジア共通の敵となっている(62)」とされる。朝鮮に対する強権的支配がその最大の理由であることはいうまでもない。

また現在、白人諸国はアジア植民地の反乱を恐れる一方、日本がそれを併呑することを恐れている。そこで、彼らは日本の軍事力を利用して、自国のアジア植民地を制圧しようと謀った。その現れが、日英同盟であり日仏協約であった。列強は日本の手を借りてアジアにおける勢力を強固にしようと謀り、日本も列強と連合して対インド、対コーチシナ貿易を拡張し、それによって朝鮮、南満洲における実権を維持・強化しようと謀っているのである。かくして、日本はアジアにおいてひとり朝鮮の敵であるばかりでなく、インド、ベトナム、中国、フィリピンの共通の敵となっているのである。ここから、「アジアの平和を守り、アジアの弱小民族の独立を図るならば、白人の強権を排除すべきはもちろん、日本が強権によってわがアジアを虐げることをも同時に排除しなければならない(63)」のである。このような日本批判は、当時の革命派の多くの人々が帝国主義認識を持たないまま、日本に期待を抱いていたことと比較すると、重要な意義を持っていたというべきであろう。

劉師培は間もなく変節して清朝政府に投降し、中華民国成立後は袁世凱の帝制復活に加担するなど、転変に満ちた人生を送ることになる。しかし、「亜洲現勢論」に見られる劉師培の現状分析、アジアにおける日本の位置と役割についての卓越した見識は正当に評価されなければならない。特に、当時の日本の社会主義者が無視ないしは軽視したアジアの民族独立運動を、世界規模の革命と結合させようとしたことは、主観的な後進国革命論の傾向を見せるものの、この時代においてはまさに突出した思想的成果であったといわなければならない。劉師培の「亜洲現勢論」は、アナキズムと結合することによって、アジアに完結しないアジア主義にまで高められたということができるのである。

第三節　李大釗とその周辺——アジア主義から世界主義へ——

中国知識人の中で、一九一〇年代におけるアジア主義の主唱者として知られるのは李大釗である。以下、彼の主張を中心に見ていくことにしよう。

李大釗は最初からアジア主義の主唱者として現れたのではない。むしろ彼は、日本の対中国政策に対する批判の中でこの問題を扱っていた。李大釗が日本のアジア主義に言及した最初の著作は、彼が北洋法政学堂の学生だった一九一二年一二月に発表した「『支那分割の運命』駁議」である。これは、同年一〇月に東京で出版された中島端の著作を批判したものである。中島はその書において、中国は亡国の道を免れることができず、今やアジアで自主の体面を有するのは日本だけであるとして、「東亜の事、東亜の人能く之を弁ぜん者何の時ぞ。モンロー主義の実現はた何の時ぞ。我安んぞ東亜全洲の為めに痛苦流涕し、併せて我が帝国の為めに悲み且惜まざるを得んや」[64]と論じていた。李大釗はこれに反論して、「モンロー主義は日本による中国独占の代名詞である」とし、その悲しみかつ惜しんで痛苦流涕するところのものは、日本が未だ東亜の覇権を握っていないことであると述べていたのである。[65]

当時、李大釗は北洋法政学会の翻訳など編集事務に深く関わっていたこともあって、日本の論壇の動向に敏感であったことが理解される。しかし、当時の日本では必ずしもアジア主義が声高に論じられていたわけではない。

それが活発化するのは一九一七年以降のことであり、李大釗の言説もそれに即応して展開していくことになる。

一九一七年二月、李大釗は『甲寅』日刊に「極東モンロー主義」という論説を発表した。彼はここで、モンロー主義が実行された当時の南北アメリカの状況と、現在の東アジアの状況とでは全く異なっていることを指摘する。彼によれば、この数十年間、アジアが平和を維持するために必要としてきたのは門戸開放と機会均等主義であった。ところが今、突然、一つの国がヨーロッパ大戦の間隙をぬって、アジアにおいてモンローの政策に倣おうとしているが、これは従来の東アジアの秩序に背馳するものであるとする。そして、こうした政策は大戦後に再び戦争を引き起こす危険性すら持っていると述べている(66)。ここでは国名を挙げてはいないものの、それが日本を指すことは明らかであった。先に見たように、大戦勃発後の日本の論壇では日英同盟への不信感と相俟って、モンロー主義が再燃する傾向が現れていた。李大釗はそうした傾向に対して敏感に反応したのである。

同年四月、李大釗は「大アジア主義」と題する論説を発表した。これは、第一章で言及した若宮卯之助「大亜細亜主義とは何ぞや」に対するコメントとして書かれたものである。前述したように、若宮はイギリス主敵論に基づいて日中提携を主張していた。これに対して、李大釗は欧米列強に対抗するためにアジア主義を唱えることは当然であるとする。しかし、「ある一国が傲慢にもアジアの主人公であると自惚れたりすると、欧米列強の攻撃の的となってしまい、滅亡の災禍を招いてしまう(67)」であろう。むしろ、中国がなければアジアは存在し得ないのであるから、大アジア主義を唱えようとするならば中国の再生と復活こそが最大の鍵となるのであり、日本はこのことを認める必要がある。そして、その上で、列強が侵略してきたなら「同洲同種の誼みによって互いに助け合い、世界の真の道義を守り、世界の確実な平和を保証しなければならない(68)」と論じるのである。

以上のことから、この時点での李大釗は日中提携によるアジア主義を是認していたことが理解されるが、それは中国の健全な民族主義の発展を前提としつつ、そして当時の日本の論壇に見られた日本盟主論を否定した上でのものであった。しかし翌年になると、彼は「大…主義」は専制の隠語でありデモクラシーの対立物であるとして、「大アジア主義」を否定的に捉えるようになる。すなわち、彼の見るところでは、第一次世界大戦の勃発は、「Pan...ism」と「Democracy」という二大精神の衝突に他ならず、前者は「自らの欲求を誇示するために強圧的な力を用い、他者を抑圧し支配下に置くことも顧みない」ものであって、その一種として大アジア主義があるとされたのである。[69]ここでいう「大アジア主義」が、これまで彼が批判してきた「ある一国」のそれを指すものであって、アジア主義全般を意味するものでなかったことは言を俟たない。

ちなみに、李大釗は中国国内にも「大…主義」が存在し、それを基に軍閥の割拠・混戦が行われていると見なしているのであるが、このことは日本政府が段祺瑞と結んで中国政治に圧力をかけている現実を踏まえたものであった。このように、李大釗は国内政治との関連でアジア主義を捉えているという点で特徴的であったということができる。

一九一九年二月、李大釗は「大アジア主義と新アジア主義」と題する論説を発表し、日本のアジア主義を直截的に批判した。冒頭、彼は日本の論者として建部遯吾、大谷光瑞、徳富蘇峰、小寺謙吉の名前を挙げており、この論説が第一章で述べた彼らの所説を踏まえた批判であることが理解される。彼はここで日本のアジア主義を二つの点から批判する。すなわち、それは第一に中国併呑主義をごまかす言葉であり、同文同種のよしみは本意ではないこと、第二にはそれが大日本主義の変名であって、アジア・モンロー主義の名の下に欧米人をアジアから閉め出し、日本が盟主として独占しようとしていることである。[70]そして、日本のアジア主義は侵略の主義であり、帝国主義であり、軍国主義であり、世界組織を破壊する種子であると批判されるのである。

このような日本のアジア主義に対置するものとして李大釗が掲げるのは、自由な民族国家の結合としての世界連邦の構想である。彼はそのことを、前述した浮田和民の「新亜細亜主義」を批判する形で提起する。[71]すなわち、浮田が「日支同盟」を基礎とした現状維持を主張しているのに対し、彼は民族解放を基礎として根本的変革を行うことを主張する。およそアジアの民族は、他者に併呑されたものはすべて解放し、民族自決主義を実行しなければならないのであって、しかる後に一大連合すなわちアジア連邦を結成して欧米の連合と鼎立し、共同して世界連邦を完成し、人類の幸福を増進することができるとされるのである。(72) これが李大釗の考える新アジア主義である。李の構想と浮田のものとでは、共に最終的に三つの連合が鼎立する国際秩序を志向するとはいえ、そこに至るまでの過程が大きく異なっていたことが理解される。

同じ時期、浮田の「新亜細亜主義」に対しては、高承元（高元）という人物も批判を加えていた。「咄咄たりアジア主義」と題された論説で、彼は、アジア主義はアジア・モンロー主義であるという立場から、モンロー主義の由来とその発展から論を説き起こし、それが結局は「大…主義」へと転化するものであったことを述べ、李大釗の「Pan...ism の失敗と Democracy の勝利」を援用しながら、第一次世界大戦の結果がモンロー主義の根本的な破産を示していると指摘している。それにもかかわらず、日本の論壇では逆にアジア・モンロー主義や新アジア主義が盛んに唱えられている。その代表的な論客としては、徳富蘇峰と浮田和民が挙げられるのであるが、両者を比較してみると浮田の所説はやや穏健に見えるものの、その本質は全くの詭計に他ならないとするのである。(73)

高承元によれば、浮田の新アジア主義は日本をアジアの主人とし、他の国をすべてその奴隷の地位に置こうとするものであり、「日本人の大アジア主義」すなわち「大日本主義」に他ならないものである。また、浮田は自著で「亜細亜に限りたる問題は今後日本が主唱して汎亜細亜会議を開催」する旨を述べていたが、(74) これはあたかも汎米会議を真似たものであって、汎米会議自体がラテン・アメリカ諸国の反発を受けて失敗に終わったことからすれば、浮田の計画がアジア諸国に受け入れられる可能性はないと考えられた。総じていえば、それは民主主義の仇敵であってドイツ軍国主義の良友であり、世界と手を結ぶこともなく、現在の潮流である「解放主義」とは相反する「閉鎖主義」であるとされるのである。

続いて、高承元は李大釗の「大アジア主義と新アジア主義」にも批判を加える。彼はここで、李が論じたアジアで一大連合を形成し、それを基礎として世界連邦に向かうという構想に疑義を呈する。そもそも、アジア民族の平等な関係に基づく連合などは無理ではないのか、というのが高の意見である。その最大の原因は、日本の力がアジアで図抜けていることにある。力を持つものがそれを自主的に弱めることは考えられず、また弱者が即座に強者の地位に達することも不可能である。このような状況下では、平等な生存権を主張することなど不可能である。現在のアジアにおいて、アジアの諸国を同等に見て連合を語るということは、日本の侵略に手を貸すことに他ならない。ここからして、「守常［李大釗］君の新アジア主義は子供たちに大人と一緒になって平等に食事をさせたいという主義に過ぎない(75)」と評されるのである。

それでは、アジアの好ましい将来はいかなるものか。高承元は、現在の帝国主義による権力角逐という状況を利用しようとする。すなわち、日本一国によるアジア支配の危険性を避けるためには、列強に徹底的に門戸を開放してやる必要がある。それによって、アジアの各民族は欧米の諸民族と直接に連合することができ、真の自決と独立も可能となるというのである。そして、高承元は地域主義が排外主義、閉鎖主義を意味するものであるとして、「『親疎の差別のあるアジア主義』に対しては、旧であれ新であれ、日本人が唱えるものであれ、中国人が唱えるものであれ、一律に反対しなければならない(76)」と説いたのである。著者の反アジア主義の見解は、新文化運動時期のコスモポリタニズムの影響を受けているかに見えるが、客観的に見れば、それはパリ講和会議への失望感の中でアジアにおける欧米列強の勢力均衡を前提としつつ、彼らが表面的に唱える平等・人道・世界平和・民族自決等といったスローガンを利用することにアジアの生存の道を求めるものでしかなかったということができる。

以上のような批判に対する反論として書かれたのが、李大釗の「再び新アジア主義を論ず」である。彼はここで自らの主張を再提示しているが、高承元が李の新アジア主義を日本をも含んだ連邦構想であるかのように捉えたのに対して、自らが主張する新アジア主義は日本の大アジア主義に反対するために唱えたものであるとし、「アジア民族の解放運動の第一歩は対内的であって対外的ではなく、日本の大アジア主義に対するものであって、欧米のアジア排除に対するものではない」(77)と論じたのである。ここからは、人種論的観点が完全に否定されていることを見て取ることができるであろう。そして、李大釗はアジアを出発点としたコスモポリタニズムを提示する。

私の新アジア主義は「親疎の差別を含んだアジア主義」ではなく、「世界の組織に適応し世界連合を創造する一部分としてのアジア主義」であり、世界主義に反対するものではなく、世界主義に順応するものである。アジア人がアジア人を圧迫することには、我々は断固として反対である。また、アジア人を圧迫する非アジア人にも反対であり、非アジア人を圧迫するアジア人にも、非アジア人を圧迫する非アジア人にも反対する。強権は我々の敵であり、公理は我々の友である。アジアは、我々が世界の改造を行なうために最初に着手する部分なのであって、アジア人が独占する舞台ではない。人類はみな我々の同胞であり、我々の仇敵ではないのである。(78)

李大釗が構想する新アジア主義は、日本のアジア主義、すなわちアジア・モンロー主義とは全く共存不可能なものである。「新アジア主義は「日本の」大アジア主義に反対して起こってきたものであり、もし大アジア主義が破壊されることがなければ新アジア主義は意義を持つことはなく、また大アジア主義が破壊されなければ新アジア主義も完成することはないのである」[79]。しかも、彼はこの時、自国の革命的変革を視野に入れようとしていた。自国の現状を否定的に捉える発想が、当時の他のあらゆるアジア主義の潮流と異なる最大の要素となっていたのであり、そして我々はここに、アジアのナショナリズムが地域や人種という枠を乗り越えようとする姿を見ることができるのである[80]。

さて、李大釗の論説において注目すべき点は、ポール・リシャールの演説に言及していることである。この人物については第二章で少しく触れたが、彼はフランスの哲学詩人である一方で天皇主義を賛美する人物でもあった[81]。彼は、一九一六年から四年あまり日本に滞在し、日本の国権主義者と交遊関係を持っていた。そして、一九一九年には二度にわたって人種的差別撤廃期成会で演説を行い、アジア連盟の結成を呼び掛けていた。李大釗が引用しているのは第三回期成会におけるもので、それは「先づ亜細亜連盟を実現せよ」というタイトルで黒龍会の機関誌『亜細亜時論』に掲載されている。当該箇所の原文は以下のとおりであるが、李大釗はこれを極めて忠実に訳出している。

亜細亜のうちに奴隷の国のある間は、他の亜細亜諸国も決して真に自由の国でない。亜細亜のうちに軽蔑を受ける国のある間は、他の亜細亜諸国も決して尊敬を博することが出来ない。若し諸君にして真に世界の尊敬を博せんと欲せば、諸君は他の亜細亜諸国をも尊敬せらるべき国とせねばならぬ。而して他日一切の亜細亜諸国が自由を得るために、諸君先づ最初の解放者とならなければならぬ。蓋し他を束縛することは、同時に自ら束縛する所であるが故であります[82]。

この部分を引用した後、李大釗は次のように述べる。「これは日本人に対するヨーロッパ人からの忠告である。彼らにあっては当然の言葉であり、我々にとっては、アジア人が皆立ち上がって初めて、大アジア主義を一掃し、破壊することができるのである。この責任は独り中国人や朝鮮人にのみあるのではなく、すべてのアジア人——すなわち自覚した日本人も——がそれぞれ負わなければならないのである」(83)。

当時の日本では、国際連盟設立の過程で人種的差別撤廃提案が否決されたことを契機として、この問題についての関心が高まっており、頭山満ら国権主義者たちは人種的差別撤廃期成大会を開催するなどして、世論に訴えていた。しかし、彼らのいう差別撤廃論は、「まだ蒙昧の域を脱しない所の南洋の土人や、阿弗利加の土人までも平等にしろと云ふのではない」(84)という言葉に現れているように、日本が国際社会における「一等国」であるという意識を満たすためのものであって、真の平等でなかったことは明らかである。そのような人々の中にあって、同じく天皇主義を賛美しつつも、アジア諸国に対する日本人自らの偏見を棄て、主人たる態度を棄てるべきであるとしたリシャールの発言は異彩を放つものであった。李大釗はその発言の意味を十分に認識し、自らの新アジア主義との共通性を認識したのである(85)。

以上のように、李大釗のアジア主義は人種を超越した世界主義を志向する点に最大の特徴があり、アジア地域で完結するものではなかった。その基底には民族の平等という観点があり、日本盟主論に基づいた大アジア主義とは真っ向から対立するものであったのである。この点において、ほぼ同じ頃、日本で人種論的アジア主義を批判した吉野作造とは共通する部分があったと見ることができる。彼らの交流の事跡については、これまでかなりの程度まで明らかにされており、彼らが多くの部分で観点を同じくしていたことが指摘されている(86)。しかし、日本の帝国主義政策に対する姿勢では大きな相違があったことは事実である。それは、啓蒙思想家の域に留まる吉野と、革命家への道を歩む李大釗との違いであり、それが日本のアジア主義に対して、その背後にある国家と共に批判し得る視座に立ち得るか否かの違いとなったのである。

日本のアジア主義が提示したテーマは、本来、日本だけでなく広くアジア諸国でも共有された課題でもある。事実、同時代の中国においてもアジアが連帯して欧米列強に立ち向かう必要性が感じ取られていた。本章では、そうした事例として反体制エリートの代表として孫文と李大釗、そして実践団体としての亜洲和親会の活動と思想を取り上げたのであるが、彼らのアジア主義はその性質を著しく異にするものであった。孫文のアジア主義は、言説としての現れ方は多分に日本からの影響を窺わせるものがある。その内容は、人種対立論と日中提携を主な構成要素としているが、一九二〇年までのそれは中国革命の達成とその後の国家建設という現実的な目的に収斂するものであった。そのため、孫文にあっては、革命支援への期待の高まりとアジア主義の強調は比例するものであるともいえるが、一般に指摘される「反日」への転換時期は必ずしも彼のアジア主義の構成要素を払拭するものではなかったのである。

他方、亜洲和親会は、日本政府によるアジア独立運動への抑圧的姿勢が強まる中、日本社会主義運動の質的変化の影響を受けて設立された社会主義講習会と連動する形で成立した。それは思想性を問わず、帝国主義に反対しアジアの民族解放を求める人すべてに門戸を開いたものであった。そこにはアナキズムの影響も散見され、同会が目指したアジア連邦は、アジアという個別性とアナキズムの持つ普遍性の結節点としてあった。この点において、亜洲和親会は日本型アジア主義、そして孫文がこの後に提示するアジア主義とも全く次元を異にするものであったのである。

亜洲和親会での経験は劉師培の「亜洲現勢論」となって結実した。そこでは、欧米列強のアジア支配に抵抗すべく国際的連帯主義を主張したこと、アジアの民族解放闘争を強国の革命闘争と連携させることによって世界規模での革命を志向したこと、そして日本の侵略主義的傾向に強い批判を加えた点で特徴的であった。こうした主張が、亜洲和親会での交流の経験を基になされたということは、これが劉師培個人の見解であるばかりでなく、アジアで解放を求める人々の声でもあったということである。

最後に取り上げた李大釗は、日本の論壇のアジア主義言説への批判者として立ち現れ、そのため孫文のようなプラグマティックな対応を取ることはなかった。彼のアジア主義の特徴としては、アジア民族の解放を基礎としてアジア全域の変革を主張した点にあった。その際に、浮田和民の「新アジア主義」の帝国主義的本質を指摘したことは、優れた洞察であったというべきである。今一つの彼の特徴は、人種論的観点を完全に否定し、強権主義的に他者を従属的地位に置く政策を批判したことである。それは、日本のアジア主義、アジア・モンロー主義とは絶対的に相容れない思想であったのである。

（1） 孫文の思想において、一定不変の人種論や日中提携論があったわけではなく、時代によってその内容が変化していることはいうまでもない。また一部には、孫文には本来的に「黄白人種対立」という観点が存在しなかったとする意見もあったが（趙矢元「略論孫中山《大亜洲主義》与日本〝大亜洲主義〟」、《孫中山研究論文集》編輯小組編『孫中山研究論文集　一九四九―一九八四』下冊、四川人民出版社、成都、一九八六年）、それは孫文の所説を日本のアジア主義から意図的に区別することを目的とした議論であって、必ずしも実態に即したものとはいえない。

（2） 宮崎滔天「三十三年之夢」、宮崎龍介・小野川秀美編『宮崎滔天全集』第一巻、平凡社、一九七一年、一一九頁。

（3） こうした傾向については、野村浩一が早くから指摘していたところである（「孫文の民族主義と大陸浪人―世界主義・民族主義・大アジア主義の関連について―」、『思想』第三九六号、一九五七年六月）。

（4） 藤井昇三『孫文の研究―とくに民族主義理論の発展を中心として―』、勁草書房、一九六六年、二一一頁。

（5）同「孫文の民族主義再論—アジア主義を中心に—」、『歴史評論』第五四九号、一九九六年一月、一九頁。
（6）孫文「中国の保全・分割を合せ論ず」（一九〇三年九月二一日）、伊地智善継・山口一郎編『孫文選集』第三巻、社会思想社、一九八九年、二一八—二一九頁。
（7）孫文「宗方小太郎あて」（一九一一年七月一六日）、『孫文選集』第三巻、二九三頁。
（8）呉剣傑「従大亜洲主義走向世界大同主義—略論孫中山的国際主義思想—」、『近代史研究』一九九七年第三期、一八八頁。
（9）段云章「評一九一三年孫中山訪日」、『歴史研究』一九九一年第四期、一二頁。
（10）孫文「東亜に於ける日支両国の関係を論ず」、『支那』第四巻第五号、一九一三年三月、五頁。
（11）同右、六頁。
（12）蔵居良造「孫文と東亜同文会」、『東亜』第一七七号、一九八二年三月、二九頁。
（13）孫文「在東京中国留学生歓迎会的演説」（一九一三年二月二三日）、広東省社会科学院歴史研究室等合編『孫中山全集』第三巻、中華書局、北京、一九八四年、二六頁。
（14）「在阪の孫逸仙氏」、『大阪朝日新聞』（一九一三年三月一二日）、陳徳仁・安井三吉編『孫文・講演「大アジア主義」資料集』、法律文化社、一九八九年、二九五頁。
（15）戴季陶『日本論』（一九二八年）、市川宏訳、社会思想社、一九七二年、九八頁。
（16）王耿雄『孫中山史事詳録』、天津人民出版社、一九八六年、五二四頁。
（17）段云章「評一九一三年孫中山訪日」、一五～一六頁。
（18）孫文「在上海国民党交通部宴会的演説」（一九一三年三月二七日）、『孫中山全集』第三巻、五一頁。
（19）「支那革命党員会合ノ件追報」（一九一四年七月九日）、アジア歴史資料センター、Ref.B03050076400、七頁。
（20）孫文「中国の存亡問題」（一九一七年四～五月）、『孫文選集』第三巻、二〇七～二〇八頁。

（21）高綱博文「孫文の対外戦略論について――『中国の存亡問題』を中心として――」、『現代中国』第六五号、一九九一年七月、六一頁。
（22）「孫文と河上清との対談」（一九一七年九月一五日）、『辛亥革命研究』第五号、一九八五年一〇月、九四頁。
（23）「支那国民日本を恨む　孫逸仙氏の談」、『東京朝日新聞』一九一九年六月二一日。
（24）「朝日新聞に答へて　中国の日本に対する所懐を述ぶ」、『東京朝日新聞』一九一九年六月二二日。
（25）「支那人の日本観　支那前大総統孫逸仙氏談」、『大正日日新聞』一九二〇年一月一日。
（26）孫文「復宮崎寅蔵函」（一九二〇年一〇月五日）、『孫中山全集』第五巻、一九八五年、三五四頁。
（27）藤井昇三「孫文の民族主義再論――アジア主義を中心に――」、二二頁。
（28）「支那人の日本観」。
（29）森悦子「孫文と朝鮮問題」、『孫文研究』第一三号、一九九一年一二月、一一頁。
（30）これまでの主要な研究としては、以下の論稿が挙げられる。梶村秀樹「亜洲和親会をめぐって――明治における在日アジア人の周辺――」、『アジアの胎動』創刊号、第二号、一九七七年四月、七月（後に『梶村秀樹著作集』第一巻、明石書店、一九九二年に所収）、白石昌也「明治末期の在日ベトナム人とアジア諸民族連携の試み――『東亜同盟会』ないしは『亜洲和親会』をめぐって――」、『東南アジア研究』第二〇巻第三号、一九八二年一二月、冨田昇「社会主義講習会と亜洲和親会――明治末期における日中知識人の交流――」、『集刊東洋学』第六四号、一九九〇年一一月、李京錫「アジア主義の昂揚と分岐――亜洲和親会の創立を中心に――」、『早稲田政治公法研究』第六九号、二〇〇二年。
（31）章炳麟「記印度西婆耆王紀念会事」、『民報』第一三号（一九〇七年五月）、邦訳「インド　シーヴァージー王記念会の事を記す」、西順三編『原典中国近現代思想史』第三巻、岩波書店、一九七七年、二六六～二七一頁。
（32）北一輝『支那革命外史』、『北一輝著作集』第二巻、みすず書房、一九五九年、二四～二五頁。
（33）潘佩珠「獄中記」、長岡新次郎・川本邦衛訳『ヴェトナム亡国史他』、平凡社、一九六六年、湯志鈞（兒野道子訳）「亜州和親会について」、『現代中国の革命思想と日本―湯志鈞論文集―』、日本経済評論社、一九八六年、竹内善作「明治末期における中日革命運動の交流」、『中国研究』第五号、一九四八年九月。

（34）竹内「明治末期における中日革命運動の交流」、七六頁。

（35）白石「明治末期の在日ベトナム人とアジア諸民族連携の試み」、三四一頁。

（36）湯志鈞「亜州和親会について」、二四二頁。

（37）同右、二三九頁。

（38）同右、二三九～二四〇頁。

（39）同右、二四〇頁。

（40）同右。

（41）竹内「明治末期における中日革命運動の交流」、七七頁。

（42）湯志鈞「亜州和親会について」、二四〇頁。

（43）竹内「明治末期における中日革命運動の交流」、七六頁。

（44）「清国留学生社会主義研究会（第五回）」（一九〇七年一二月二四日）、アジア歴史資料センター、Ref.B03050065500、四四～四五頁。なお、タイトルは「第五回」となっているが、実際は第八回である。

（45）「清国留学生社会主義研究会（第三回）」（一九〇七年一一月二五日）、アジア歴史資料センター、Ref.B03050065500、三〇～三一頁。

（46）竹内「明治末期における中日革命運動の交流」、七八頁。大杉栄「事実と解釈―植民地の反逆＝インド＝安南＝台湾＝朝鮮―」、『近代思想』第三巻第二号、一九一五年一一月、一〇七頁。

（47）竹内「明治末期における中日革命運動の交流」、七八～七九頁。

（48）同右、七六頁。

(49) 潘佩珠「獄中記」、一四六頁。大杉「事実と解釈」、一〇七頁。
(50) 湯志鈞「亜州和親会について」、二四二頁。
(51) 竹内「明治末期における中日革命運動の交流」、七九頁。
(52) 大杉「事実と解釈」、一〇七頁。
(53) 劉師培「亜洲現勢論」、邦訳「アジア現勢論」、西順蔵編『原典中国近代思想史』第三冊、岩波書店、一九七七年、四四六頁。
(54) 同右、四四九頁。
(55) 同右、四五一頁。
(56) 同右、四五八頁。
(57) 同右。
(58) 同右、四六〇頁。
(59) 同右、四六〇～四六三頁。
(60) 同右、四六八頁。
(61) 同右、四七一頁。
(62) 同右、四四九～四五〇頁。
(63) 同右、四五〇～四五一頁。
(64) 中島端『支那分割の運命』、政教社、一九一二年、一八九～一九〇頁。
(65) 李大釗「『支那分割之運命』駁議」(一九一二年一二月)、朱文通等編『李大釗全集』第一巻、河北教育出版社、石家荘、一九九九年、四三八～四三九頁。
(66) 李大釗「極東們羅主義」(一九一七年二月一一日)、『李大釗全集』第二巻、五〇〇頁。

(67) 李大釗「大亜細亜主義」(一九一七年四月一八日)、『李大釗全集』第二巻、六六三頁。
(68) 同右。
(69) 李大釗「Pan...ism 之失敗与 Democracy 之勝利」(一九一八年七月一五日)、『李大釗全集』第三巻、八八頁。
(70) 李大釗「大亜細亜主義与新亜細亜主義」(一九一九年二月一日)、邦訳「大アジア主義と新アジア主義」、小島晋治・伊東昭雄ほか『中国人の日本人観一〇〇年史』、自由国民社、一九七四年、一三七～一三八頁。
(71) 李大釗がこの論説を発表する二週間ほど前に、高労の翻訳による「新亜細亜主義」が『東方雑誌』第一五巻第一一号(一九一八年一月一五日)に掲載されている。おそらく、李はこれを読んだのであろう。なお、李は一九一三年冬に日本に渡り、翌年から二年間早稲田大学の政治経済学科に在籍しているが、その間、浮田の政治学関連の講義を受講しており、その政治的見解にはすでに触れていたと見られる(楊樹升「李大釗留学日本和留日対他的影響」、梁柱等『李大釗研究論文集―紀念李大釗誕辰一百周年―』、北京大学出版社、一九八九年)。
(72) 李大釗「大アジア主義と新アジア主義」、一三八～一三九頁。
(73) 高元「咄咄亜細亜主義」、『法政学報』第一巻第九期(一九一九年二月二五日)、後に『東方雑誌』第一六巻第五号(一九一九年五月一五日)に転載(同誌、一九七～一九八頁)。著者については未詳であるが、論説が掲載された『法政学報』には創刊号から多くの論説を発表しているため、北京法政学校の関係者であることは推察される(『五四時期期刊介紹』第三集、人民出版社、一九五九年、北京、一〇五三頁以下を参照)。なお、同じ名前が後の国民政府司法院の秘書の中に見えるが、同一人物かどうかは不明である。
(74) 「新亜細亜主義」、一五頁。
(75) 高元「評守常君的新亜細亜主義」、『法政学報』第一巻第一〇期、一九一九年四月一五日、三頁。
(76) 同右、四頁。
(77) 李大釗「再論新亜細亜主義(答高承元君)」(一九一九年一一月一日)、『李大釗全集』第三巻、三五六頁。

（78）　同右、三五六～三五七頁。
（79）　同右、三五七～三五八頁。
（80）　木下英司は、李大釗の新アジア主義が彼の哲学である「一体二用説」に基礎を持つものであったと指摘している（『中国マルクス主義の原像―李大釗の体用論的マルクス主義―』、新泉社、二〇〇〇年、一四〇頁）。
（81）　ポール・リシャールの事跡については、大塚健洋『大川周明』（中央公論社、一九九五年）および、黒龍会編『東亜先覚志士記伝』中冊（原書房、一九六六年）を参照されたい。
（82）　ポール・リシャール「先づ亜細亜連盟を実現せよ」、『亜細亜時論』第三巻第五号、一九一九年五月二三日、三二頁。
（83）　李大釗「再論新亜細亜主義」、三五六頁。
（84）　内田良平「人種的差別の撤廃に就て」、『亜細亜時論』第三巻第四号、一九一九年四月一四日、一九頁。
（85）　李大釗の「新アジア主義」との関連でいえば、その人種を超越した世界連邦構想はリシャールの言説とかなりの共通部分を持つものであった。リシャールは講演で、「亜細亜連盟」を実現した後には「真個の国際連盟」すなわち「国土の大小を問はず、皮膚の黒白赤黄を論せず、国名を有し、言語を有し、歴史を有する一切の国民を網羅する連盟を組織する」ことが望ましいと述べていたのである（「先づ亜細亜連盟を実現せよ」、三一頁）。
（86）　例えば、王暁秋『近代中日関係史研究』（中国社会科学院出版社、北京、一九七四年）を参照。

第五章　孫文の「大アジア主義」講演をめぐって

アジア主義は日本を出自とする思想であるが、前章で見たように清末・民国初年に至って中国でも唱えられるようになる。量的に見てその言説は日本の論壇に現れたものと比べればかなり少ないが、特徴的であったことは、それを唱えたのが政治的変革を志向する反体制エリートたちであったということである。日本の論壇のアジア主義と最も対照をなすのは李大釗の「新アジア主義」であり、それはアジア民族の解放を基礎としてアジア全域の変革を志向するものであった。だが、彼の提起したアジア主義を継ぐ者は現れることはなかった。今一人、アジア主義を提唱した人物として知られるのは孫文である。彼のアジア主義という言説の用い方は、多分に日本からの影響によるものと考えられるが、一九一〇年代末に至るまでの内容を見ると、その実質はほとんど日中提携論の別名でしかなく、他のアジア諸民族の解放ということは視野に入っておらず、日本のアジア主義に対向する意図を持ったものではなかった。そして、黄白人種闘争を唱えながらも、白人種の支配に取って代わろうとする国際システムの転換を意図する構想を持ったものでもなかったのである。

それにもかかわらず、孫文には常にアジア主義者としてのイメージがつきまとう。その理由は、一九二四年一一月に神戸で行われた「大アジア主義」講演にある。そして、それについての一般的な評価では、孫文がアジア固有の伝統に基づいて諸民族が連帯する必要性を説くと同時に、日本の侵略的本質を見抜き失望し、これとの完全な訣別を図ったものと見なされてきた。そうした評価は、晩年の孫文の思想が著しく反帝国主義的民族解放の側に傾いたと見なすことから生じるものである。そこでは、いわば孫文思想の直線的な進化が念頭に置かれている。(1) しかし、それまでの孫文のアジア主義が自国中心主義であり、しかもそれが日本の言説の流れに乗ったものであったとすれば、晩年の立場はそうした状態から転換を果たしたと見るべきものなのであろうか。あるいは、それとは逆に従来からの持続の上にあったと評価すべきなのであろうか。

本章は、以上のことを考察するために、まず一九二四年時点における日本のアジア主義言説の特徴を概観し、次いで孫文の対日観が日本の思潮と嚙み合う性質のものであったのかを見ていくことにする。そしてその上で、「大アジア主義」講演が意図したものは何であったか、そしてそれが彼の対日観ひいては思想全体の中でいかなる評価がなされるべきかを検討することとしたい。このことは、最終的には、孫文が実質を伴った「アジア主義者」であったかという問題にまで関わってくることであろう。

第一節　日本論壇でのアジア主義言説

一九二〇年代半ばの日本の論壇は、西洋白人種による世界支配に対する憤りで満ちていた。その遠因となったのは、パリ講和会議に日本が提出した人種的差別撤廃提案が否決されたことである。このことは、日本がまだ欧米列強から対等で信頼できるパートナーと見なされていないことを象徴するものと受け止められた。こうした心理的衝撃は、一時鳴りを潜めていたアジア主義的心情を刺激する下地となったということができる。(2)そして、これに決定的な打撃を与えたのが、アメリカにおける排日移民法の成立であった。一九二四年四月以降、日本の世論はそれをアメリカ議会による意図的な侮辱であると受け止め、東京を中心とした一四の新聞社は抗議の共同宣言文を発表し、さらには法案成立に抗議するための出版物も相次いで刊行されたのであった。(3)

そのような状況の中で、一時的に忘れられていた感のあるアジア主義が再び脚光を浴びることになる。当時の総合雑誌には、アメリカの排日問題が取り上げられ、それまでの日本の外交政策を批判する論説が盛んに掲載されるようになる。ここで、それらに掲載されたいくつかの記事を見ていくことにしよう。

論壇において、最も先導的な役割を果たしたのは雑誌『日本及日本人』である。同誌第四七号の論説ではアメリカの日本人排斥問題を取り上げ、白人種が最も恐怖を抱いているのは、「日本民族の無限大なる蕃殖と、その驚くべき進化」であり、「米人が太平洋沿岸の好植民に対し、ショービニストたるの感情を誘発せしめらるゝ所以は、実にこの偉大なる勃興力を示せる国民の将来を恐怖せるに依る」と論じた。(4)そこには、日露戦争勝利後におけるアジアの保護者としての自負心と共に、欧米列強からは対等に扱われないことに対する歪んだ感情が混在していたことを見て取ることができる。そうした姿勢は、同誌次号における「大亜細亜連盟」の提唱へと展開する。そこでは、同人種である中国が欧米列強の侵略に抗しきれない現状を嘆きつつ、「米人が『白人米国』をいふの当然《ママ》ならば、亜細亜人が『有色亜細亜人』を主張するは、更らに当然なる意義を有す」と述べ、アジアから白人種は撤退すべきであると論じていた。(5)ここからは、日本が未だ差別される側にいるという危機感を梃子として、かつてのアジア主義とモンロー主義が拡大再生産されているさまが窺えるのである。

当時の有力な総合雑誌であった『太陽』においては、大石正巳が「アジア民族の総同盟を策せよ」と題する論説を発表し、アメリカの排日移民法案の通過は、「単に我国に関する問題たるばかりではなく、亜細亜民族、即ち有色人種に関する重大問題」であるとする立場から、「支那、印度に向って、宣伝使を派して大々的のプロパガンダを決行し、真正なる人種的の輿論を作らねばならぬ」[6]として、白人種に対向するための「有色人種連盟」の組織を提唱していた。また、大石ほど極端ではないとしても、アメリカの排日法案の通過は外交手段では解決不可能なほどに深刻な事態であるとし、有色人種は白人種の離間策に嵌まらないように、しばらくは隠忍自重して、日中を中心とする人種的団結を固める必要があるとの意見も見られた[7]。

もちろん、このようなアジア主義言説の台頭に対して批判的な意見がなかったわけではない。例えば、東洋学の泰斗として知られる稲葉君山は、大アジア主義の主張に「余り賛成の出来ざるのみか、その動機の不純なることに対して、寧ろ顰蹙を禁じ得ないものがある」[8]として、否定的な立場を示した。彼によれば、本来、日本人には「大アジア主義」などという発想は存在していなかったのだが、それが声高に論じられるようになったのは、関東大震災による国家的打撃のために国力が著しく低下したことと、そしてアメリカの排日問題によってプライドが傷つけられたことのためである。したがって、その動機は純真ではなく、一時の方便に過ぎないのである。

加えて、稲葉は当時の状況下では大アジア主義が実現する可能性は極めて低いと見ていた。その障碍の第一は、これまでの日本外交があまりにも拙劣であったため、今さら「アジア人のアジア」などといっても、近隣諸国では虚心坦懐に受け止められるかどうかは疑問であることである。そして第二の障碍は、アジア民族の現状が大アジア主義の成立に向かって歩調を一にし得るか疑問であることである。なぜなら、アジアといっても多様であるし、中国を事例として考えれば、国家意識を欠如している彼の民族が、国家の存立を基礎とするところの大アジア主義に共鳴して欧米列強に抵抗しようとするとは考えられないからというのである[9]。ここで稲葉が示した第二の点は、おそらく多くの日本の識者が中国に抱いたイメージであったといえるであろう。

以上のように、一九二四年の夏にかけて大アジア主義をめぐる議論は再燃する兆しを見せていた。そうした中で、同年一〇月には「大亜細亜主義」特集を掲載した『日本及日本人』の秋季増刊号が刊行された。同誌には長短取り混ぜ五〇篇の論説が掲載されていた。記事全体を見ると、条件付きを含めても大アジア主義を支持する立場のものが圧倒的多数を占めているのであるが、特集の総論ともいうべき「大亜細亜主義の確立」という論説は、先に触れた大石正巳の手によるものである。そこで「米国議会が排日案を決議したるは、全亜細亜民族に対する大宣戦を布告したる者なり(10)」として、それが日本の主権を侮辱し、正義人道を蹂躙して自ら太平洋を支配し、大陸に野心を逞しくするものであると論じられていることは、この特集が意図するところを明確に示すものであったといえよう。

確かに、論点や力点の置き方は様々でも、『日本及日本人』特集号の記事の多数は大アジア主義を肯定的に捉えるものであった。ただし、すべてのアジア民族を打って一丸とすることは非現実的であるため、その中心となるべきは日本と中国（さらに広げてもインドまで）であるとする意見が多く見られた。そして、そこで見られるのは日本の指導者的立場の強調である。ある論者は次のように説く。我々がいう「亜細亜主義」とは何か。それは「日本が、『東洋の盟主』としての地位並自覚が生んだ所謂亜細亜主義であり、東洋モンロー主義であらねばならぬ。而して同文同種であり、又特殊の利害関係にある隣邦支那国民と、共に相連携して、速に之が実現に取り掛かる事である(11)」。

しかし、いかに両国が唇歯輔車の関係にあると強調しても、現実の中国では排日の動きが見られた。こうした傾向を前提としつつ、両国の提携の可能性をいうためには責任を他者に転嫁することが必要となる。その代表的な事例は、排日運動が英米の教唆に因るものだとする論理の提示である。曰く、「不幸にして支那近来の行動は頗る寒心すべきものがある。英米人、特に米国人の先導に乗せられて頻りに我国に反抗し、国権回復運動などに熱中してをる」[12]。そのため、日本が連盟を実現させるには、まず「沈淪若しくは紛乱の状態にある」中国の自覚を促して現状から救済することが必要だとされるのである。このような主張が、中国をはじめとするアジア諸国も日本の反米感情を共有してくれるであろうという、一方的な思い込みを反映したものであったことは明らかであろう。

この時期のアジア主義は、極めて政治的な意図をもって論じられているのであるが、同時にそこには文化的な内実を持たせようとする傾向も見られた。それは、政治経済的な発展の度合を異にする国々を「アジア」という枠で束ねるには、極めてゆるやかな文化的近接性を持ち出すことが有効であったからである。その際に引き合いに出されるのは、アジア＝精神文明↕ヨーロッパ＝物質文明という構図であり、そこでは通常、後者の害悪と没落、そして前者の再興が訴えられる傾向にあった。しかし、再建されるべきアジア文明の本質やその方法については曖昧なものが多く、先に触れた大石の論説のように儒家道徳を念頭に置く者から、仏教や日本主義を持ち出す者まで様々であった。その中で、極端な事例としては次のような言説がある。それによれば、白人文化を一貫するものは個人主義的経済主義であるが、黄人文化を貫流するのは民族主義的人道主義である。「しかしながら、この民族主義は、黄人文化を組織すると言っても、厳格に言へば日本文化を形成するものである。大和民族の間に発達進化した文化である」[13]。ここから、白人文化の打倒に先立ち、日本文化を全アジア民族の間に普及させ、その大同団結を図らなければならないとされるのである。ここには、政治的盟主意識が文化の名を借りて濃厚に現れていることを窺い知ることができるのである。

次に、大アジア主義に批判的な意見を取り上げることにする。アジア主義を「所詮見込みが無い」として、アメリカの排日問題との関連でこれを論じることは愚の極みであって「大局に通ぜざる盲者の所見」であると断じたのは志賀重昂である[14]。彼の所説によれば、日本が提携すべき相手は中国以外にないのであるが、現在の中国では排日運動が盛んである。その最大の原因は、日本人がこれまで中国人に対して徳に欠ける行動を取ってきたことにある。日本人はこのことを反省し、相手を尊敬する姿勢を見せる必要があるというのである。しかし他方で、彼は日本と中国を除くアジア人は「根性に於て乞食にまで成り下がってゐる」と述べ、そのようなアジア諸国とは関わりを持つべきではなく、したがって大アジア主義の提唱なども無意味であると論じていた(15)。すなわち、彼が大アジア主義を「見込みがない」とするのは、中国以外の地域の民を怠惰であるとして彼らとの提携の不可能さを根拠とするものであって、そのことが日本の優越性と表裏をなすものであったことは明らかであった。

これに対して、「抑も人種の観念の如く不精密なる無し」として、「日本人と支那人とは同人種なりや、朝鮮人とは如何、馬来人とは如何(16)」と指摘する論説もあった。論者によれば、古来人種戦争というものはあったためしはなく、争いの原因となったものはすべて利害関係であった。現に、人種を同じくする民族同士でも敵対関係にある場合も多く見られるのである。著者によれば、確かにアメリカの排日行為は遺憾なことであるが、それは一部の政治家の偏見と利己とに基づくものであって、アメリカの世論に起因するものではない。日本人は、正義人道という「主張を為すに当りては人種の別利害の差を眼中に措くべきにあらず。説を同じうするものは黄色人種可なり白色人種可なり(17)」として、アジア主義を唱えることの問題を指摘したのである。また、アイヌなどの少数民族や朝鮮人に対する差別心を持つ日本人が、果たしてアメリカの排日に対して正義を口にしてアジア主義を主張する資格があるのかという意見もあった(18)。こうした意見はいずれも理性的なものであり、今日からすれば貴重なものであったということができる。しかし、こうした反対論は熱狂的な反米意識に基づいた大アジア主義の叫びの中では、大きな影響力を持つことはなかった。

さて、『日本及日本人』特集号には、植民地支配下の朝鮮人を含む三名の外国人の意見が掲載された。まず、インド独立の闘士ラス・ビハリ・ボースは、日本人もアジア人であることを前提として、「有色人種を圧倒せんとする白人の脅威から免れんが為めには、全亜細亜人の団結が必要である」[19]とする立場から大アジア主義に賛意を示した。これに対して、朝鮮人文学者である鄭善圭は、白人による有色人種排斥を非としながらも、有色人種の中にも排他心、優越感、征服欲等によって他者を排斥する者がいることを指摘する。それは具体的には日本を指しているのであって、もし日本が有色人種の先進国でありたいとするなら、アジア人を敵に回すような政策を取るべきではないとして、日本のアジア主義を批判したのである[20]。だが、より直接的に日本論壇のアジア主義を批判したのは中国人の殷汝耕であった。中国国民党員としての彼の批判は、後に見る孫文の当時のアジア主義言説との関連で興味深いものがあるので、ここでその概要を見ておくことにしよう。

殷汝耕は、日本で論じられている大アジア主義を二つの観点から解釈し検討を加える。第一は、文化という観点から解釈した場合である。確かに、西洋人から圧迫されてきたことへの復讐として、被圧迫民族を糾合し反撃することは、いかにも道理らしく痛快でもあるし、そうしたことで勝利を収めることもできるかもしれない。しかし、そこで武器にするという東洋文化は、実はそのような殺伐な思想を種子として発達してきたのではない。その基本とするところでは、国に華夷、洋に東西、人に黄白の区別はない。そのため、境域をアジアに限り、その民族が結束して他の民族に敵対すべしと説くが如きは、東洋思想の叛逆者に等しい。もし武器が必要だとすれば、それは世界大同主義であり万物同胞主義に他ならないというのである[21]。

第二は、大アジア主義を国際的地位や経済生活等の見地から論じた場合である。殷汝耕は以下のように述べる。アジアの諸民族が白人から不平等な差別を受けてきたことは確かであるが、もし不平等の是正を目的とするなら、アフリカ人やアメリカ先住民をも包含するような有色人種全体の大連盟を構想すべきである。それができないのなら、潔く「大アジア主義」という大看板を外して応分の看板に替えるべきである。その「応分の看板」として最も時宜に適ったものは「日支提携論」である。これが自然であって、大アジア主義なるものは本質的にも便宜的にも成り立たないのである。[22] このように、殷汝耕は日本の大アジア主義を批判しつつも、日中両国の提携の必要性は強く認めていた。しかし、日本を信頼すべきパートナーと認めていたわけではない。むしろ、日本は対露戦勝後の驕慢さを反省し、謙虚になり、自らをアジアの盟主と見なすが如き態度を改めることが、日中関係改善の第一歩であると考えていたのである。

殷汝耕の主張はまさに正論であり、当時の国民党の見解を代表するものの一つと見ることもできるであろう。ただ我々は、それが中国革命の成就に最終的な責任を負わない者の言説であることを念頭に置く必要があるだろう。後に見るように、国民党総理としての孫文が彼と異なった言説を提示する原因はそこにあるのである。

以上において、一九二四年時点での日本論壇におけるアジア主義に関する言説を概観してきた。当時の日本の論壇は、自分たちが一等国になったと思い込んでいたにもかかわらず、実は欧米からそのように認められていなかったことを思い知らされ、アジア諸国を自らの周囲に巻き込んで欧米に立ち向かうことの正義を訴えるという言説が多数を占める状態にあったのである。孫文は、このような環境にある日本をこの年の一一月に訪問することになるのであるが、日本での彼のアジア主義言説を検討するに先立ち、次節において一九二〇年代半ばまでの彼の対日観の変化について見ておくことにしよう。

第二節　一九二〇年代半ばまでの孫文の対日観

孫文の対日観の変遷については、これまで多くの研究がなされてきた。一部には、孫文が一九一九年に至って対日観を大きく変化させて、親日から反日に転じたとする解釈があったが、実際にはそのように単純には断定できないことが一九二〇年代初頭の彼の言動から確認される。そのいくつかの例を挙げるなら、孫文は二三年四月に、旅順・大連回収運動を行っていた学生運動の指導者に向かって、反日運動よりも北京政府の打倒を優先すべきであると述べていた。[23]また、同じ頃に広東を訪ねた鶴見祐輔との会談で、孫文は日本の列強追随外交を強く批判するにもかかわらず、一方では「東洋の擁護者」としての日本の役割を評価している。このことは、彼が採用しつつあった連ソ政策が、決して日本への反感と対になっていたのではなかったことを示している。また彼は、「露西亜と同盟することよりも、日本を盟主として、東洋民族の復興を図ることが、我々の望みである」[24]と述べていた。そして、この時の会談で孫文は、人種抗争の彼方の大戦争が近づきつつある旨を述べており、これらのことは以前からの彼のアジア主義の構成要素が持続していたことを示しているかのようである。

孫文からの日中提携の呼び掛けは、一九二三年一一月一六日に発せられた犬養毅宛の書簡の中にも現れている。この書簡は、日本での山本内閣成立によって犬養が逓信大臣として入閣したことを受けて、「これまでの日本の失政と列強盲従の主張とを、かならずや一掃して白紙に戻し、中国の革命事業に最大の力を入れられる」[25]ことを期待して書かれたものであった。ある人物の回想によれば、これは民国初年に孫文が桂太郎に寄せた日中提携によるアジア解放という希望を、今度は犬養に期待したものともいわれている。[26]しかし、この書簡で特徴的なことは、日本に中国革命への援助を求めることに加え、率先してソ連を承認するよう求めていることである。[27]これは孫文による日中ソ三国の提携構想の提示というべきものであり、これを当時の英米提携の強化に伴う日本の国際的孤立化の中での焦燥感を適確に捉えたものとし、日本にワシントン体制からの離脱という外交政策の根本的転換を求めたものとする見方は、[28]当を得たものということができるであろう。

犬養毅宛の書簡には、日本が将来「被抑圧者の友となるか、それとも被抑圧者の敵となるか」と述べた箇所がある。[29]これを、後の「大アジア主義」講演の中の「覇道の鷹犬」と「王道の干城」に相当する部分と見ることは[30]決して誤りではない。しかし、これをもって孫文における「黄白人種闘争観」の完全な否定とする見方には問題がある。というのは、翌一九二四年四月における日本人記者とのインタビューで、孫文はアメリカ上院での排日移民法案通過を、「日本においては最善の教訓であって、黄色人種の覚醒のための絶好の機会である」として、日本はこの際一歩引き下がってアジア民族の大結合を図り、黄色人種の団結が完成する日を待って、この度の屈辱に対する方策を講ずべきであると述べていたからである(31)。ここには明らかに人種的な発想が窺えるのである。

ところで、前節で見たような、当時の日本でのアジア主義の再燃という事態に対して、孫文はどのように見ていたのであろうか。前出の日本人記者と同一と思しき人物による別の記事には次のように述べられている。

今回米国の排日には日本は深刻な教訓を受けた筈である、輿論が沸騰し各種運動が行はれてゐると聞くも今の際日本として最後の手段に訴へる力も勇気もあるまいが此屈辱を雪がんとせば亜細亜民族の大同団結に留意し其力に依頼するの外ない(32)。

しかし、孫文は四カ月後に書かれた文章の中で、「アジア人種の大団結を唱える論がようやく盛り上がっており、アジア人は、これに感動している(33)」と述べつつも、大震災以来の日本での中国人労働者排斥という事実と照らし合わせた時、アジア人種団結の議論の真意がどこにあるのかとの疑問を呈していた(34)。このことは、孫文が日本の論壇の動向についての一定の情報を得ていたこと、そして、それが自らの考えるアジア主義と異質のものであると認識していたことを示している。

さて、一九二四年九月、孫文は広東軍政府の総参謀長である李烈鈞を特使として日本に派遣した。李は九月二四日香港を出発し、上海を経由して日本に渡り、一〇月三日に東京に入り、翌月一〇日まで日本に滞在した。先行して来日していた殷汝耕は孫文の指示によるものかどうかは判然としないが、李烈鈞の訪日に関してはすでに六月頃から日本のマスコミが取り上げており、その目的は孫文の「東方同盟」の結成の意向を日本に伝えると同時に、財政的支援を求めることにあると報じられていた[35]。また、当時の中国共産党の出版物でも、李の派遣は日中ソを構成国とする「東方同盟」運動を開始することに主眼があると見られていた[36]。果たして、日本滞在中の李の数回の講演と談話を分析すると、その目的の一つに、孫文の考えるアジア主義を宣伝してアジア大同盟を結成することがあったことが確認されるのである。その具体的内容は、これまでの経緯から推測すれば、従来の日中提携論に、ソ連との提携を加えたものと見るのが最も妥当なところであろう[37]。そして、直面する内政問題では北京政府を握る直隷派軍閥に対抗すべく、孫文の広東政府が安徽派・奉天派と提携すること、すなわち反直三角同盟への理解と支持の獲得であったと考えられる。

李烈鈞は日本滞在中の四〇数日間、政府・軍部の要人との会談を重ねた。しかし、結果として、日本側は彼の主張――それは孫文の考えの代弁であった――に好意的に対応することはなかった。そのため、李は一〇月半ばに孫文に帰国を申し入れたのであるが、孫文は彼に訓電を送って次のように述べた。

貴兄は日本朝野の士と連絡をとり、アジア大同盟をおこして白色人種の侵略に抵抗せんがために派遣されて日本に駐在している。長期にわたって駐在し、この旨を宣伝する任務がある。突然いま帰国して復命したいとの要請であるが、思うに、かの日本政府は鼬のごとく小胆であり、われわれの大アジア主義を敢えて受け入れはしまい。しからば、貴兄は勝手に日本を離れるべきではなく、長期駐留して積極的に宣伝すべきである。（そして）かならず日本政府が貴兄に対して国外退去の命令をはっきりくだすのを待って帰国されよ。そうしてこそはじめて日本の正体をあばくことができるのである[38]。

ここで孫文がいう「アジア大同盟」（原文では「亜洲大同盟」）が先の「東方同盟」と同じであるとすれば、それは日中ソの提携を念頭に置いたもので、しかも人種主義を否定したものではなかったことが理解される。孫文の中では、連ソ政策の採用と日中提携は決して二者択一的なものではなく、併存可能なものであったと見るべきである。そして、ここで孫文がいう「われわれの大アジア主義」（原文では「吾人之大亜細亜主義」）が、当時の日本の論壇で唱えられている言説に対置されたものであったことは明らかである。だが、そこにアジアに対する主体的な連帯の意志が込められていたことは確認できず、それは依然として中国革命への協力を得ることを目的としたアジア主義でしかなかったように見えるのである。しかし、この訓電で孫文は、そのような内容を持つ「われわれの大アジア主義」が結局は日本政府に受け入れられないだろうと見ていた。そうだとすれば、この時の孫文はほとんど実現不可能な提案を李烈鈞に行わせていたということになるのだが、彼が唯一期待をかけたものがあったとすれば、それは在野の政治家、財界人、民間の運動家たちが中心となって世論を高揚させることであったであろう。そのことが、孫文の最後の訪日へと繋がったのである。

一〇月二三日、北京政変が発生し、一一月一日には馮玉祥、胡景翼らが孫文に北上を要請する旨を打電した。これを受けて、孫文は北方の同志の歓迎に応えるべく北京に行くことを決断し[39]、一〇日には「北上宣言」を発した。そして彼は、北京において国民会議を召集した後に主義を宣伝し、団体を組織し[40]、党務を拡充することによって、遠くない将来に三民主義と五権憲法の実現を図ることができると述べたのである。一七日、孫文は上海に到着し、当地で日本訪問を決意することになる。帰国して間もない李烈鈞の勧めがそのきっかけとなった。すなわち、孫文から北上についての意見を求められた李が、いったん日本に渡って、頭山満、犬養毅、宮崎滔天、床次竹次郎らと会談することが北京での交渉に有益であることを説いたのである[41]。このことは、孫文の日本訪問が反直三角同盟への支持獲得という内政問題に関わっていたことを明確に示しているのである。

そして二一日、孫文は上海を出発するに当たり、日本のマスコミに向けて次のような声明書を発表した。[42] やや長くなるが以下に示しておく。

今回余の日本訪問は天津会議に赴くに先ち日本に於ける旧知を訪ひ且つ多数朝野の方々と会見し隔意なき意見の交換を行はうとするにある、現在の支那は将に統一の緒に就かうとする重大な時機に遭遇してゐるのであって如何にして之を達成するかは識者の大いに考慮を要する所である、今や支那の問題は独り支那一国の問題でなく実に世界の問題として重大視されてゐるのであるが余はこの時局に処するにはどうしても日本と提携せねば不可能であることを痛感してゐる、而してソハ単に外交辞令の日支提携ではなく、日支両国民真の了解の下に支那を救ひ東亜の平和を確立せしめる共に黄色人種の団結を固くし以て列国の不法な圧迫に対抗せねばならぬ、これがためには日本朝野がこの時局に対して如何なる意見を有してゐるか、又今後如何なる方針をとらんとするかについて日本朝野の意見を聞き以て支那の時局収拾に資せんと欲する、一部では余が日本に対して廿一箇条の撤廃、遼東半島還付の意志を有してゐると伝ふるものがあるやうであるが現在における余は未だこれらの問題に対して何等具体的の考を有してゐない。[43]

最後の不平等条約撤廃等の問題について、孫文は最終的に国民会議を開催して国論を聞いた後に最終決定することを付け加えているが、すでに見たように、孫文は北京政府の打倒のためには学生たちの反日運動を抑制する姿勢を見せていた。したがって、ここではまだ明言を避けているとはいえ、日本に譲歩してでも支持を得て、英米を後ろ楯とする直隷派を壊滅に追い込みたいと望む姿勢が見て取れるのである。しかも当時、張作霖とソ連との間に密接な関係ができていたことからすれば、ソ連もまた内政問題処理のための有力な一つのファクターとなり得るものであった[44]。かくして、孫文の日中ソ提携論は当時の内政問題を直接的に反映したものであったことが理解されるのである。翌二二日、孫文は船中でのインタビューに答えて、今後もし日本が列強の侵略や共同管理等といった行動に追随せずに、中国に野心を持たないことを表明すれば、中国国民の疑念は払拭されるであろうと述べた[45]。孫文は前年からこの年にかけての関余問題、商団事件に際しての日本の姿勢が広東政府に好意的なものと見ており、こうした方針が今後も継続されることを期待したのであった。

以上のことから、一九二〇年代半ばまでの孫文にあっては、日本への期待と不信感が併存していたものの、基本的には従来からの日中提携論が持続していたことが理解される。そこでは人種論も消滅することはなかった。そのような対外姿勢に変化があったとすれば、そこにソ連との提携が加わったことである。それは、いうまでもなく彼の連ソ政策の採用に起因するものであった。だが、日中ソの提携が可能となるためには、日本のソ連承認が是非とも必要となる。李烈鈞の日本派遣はそのための宣伝工作に目的があった。孫文はこのような新たな方針を、日本の論壇におけるアジア主義と区別すべく「われわれの大アジア主義」と称したのである。しかし、一九一〇年代における言説と同様に、孫文は自らの外交思想を恒常的に「アジア主義」という名称によって表現していたわけではない。加えて、彼がアジア主義という言説を使う時、それは中国革命の完成という目標に向けた国際戦略を内実としており、そこに中国以外のアジア諸国の解放ということが視野に入っていたとはいえないのである。自国の革命を最優先課題とする孫文が、自身の提起した日中ソ提携論が持つ意味をどれほど理解していたかは不明である。しかし、この構想の展開され方のいかんによっては、国際システム変更の構想へと展開する可能性を秘めていたといえよう。

第三節　日本滞在時期の孫文

孫文は一九二四年一一月二三日に長崎に到着した。船内でのインタビューで孫文は、広東政府とソ連との関係について触れ、ロシア革命を高く評価しつつも両国の制度と国情が異なることを強調した。そして、日本の対中国政策については、中国革命が明治維新の道を歩もうとしているにもかかわらず、富国強兵を実現した日本は中国に同情心を持ってくれないと批判する一方、この点で中国革命の挫折に同情してくれるソ連には親近感を覚えると述べた。そして、最も興味深いことは、ここで孫文が次のような言葉によってアジア連盟の結成に期待を示していることである。

将来日本は亜細亜民族連盟の覇者となり、欧米に対抗すべく亜細亜全体を連結し亜細亜の独立を図り、以て欧州の羈絆を脱する様努めざる可からず。亦日本は須らく労農露国を速かに承認すべし。(46)

ここでは、「亜細亜全体」がどこまでを指すのかは明らかではないが、この時点では少なくとも日中ソの提携による欧米列強への抵抗が考えられているにもかかわらず、日本をアジアの盟主として認めるという点では前年の鶴見祐輔との会見内容の延長線上にあるといえる。同じ日、中国人留学生代表を前にした演説で孫文は、日本が中国を支援して不平等条約の廃棄に協力すべきであるとし、日本がその事業に貢献してくれたなら、「現在の小さな権益ではなく、将来、より大きな権利を得る」(47)ことになるだろうと説いた。ここには、大義を説くと同時に、現実的利害を重んじる孫文の特徴が出ているということができる。

孫文は翌二四日、神戸に到着した。当日の記者会見において、孫文はこの度の訪日の目的が「政治的及其の他何等の意味を有せず」として、天津での会議に赴くに当たっての交通事情によると述べたが[48]、実際は先に見たようにこれは計画的な行動であった。そして、彼は「東京には赴かざる考なり」とも述べているが、これも実際には上京の意図はあったものの、東京での段汝耕による日本外務省当局との事前交渉が不調に終わったことを踏まえての発言であった[49]。この時の会見で、孫文は中国の統一と内政の安定を妨げている理由は、不平等条約を利用した一部の外国人が利権を求めて軍閥を煽り立てることにあるとし、諸悪の根源であるこの不平等条約の撤廃のために助力してくれる国は日本だけであると述べた[50]。

それでは、このような意図を持って来日した孫文に対して、日本の世論はどのような対応をしたであろうか。管見の限りでは、孫文の訪日の意思を汲み、これに好意的な反応をしたものは極めて少なく、むしろ批判的なものが多く見られた。例えば、一一月二四日の『大阪毎日新聞』に掲載された論説記事は、孫文があまりにも理想主義的であって、現実に疎いと批判し、彼が「広東一省に於てすら其理想を実現することの出来なかったことを思ふ時、支那全土に対する理想実現の如何に困難であるかは多くを言ふを要しない」とし、「急進主義と露骨なる排外主義の危険を警告せざるを得ぬ」と述べている[51]。

また、二五日の『東京日日新聞』の論説は、「日本の対支態度は、その特殊利権の侵されないかぎり、絶対不干渉主義であるから、折角の来訪に接しても、格別のおみやげがありさうに思はれない」として、孫文の日本訪問に極めて冷淡な姿勢を示した。そして、この記事は、孫文はこの度の北上が国民の意思を代表するものだというが、それは全くの思い上がりであって、広東一省の経験が中国全土に通用するはずはないと批判し、さらには孫文の革命理論自体に大きな問題があるとして次のように述べる。

われ等は孫氏が真に右文の政治家として、母国のためにその後半生を献げんとするならば、すべからくまづその露国式の社会革命論や、古の攘夷論に彷彿たる英米に対する態度をあらため、まづ内に支那及びその人民を正視せねばならぬ。氏が絶えず口にする三民主義や五権憲法は、広東大学における講演の題材としては格別、目睫の急にせまってをる支那の国難を匡救する上に、何等の価値あるものではない(52)。

結局この記事は、日本の国益のためには中国の内政の安定が最も重要であるという、当時の国内の意見を代表したものであり、そのためには孫文には決して革命的政策を貫徹することなく、「中庸」の精神をもって会議に臨むことを求めたものであった。

他方、孫文来日の目的について、「日支親善」「日支提携」の立場から評価するものも見られた。例えば、一一月二八日の『神戸又新日報』の記事では、孫文の訪日の目的が「日支提携を以てその第一義となし、斯て西力東漸の潮流を遮断するといふ点にある」とし、「支那新政府の対外政策としては、先づ以て日支提携に始まるの必須事に属する所以を、吾輩は勢ひ強調せずにはゐられない」と論じている(53)。一見して、この記事は孫文に好意的なものに映る。しかし実際には、この記事の「日支提携」への期待は段祺瑞政権に向けられたものであって、「極端な偏理家」であり「変通に乏しき迂闊政治家(54)」である孫文には、日本を訪問して各方面の意見を聞き、従来の反帝国主義的姿勢を改めることに「衷心喜悦の情」を寄せているのである。

以上のように、孫文の訪日に当たっての日本のマスコミの冷淡さは、当時の論壇に沸き立つアジア主義の言説とは全く無縁であるかの様相を呈している。このことは少なくとも二つのことを示しているように思える。すなわち第一には、孫文は李烈鈞を派遣して宣伝工作を行わせたにもかかわらず、「われわれの大アジア主義」を日本の論壇とマスコミ界に認知させることができずにいたことにある。孫文は中国革命の完成を直接の目標として、それを妨害する欧米列強と対抗すべく人種論と日中提携論を唱え、それを「アジア主義」と称していたのであるが、日本のマスコミで孫文の主張を、講演以前にアジア主義との関連で論じたものは皆無であった。第二は、これと表裏することであるが、日本の論壇におけるアジア主義言説の多くは、中国が現状を大きく変えない形で統一を達成することが前提で、その上で日本が盟主となってモンロー主義を実行するというものであった。それゆえ、孫文の唱える不平等条約の撤廃という要求は、日本の既得権益にも関わる重大な問題を含むものであって、論壇の大多数が考えるアジア主義とは相容れるものではなかった。極言すれば、当時の孫文は、日本が列強に対抗していくために提携し得るパートナーとは見なされていなかったのである。

さて、孫文は上海出発前には日本の要人との会談を計画していたが、日本人側が不熱心であるとの情報がすでに彼のもとに伝わっており、実際その目的は不調に終わった。「東亜の大局につき懇談したし」と来神を求められた渋沢栄一は病気を理由に面会を断った[55]。犬養毅は代理人として古島一雄を派遣したに留まった。そうした中で、独り神戸の孫文に面会に訪れたのが頭山満であった。第三章で見たように、この時の孫文が頭山に不平等条約廃棄の主張への支持を求めていたことは明らかであるが、国権派アジア主義者の意向を代表する形での頭山の強硬な姿勢は、孫文の不平等条約撤廃の内容を治外法権の撤廃と関税自主権に限定させることとなった。しかし、孫文の側も旅順・大連回収運動を抑制しても日本との関係を繋ぎ留めておこうとする立場を示していた。このことからすれば、孫文は頭山を通して日本の世論を探り、最大限の譲歩ラインを確認したものといえるであろう。そうだとすれば、孫文は日本の論壇のアジア主義に批判的に対応してきながらも、結果的には日本からの支持獲得という目的のために、当の日本のアジア主義者から自らの対日要求の範囲を設定されてしまったということにもなるだろう。

さて、我々は次に孫文が神戸で行った最大の行事である「大アジア主義」講演について検討していかなければならない。

孫文の「大アジア主義」講演は、一一月二五日における西川荘三神戸商業会議所会頭との会談で決定されたものである。当初予定された演題は「大亜細亜問題」であった。ここでは一つの疑問が生じてくるだろう。それは、当時の日本の政界やマスコミの多くが孫文の来日に冷淡な姿勢を取っていたにもかかわらず、なぜこのような演題が用意されたのかということである。これには多分に当時の神戸が抱えていた問題が関わっていた。すなわち、神戸の経済界は、それまで首位を占めていたアメリカとの輸出入総額が大幅に減少したため、中国へと目を向けたにもかかわらず、その中国市場がアメリカによって奪われてしまうのではないかという危機感を抱いていた。ここに、「大亜細亜問題」の名の下に、アメリカを排除して中国における日本の地位を確立し、経済繁栄の基礎を築こうとする論理が潜んでいた(56)。すなわち、実業界の論理が孫文の言説を利用しようとしたといえるのである。

もちろん、この申し出は孫文にとっても好都合だったはずである。日本到着後、彼は中国人に対する講演を行ったものの、日本人に向けてのものは予定されていなかったからである。来日以来の孫文の講演の主たる内容は内政と不平等条約問題であり、「アジア主義」言説は全く現れていなかった。しかし、彼はこの時点から「アジア主義者」としての扱いを受けることとなる。例えば、後援団体の一つである『神戸又新日報』の社告では、孫文を「東亜連盟の唱首であり、日支親善の楔子」と称し、読者に対しては「日支親善と亜細亜民族の連盟に向って」進むことを呼び掛けたのである(57)。

一一月二八日に行われた講演の内容については、すでに多くの書物や論文で紹介されているので、ここではその概略だけを述べておく。孫文はまず、衰退しているアジアの中で復興の先駆けとなったのは日本による欧米との不平等条約の改正であったとする。このことは他の諸国に大きな希望を与えることになった。その後の日露戦争での勝利は、ヨーロッパに対するアジア民族の最初の勝利であり、これに刺激を受けてアジア各地の独立運動が盛んになってきた。そうした中で、アジアの民族間の連帯の感情の高まりが見られるが、東アジアにおいては日本と中国が独立運動の原動力となり得る力を持っているため、互いに提携する必要があるのである。以上の文脈で、孫文は中国と列強との間の治外法権などを含む不平等条約撤廃については直接言及していないものの、日本の過去の事例を引き合いに出すことによって暗にそのことを日本に求め、それが将来の提携の前提であると述べていたのである。

次いで、孫文は東西文化の優劣の比較を行う。彼の説くところでは、東洋の文化は仁義と道徳を主張する王道であり、西洋文化は功利と強権を主張する覇道であるが、両者を比較してみた場合、明らかに前者が優っているとするのである。そして、この仁義道徳の王道文化こそが「大アジア主義」の基礎となるものであった。すなわち、「われわれが『大アジア主義』をとなえ、アジア民族の地位を回復するには、仁義道徳を基礎として、各地の民族を連合するよりほかになく、そうすれば全アジアの民族は、ひじょうに大きな勢力を擁する」ことになるとされるのである[58]。また、孫文は連合の中に西洋の覇道と対立するソ連をも加えるべきだとしているが、これはいうまでもなく当時の連ソ政策をアジア主義に取り込んだものであった。

さて、この講演は「大アジア主義」という名称を冠しているにもかかわらず、当時の孫文はすでにアジア主義から離れていたとする見方がある。これによれば、孫文の連ソ政策の採用と、世界的規模における被抑圧民族の解放の主張がその根拠であるとされる[59]。だが、この説が成り立つとすれば、孫文の外交思想における人種闘争論に替わる抑圧民族対被抑圧民族という普遍的な民族解放理論の確立、そして日中提携論の消滅が証明されなければならないだろう。まず、前者についていうならば、確かに講演では黄禍論に触れた箇所はあるものの、それは人種対立を肯定的に論じたものではなく、従来の黄白人種闘争観は消滅したかに見える。しかし、それはソ連との提携という政策を踏まえたものであって、現実を優先させた結果であったと考えられる。それゆえ、人種闘争論についての明確な否定の言辞は見られないのである。それでは、孫文は反帝国主義の立場から被抑圧民族の解放を求め、それを基軸として国際的な連帯を志向したのであろうか。以下の一文は、そうした傾向を強く示唆しているかのような印象を与える。

われわれが「大アジア主義」をとなえ、研究した結論はというと、いったいどんな問題を解決しなければならないのか。それは、アジアの苦痛をうけている民族のために、どうすれば、ヨーロッパの強大な民族に抵抗できるか、という問題であります。簡単にいえば、被圧迫民族のために不平等を打破しなければならないという問題であります[60]。

しかし、講演全体を見た場合、ヨーロッパの列強に対置された中国と他の被抑圧民族が対等の立場に置かれていたのかといえば、それは極めて疑問である。そのことを最も顕著に現しているのは、ネパールがなおも中国を宗主国として仰ぎ続けているとして、それを理想的な国家関係としている箇所である。孫文はこれを王道文化が典型的に現れた事例であるとしているのであるが、このことは、冊封体制下の宗藩関係が近代的国際政治秩序における「抑圧─被抑圧」関係に優ると述べているに等しい。そうであるとすれば、そこには中国と他の被抑圧民族とが平等の関係で連帯する可能性は生じ得ないであろう。そして、中国革命の達成という最大の目標を実現するに当たって、他の被抑圧民族との連帯、あるいは彼らからの支持の獲得が果たして何らかの利益をもたらすか否かは自明のことであったし、自国の革命以前に他国の独立を支援するなどといったことが、孫文の想定するものであったとは思えない。こうしたことからすれば、孫文の構想が、被抑圧民族を平等に遇する強国が中心となって、中国のように潜在力の大きな国の独立を助け、その後にさらに多くの弱小民族の解放を実現することであったとする説はかなりの説得力を持つものである。[61] すなわち、孫文の立場は自国の革命を優先した強国依存型の民族解放というものであり、反帝国主義に基づいたものではなかったというべきである。ソ連との提携はそうした考えに基づいたものであったと判断すべきであろう。

それでは、日本に対する評価はいかなるものとなったのか。そこで、第二の日中提携論の可能性についての孫文の見方が問題となってくる。この問題でしばしば引き合いに出されるのが、講演の末尾の一節である。そこには次のように書かれている。

あなたがた日本民族は、欧米の覇道の文化を取り入れていると同時に、アジアの王道文化の本質ももっています、日本がこれからのち、世界の文化の前途に対して、いったい西洋の覇道の番犬となるのか、東洋の王道の干城となるのか、あなたがた日本国民がよく考え、慎重に選ぶことにかかっているのです。[62]

この部分を含めて全体を常識的に読めば、講演の主旨が日本との三〇年に及ぶ関係を孫文自らが総括し、そして自らの手で葬るための訣別の言葉であったと見ることも可能であるし、以前はそのような見方が主流であった。しかし、実際にはこの部分は日本の新聞に掲載された講演記録では欠落していた。この欠落問題に関しては、孫文自身の自主規制に由るものとする説を始め、実際は述べたが通訳の戴季陶がこれを敢えて翻訳しなかった、あるいは新聞社側が検閲を恐れて掲載しなかった等の解釈がなされてきた。[63] これらの諸説のうち、最後の新聞社の自主規制ということはまずあり得ない。なぜなら、およそ講演の重要なポイントを外すとは考えられない、当日の兵庫県知事から若槻礼次郎内務大臣に宛てた報告書に付された講演要旨にも、その部分は記載されていないからである。[64] また、戴季陶が自らの判断で訳さなかったとも考えられない。そうだとすれば、孫文が帰国後に定本を作るに当たって、当該部分を書き加えたとする説が最も可能性が高いといわなければならない。

このように、「大アジア主義」講演の中で孫文が日本批判の象徴ともいうべき言辞を述べていなかったとすれば、この時点での彼は反日の姿勢を取っておらず、依然として日本に期待を抱いていた可能性がある。また、講演当日に某「支那浪人」と面会した際に彼が次のように語ったという記録がある。「[今後、列強を放逐すると同時に]日本を盟主として亜細亜人の大同団結を遂げ、以て欧米に対抗することは急務中の急務なるを以て、此の意味に就て日本政府の了解を求むべく来邦したる次第なるも、政府当局より東上は見合せよとのことなりしに依り、神戸に滞在することゝなりたるものなり[65]」。仮にこの発言が真実を伝えているとすれば、少なくとも来日時点での孫文は、日本との提携によって欧米列強に対抗しようとしていたことになり、日本を批判する意思はなかったということになる。むしろ、ここでは日中提携の方針に力点が置かれていたと見る方が妥当であろう。そのように考えた場合、この時点の孫文が考えた列強への抵抗の手段は依然として日中提携であり、そこにソ連を加えたものであったと考えられる。そして当然、中国革命もこの二国との提携によって達成されるものであったのである。しかし、政府当局から上京を拒まれたことが、孫文の大きな失望となったことは先の「支那浪人」の言からも窺い知ることができる。その意味では、来日以後の孫文の期待が政府から国民世論へと向けられるに至ったとする解釈は説得力を持つといえよう。

以上のことから、「大アジア主義」講演については次のようなことがいえる。まず、孫文は被抑圧民族の解放を述べてはいるが、それは必ずしも反帝国主義的立場に基づいてのものではなかったということである。そして、そこでは日本批判の姿勢も確認することができず、逆に日本に対する期待感が持続していたと理解する方が妥当であると考えられる。総じて、この講演は中国革命の達成を妨げている欧米列強に抗すべく、日中ソの三国の提携を呼び掛けたものである。さらに敷衍すれば、それはヴェルサイユ体制とワシントン体制から疎外されている国々を結集しようとするものであり、後に戴季陶によって提唱される「大陸同盟」の原点であると考えられる。この意味において、孫文の講演の主旨は、「大アジア主義」と銘打つものの、日本の論壇における受動的かつ日本主義に通ずるアジア主義と相容れるものではなかった。しかし、それはアジア民族の解放を唱えながらも、孫文の考えの中には、彼らと同一の地平に立とうとする発想はなく、従来からの特徴である強国依存の傾向が持続していたと考えられるのである。

日本を離れ天津に到着した後のインタビューで、孫文は「目下日本は世界の三大強国と誇ってゐるけれども思想その他の方面において尽く欧米人の後塵を拝しつゝあるではないか、これは日本人が脚下の亜細亜を忘れてゐるためであって日本はこの際速やかに亜細亜に帰らねばならぬ、而して第一着手に先づ露国を承認すべきだと思ふ」(66)と述べた。このことは、孫文が依然として日本への期待を捨てておらず、日中ソ三国の提携を望んでいたことを示していたのである。

本章では一九二〇年代半ばの日本論壇のアジア主義再燃を背景として、孫文がいかなる対外政策を展開したのかを踏まえ、「大アジア主義」講演の内容と特徴を検討してきた。本章で明らかにされたのは以下の諸点である。日本におけるアジア主義言説の再活発化は、アメリカの排日法案通過を契機とするものであったが、その内容は一九一〇年代のそれとほとんど変わるところはなく、むしろ「白人種憎し」という点では興奮の度合が一層高まったかのような印象を受けるものであった。この間の孫文の対外観を見ると、そこには以前と同様に日中提携の呼び掛けが持続していたが、新たにソ連との提携が加わり、三国による提携の構想が生じるに至った。また、孫文は当時の日本の論壇でのアジア主義再燃に対しては、アジア民族の団結の契機となることに若干の期待を見せたものの、その実態が結局は自らの考えるところと相容れないものであることを認識し、「われわれのアジア主義」をもってそれに対置させようとしたのである。彼がことさらに揚言して、それとの対決姿勢を見せなかったのは、中国革命を最優先する政治的配慮によるものであったろう。

神戸での「大アジア主義」講演とその前後の発言を見ると、そこには日中提携論が持続していたと考えられる。この点では、以前の傾向からの大きな転換はなかったといえる。また、孫文の従来のアジア主義の今一つの要素であった人種論は消滅したかに見えるが、それはソ連との提携の背後に隠れたと見るべきである。もし、「大アジア主義」講演に何らかの新しさを見出すとすれば、ソ連との提携を加えたことによって新たな国際システム創出の可能性を開いたということであろう。ただ、それも被抑圧民族の主体的抵抗と変革を基本に据えたものではなく、ましてやかつて李大釗が唱えた「新アジア主義」と同次元で論じ得るようなものではなかったのである。総じていえば、孫文の政治的生涯の中で唱えられたアジア主義とは、日本で生まれた「アジア主義」という言辞をもって、その時々の彼の外交姿勢を日本人に表明したものであって、その根底には常に中国革命への支援の要請が込められていたのである。その意味では、孫文のアジア主義はある意味では自国変革のための便宜的な概念として用いられていたと考えられるのである。

それでは、孫文の「大アジア主義」講演は日本でどのように受け止められたであろうか。いくつかの事例を挙げて、本章の締め括りとすることにしよう。

当時の日本で、最も積極的にアジア主義を論じていた雑誌『日本及日本人』には、孫文の「大アジア主義」講演に好意的な記事が掲載された。それは、講演が過去の日本が独立を果たし「亜細亜の先覚」となったことと日本のリーダーシップを示唆する箇所に言及し、これを「吾人の素論と符節を合するが如きものあり」と評価し、アジアはその本質に基づいた独創的文化を作るべきであって、欧米の文物に心酔しそれを謳歌することの非を説いたものであった[67]。この論説は、日本型アジア主義の本流からの断章取義的な評価であったといってよい。また、文明論と種族的観点から講演を評価するものもあった。例えば、『大阪毎日新聞』の記事は孫文の王道・覇道論を肯定的に捉え、問題は「向後吾等人類の永い生活において、いづれが最後の勝利者となるか」であるが、昨今のアジア民族の国家的自覚は将来を悲観するに及ばないとする有力なる証拠であると述べた。そして、アングロサクソン対アジア民族の対決が予想される将来に備えるためには、どうしても日本と中国の提携が必要であるとされたのである。(68)こうした評価は、孫文の講演を日本のアジア主義と質を同じくするとの前提に立ったものであるが、果たして孫文の真意を理解したものであったかは疑問である。

しかし、全体的に見れば、孫文の講演に対しては批判的な意見が多く見られた。まず、矢野仁一は歴史学者の立場から、朝貢に関する歴史的事実を歪めて自説を開陳した孫文を、白昼人を欺くもので寸毫の価値もないと断言した。(69)これを受けて、橘樸は孫文の王道思想が近代的国家観念とは相容れないものであるとし、孫文は「西洋勢力の下に呻いて居る弱小民族の不平と云ふ事と、亜細亜と云ふ一種の地理的観念とを非論理的に結び付けて居る嫌ひはないか」(70)と批判した。そして、孫文が中国統一の先決問題として軍閥打破を選ばず、反帝国主義を優先させたことを不合理なものと批判していた。この時点での橘は、孫文の国際戦略が中国革命の達成とリンクするものであることを理解していなかったのである。このほか、孫文の黄色人種同盟による白人種との対決の構想については理解をしつつも、彼の「理想家」的体質をもってしては主権回復の実現は困難であるため、現実的立場から国内の統一と整頓、経済の発展を図るべきであるとする意見、(71)また同じく内政優先の立場から、大アジア主義の主張は「六菖十菊」の譏りを免れず、革命のための手段としては「あまりに非時代的であり、空疎大葉」に過ぎるという批判がなされていた。(72)

当時、孫文の戦略を最も適確に理解し、それを批判し得た人物は中野正剛であった。彼は、孫文の構想が「亜細亜を打って一丸となし、之に労農露西亜、独逸其他虐げられたる国々を連ねて、世界の覇者英米両国に対抗せんと」[73]するものであるのに対し、「日本の大亜細亜主義者は亜細亜を連ね、人種的色彩によりて白人に応戦し、日本を中心として白人の帝国主義に対抗すべく、別個の帝国主義を高調せんとする傾向がある」[74]。このように、両者の間には大きな相違があるにもかかわらず、孫文が日本のアジア主義者たちに期待をかけることは賢明な策ではないとされたのである。「支那人の支那」を前提に考える中野は、孫文と日本のアジア主義に対してバランスの取れた見方をしていた。しかし、こうした見方をする者は極めて少数であったといわなければならない。多くの人には、孫文の「大アジア主義」講演が意図した日中ソの三国提携策はほとんど理解されていなかったのである。

(1) 例えば、藤井昇三は『孫文の研究―とくに民族主義理論の発展を中心として―』(勁草書房、一九六六年)以来一貫して、孫文が最終的に反日の立場に到達したと見なしている。
(2) 鳥海靖「パリ講和会議における日本の立場―人種差別撤廃問題を中心に―」、『法政史学』第四六号、一九九四年三月、一五頁。
(3) 簑原俊洋『排日移民法と日米関係―「排日移民法」はなぜ成立したか―』、岩波書店、二〇〇二年、二三五頁。
(4) 「米国の暴戻に対する全亜細亜民族的興奮」、『日本及日本人』第四七号、一九二四年五月一日、三~四頁。
(5) 「眠れる大亜細亜の覚醒と白色侵掠の拒否」、『日本及日本人』第四八号、一九二四年五月一五日、五頁。
(6) 大石正巳「アジア民族の総同盟を策せよ」、『太陽』第三〇巻第七号、一九二四年六月一日、一〇九頁。
(7) 岩出光隆「大亜細亜復興の経綸策」、『日本及日本人』第五〇号、一九二四年六月一五日、九~一一頁。
(8) 稲葉君山「大亜細亜主義の障碍」、『外交時報』第四七〇号、一九二四年八月一五日、八六頁。
(9) 同右、九〇頁。
(10) 大石正巳「大亜細亜主義の確立」、『日本及日本人』秋季増刊号、一九二四年一〇月五日、四頁。

(11) 角猪之助「亜細亜主義と日本の対外政策」、同右、一二九頁。
(12) 神谷卓男「亜細亜文明の改造」、同右、四四頁。
(13) 斎藤澄雄「黄人文化の世界的光被を期せ」、同右、一五八頁。
(14) 志賀重昂「見込み無き亜細亜連盟」、同右、二六頁。
(15) 同右、二九〜三〇頁。
(16) 市川源三「大亜細亜主義を排す」、『日本及日本人』秋季増刊号、一〇二頁。
(17) 同右、一〇三頁。
(18) 小笹正人「寧ろ無価値なれ」、『日本及日本人』秋季増刊号、一七三頁。
(19) ラス・ビハリ・ボース「革命途上の印度」、同右、一九六頁。
(20) 鄭然圭「黄色人種自覚の秋」、同右、八六頁。
(21) 殷汝耕「大亜細亜主義とは何ぞや」、同右、六〜七頁。
(22) 同右、八〜一〇頁。
(23) 「旅大回収運動ノ広東学生団代表ニ対スル孫文ノ訓示ニ関シ報告ノ件」(一九二三年四月三日)、外務省編『日本外交文書』大正一二年第二冊、日本国際協会、一九七九年、二四〇〜二四一頁。
(24) 鶴見祐輔「広東大本営の孫文」、『改造』一九二三年七月、陳徳仁・安井三吉編『孫文・講演「大アジア主義」資料集』、法律文化社、一九八九年、三一七頁。なお、このことに関して趙軍は「孫文が『日本を以って東洋民族の盟主とする』という思想を持っていたことの他者への初めての表明であると同時に、実は、この思想に対する清算でもあった」(『大アジア主義と中国』、亜紀書房、一九九七年、二二〇〜二二一頁)と述べているが、後の孫文の言説からすれば必ずしもそのように断言することはできない。
(25) 孫文「犬養毅への書翰」(一九二三年一一月一六日)、伊地智善継・山口一郎編『孫文選集』第三巻、社会思想社、一九八九年、三二五頁。
(26) 古島一雄『一老政治家の回想』、中央公論社、一九七五年、一一八頁。
(27) 「犬養毅への書翰」、三二六頁。
(28) 高綱博文「孫文《日中ソ提携論》の起源と形成―孫文『犬養毅宛書簡』(一九二三年)の歴史的背景―」、『研究紀要』(日本大学通信教育部)第六・七合併号、一九九四年、一一三頁。
(29) 「犬養毅への書翰」、三二四頁。
(30) 藤井昇三「孫文の民族主義再論―アジア主義を中心に―」、『歴史評論』第五四九号、一九九六年一月、二二～二三頁。
(31) 孫文「与日本広東通訊者記者的談話」(一九二四年四月三〇日)、広東省社会科学院歴史研究室等合編『孫中山全集』第一〇巻、中華書局、北京、一九八六年、一三四頁。
(32) 「亜細亜民族の大同団結を図れ　孫文氏語る」、『東京朝日新聞』一九二四年四月二五日。
(33) 孫文「中国国民党の日本国民への忠告宣言」(一九二四年八月七日)、『孫文選集』第三巻、三三三頁。
(34) 同右、三三四頁。七月三日の『広州民国日報』の記事によれば、駐日華僑連合会の代表が直接孫文のもとを訪れ、中国人労働者排斥の抗議運動への支持を訴えたとある(李吉奎『孫中山与日本』、広東人民出版社、一九九六年、五七一頁)。このことが、おそらく八月七日の宣言の伏線になっていると考えられる。
(35) 兪辛焞『孫文の革命運動と日本』、六興出版、一九八九年、三五七頁。
(36) 李吉奎『孫中山与日本』、五七三頁。
(37) 一一月一一日のインタビューで李烈鈞は、「国際間に在っては、中国を中心として中国、日本、ソ連の三国同盟を結ぶことが最も必要な事柄である」と述べている(「与日本『朝日新聞』記者的談話」、一九二四年一一月一一日、周元高・孟彭興・舒穎雲編『李烈鈞集』下冊、中華書局、一九九六年、北京、五五一頁)。

（38）孫文「李烈鈞に依然として日本に滞在し、アジア大同盟の結成を宣伝すべき旨を命じた電文」、『孫文選集』第三巻、三四六頁。

（39）孫文「在黄埔軍官学校的告別演説」（一九二三年一一月三日）、『孫中山全集』第一一巻、一九八六年、二六五〜二六六頁。

（40）孫文「在広州各界歓送会的演説」（一九二三年一一月一二日）、同右、三〇八頁。

（41）「李烈鈞将軍自伝」、章伯鋒・顧亜遍『近代稗海』第九輯、四川人民出版社、一九八八年、成都、七四頁。

（42）この声明書は、後に沢村幸夫が「孫文送迎私記」（『支那』一九三七年八月）の中で、「日本国民に告ぐる書」というタイトルで紹介したものである。

（43）「日本と提携せねば時局解決は不可能」、『大阪毎日新聞』一九二四年一一月二二日。

（44）そのような見方をするものに、高綱博文「ワシントン体制と孫文の大アジア主義―孫文の日中ソ提携論を中心として―」（池田誠ほか編『世界のなかの日中関係』、法律文化社、一九九六年、九七〜九八頁）がある。

（45）「欧米諸国の野心が支那動乱の原因」、『大阪毎日新聞』一九二四年一一月二三日。

（46）「北上ノ途次本邦ニ立寄リタル孫文一行ノ動静並ビニ邦人記者トノ会見模様ニッキ報告ノ件」（一九二四年一一月二四日）、『日本外交文書』大正一三年第二冊、日本国際協会、一九八一年、五七一頁。

（47）孫文「学生は国民会議にぜひ賛成すべきである」（一九二四年一一月二三日）、『孫文選集』第三巻、三五四頁。

（48）「神戸来着ノ孫文ノ船上ニ於ケル記者会見及ビ埠頭ノ歓迎情況等報告ノ件」（一九二四年一一月二五日）、『日本外交文書』大正一三年第二冊、五七二頁。

（49）兪辛焞『孫文の革命運動と日本』、三六一〜三六二頁。

（50）「神戸来着ノ孫文ノ船上ニ於ケル記者会見及ビ埠頭ノ歓迎情況等報告ノ件」、五七二〜五七三頁。および、孫文「在神戸与日本新聞記者的談話」（一九二四年一一月二四日）、『孫中山全集』第一一巻、三七二〜三七六頁。

(51)「孫文氏来る　吾等の苦言」、『大阪毎日新聞』一九二四年一一月二四日、『孫文・講演「大アジア主義」資料集』、一二八頁。
(52)「孫文氏来る　中庸の二字を忘るな」、『東京日日新聞』一九二四年一一月二五日。
(53)「日支提携の一事」、『神戸又新日報』一九二四年一一月二八日、『孫文・講演「大アジア主義」資料集』、一三六頁。
(54)同右。
(55)「渋沢栄一宛電報」(一九二四年一一月二三日)、『孫文・講演「大アジア主義」資料集』、三三六頁。渋沢栄一「孫文氏へのご挨拶大要」(一九二四年一一月二七日)、同、三三六〜三三八頁。
(56)三輪公忠「一九二四年排日移民法の成立と米貨ボイコット—神戸市の場合を中心として—」、細谷千博編『太平洋・アジア圏の国際経済紛争史　一九二二—一九四五』、東京大学出版会、一九八三年、一五六頁。
(57)「孫文氏講演会社告」、『神戸又新日報』一九二四年一一月二七日。
(58)孫文「大アジア主義」(一九二四年一一月二八日)、『孫文選集』第三巻、三七二頁。
(59)藤井昇三「孫文の『アジア主義』」(辛亥革命研究会編『中国近現代史論集—菊池貴晴先生追悼論集—』、汲古書院、一九八五年)は、その代表的な研究である。
(60)「大アジア主義」、三七四頁。
(61)桑兵「孫中山の国際観およびアジア観試論」、孫文研究会『孫文とアジア』、汲古書院、一九九三年、三二頁。
(62)「大アジア主義」、三七五頁。
(63)諸説に関しては高綱博文「孫文の『大アジア主義』講演をめぐって—『孫文講演「大アジア主義」資料集』を中心に—」(『歴史評論』第四九四号、一九九一年六月、六七頁)を参照されたい。
(64)「神戸滞在中ノ孫文ノ動静並ビニソノ講演要旨報告ノ件」(一九二四年一一月二八日)、『日本外交文書』大正一三年第二冊、五七四〜五七七頁。
(65)「孫文ト面会シタル支那浪人ノ言動」(一九二四年一二月一日)、『孫文・講演「大アジア主義」資料集』、二〇六頁。
(66)「日本は亜細亜に帰れ」、『大阪毎日新聞』一九二四年一二月七日、『孫文・講演「大アジア主義」資料集』、一〇六頁。
(67)「孫文の亜細亜自覚論」、『日本及日本人』第六七号、一九二四年一二月一日、同右、一四七頁。
(68)「亜細亜民族の団結　日支提携の必要」、『大阪毎日新聞』一九二四年一一月二日、同右、一四〇〜一四一頁。
(69)矢野仁一「共和政治の精神的破壊」、『外交時報』第四八二号、一九二五年一月一日、一四八頁。
(70)橘樸「孫文の東洋文化論及び中国観―大革命家の最後の努力―」、『月刊支那研究』第一巻第四号、一九二五年三月、一三七頁。
(71)小林俊三郎「孫段二氏の外交意見」、『外交時報』第四八二号、一九二五年一月一日、一三三頁。
(72)「支那に経済立国策を提唱す」、『改造』一九二五年一月、『孫文・講演「大アジア主義」資料集』、一五〇頁。
(73)二十六峰外史「孫文君の去来と亜細亜運動」、『我観』一九二五年一月、同右、一五二頁。
(74)同右、一五三頁。

第六章　戴季陶による孫文思想の継承と展開

一九二四年一一月二八日における神戸での「大アジア主義」講演は、孫文の晩年の言説を代表するものの一つに数えられる。今日では、近代の日中関係史を論じる際には必ずといってよいほど言及されるこの講演も、当時においては必ずしも大きな反響を呼んだわけではなかった。日本のマスコミの中には、孫文の講演に好意的な評価をするものもあったが、それはごく一部を除いて、当時の日本の論壇で喧伝されていた日本型アジア主義に引き寄せて捉えるものが主であって、孫文の意図に沿ったものとはいえなかった。また、管見の限りでは、中国でも孫文の講演が大々的に取り上げられた形跡はない。例えば、講演翌日の『民国日報』は「電訊」欄で孫文の講演が聴衆に感動を与えたことを、わずか百字ほどで伝えたのみであった(1)。また、中国共産党の機関誌『嚮導』は、孫文の講演が「中国の民衆と日本の労働者・農民に対して、非常に大きな弊害をもたらすもの」と批判的なコメントを残していたのである(2)。

孫文の「大アジア主義」講演が政治的言説として注目を浴びるようになるのは、一九三〇年代の日中関係の悪化の過程においてである。すなわち後の章で見るように、和平救国運動を進める汪精衛は、親日政権を樹立するに当たって、三民主義の反共・親日的解釈を行うと共に、神戸での講演をも新政権樹立の根拠の一つとするのに対し、胡漢民はそれを抗日の主張として捉えるようになるのである。それでは、「大アジア主義」講演についての解釈は、日中戦争に至るまで全くの空白状態であったのかといえば、決してそのようなことはなかった。何よりも、孫文の通訳として講演に立ち会った戴季陶がその最初の解釈者であったのである。そこで、本章では一九二〇年代後半という国民革命の時代における孫文の大アジア主義の理解の一つの、しかし重要な解釈の一形態としてそれを検討しておかなければならないと考えるのである(3)。

戴季陶は清末に日本に留学し、帰国後はジャーナリストとして活躍し、その後は孫文の秘書となり、孫文死後は国民党右派の理論家・政治家として活躍した。戴季陶の前半生の政治生活は孫文と共にあり、彼が孫文から受けた影響は多大なものがあった。しかし、彼は孫文亡き後の国民党における蔣介石の支配体制を理論的に支えた人物でもある。そのような人物の「大アジア主義」講演の解釈は、おそらく一九三〇年代における解釈と接点を持つことはないだろう。それは多分に、国民革命時期における時代的課題を反映したものと考えられるのである。以下、本章では、神戸での講演の前後における戴季陶の言説から説き起こし、「大アジア主義」講演についての彼の解釈の分析を行い、外交戦略に応用された「民族国際」について考察を進めていくことにする。

第一節　「大アジア主義」講演前後における戴季陶

国民革命時期の戴季陶は、孫文の秘書であったにもかかわらず、国民党中央執行委員などの役職への就任を拒むなど、国共合作の推進に対しては消極的な姿勢を示していた。彼は孫文の呼び掛けに応じて、一九二四年一月に広州で一全大会に出席したものの、その後党内の派閥争いに巻込まれたことに嫌悪感を覚えて上海に移った。

この時期の戴季陶の国際政治観を示すものに、上海大学での講演をまとめた「東方問題と世界問題」がある。この講演は、それまでの三、四〇年間における帝国主義列強の動向について論じたものである。このことを主題とする理由は、列強の角逐の結果として、中国などの東方諸国がようやく半植民地としての状態を保ち得ているという事実があるからである。彼はここでイギリスとロシアの外交政策を取り上げ、前者が海洋主義、孤立主義、平和主義の三つを柱とするものであったこと、そして後者は汎スラブ主義と不凍港獲得を主眼とするものであったことを指摘している(4)。また日本については、日露戦争後のアジアにおけるその盟主の地位はイギリスの保護の下で得られたものであって、「栄光ある大日本帝国主義は大英帝国主義の出張所」に過ぎないと評し、その対英追随外交を批判していた(5)。

戴季陶が見るところでは、ヨーロッパの国際政治体系はイギリスを中心とする大惑星系のようなものである。だが、そこには秩序変容の可能性も存在している。そのことを示しているのがロシアとトルコの革命である。すなわち、前者はロシア国民の革命であると同時に、被抑圧民族を連合させて帝国主義に反抗させる可能性を持つものであり、また後者はイスラム教徒を抱えるアジア・アフリカ諸国での変革運動に大きな影響を与える可能性があると考えられたのである(6)。しかしこの段階の彼の考えでは、被抑圧民族の連帯による帝国主義との対決という国際戦略が具体像として描かれるには至っていなかった。

さて、孫文存命中の戴季陶の思想傾向は、孫文の動向との関連を無視して論ずることはできない。戴季陶は孫文の秘書として神戸訪問に随行し、講演では通訳を務めていた。それでは、この時期の戴はどのような政治的姿勢を見せていたのであろうか。彼は上海から長崎に渡る船中で、日本の新聞記者のインタビューに答えて、孫文が日本国民を中国の「唯一の友」と考えていると述べた上で、彼自身もまた「(日中両国はこれまで)多少の行き違ひもあったやうですが、これからすべて過去を葬り新たなところで行きたいと思ふ」[7]と、日中提携の必要性を述べていた。当然のこととはいえ、秘書という立場にある以上、戴季陶は対日政策に関しては孫文と異なる意見を述べることはなかったのである。しかし、孫文の神戸での「大アジア主義」講演を前後として、戴季陶の孫文思想解釈は特異なものとなっていく。そのことは、日本の新聞に掲載された二つの記事から窺うことができる。

　第一に挙げられるものは、日本滞在中に新聞社のインタビューに答えた「孫文氏と其事業」である。ここで戴季陶は、孫文の革命事業が単に内政を改良することを目的とするだけでなく、「如何にして支那の民族的再生を図り、また如何にして東洋諸民族の独立を図るか」[8]を主たる動機とするものであったとし、三民主義が本来的にアジア主義的内容を持っていたと解釈する。そして、その民族主義は「全人類の平等を求めるといふこと」であり、「故に一民族を以て一民族を排斥するといふ意味でなく一民族を以て他の民族と結合する」[9]という国際的連帯を求めるものであると述べていた。また、民生主義については中国の伝統思想との関連で論じられているが、この点に関しては今一つの記事である「支那を救ふは国家主義」の中でより鮮明に述べられている。

　戴季陶はここで次のように指摘する。すなわち、孫文が神戸での講演で「王道と覇道」について論じたことは、「三民主義」講演の民族主義の最後の部分で中国固有の道徳を強調したことの延長線上にある。その「固有の道徳」の中でも、国家主義を説く孔子の教えは今日最も重視されなければならないものである。そして、孫文こそが孔子の再来であって、孫文思想を宣揚することは儒教の復権を意味するというのである[10]。また、この論説では孫文の知行説についての伝統主義的な解釈がなされているが、こうした見方は翌年に執筆される『孫文主義の哲学的基礎』に引き継がれるものである。

　この時期の著作のうち、孫文の「大アジア主義」講演と密接な関係を持つのが一九二五年三月に発表された

「日本の東洋政策に就いて」と題する論説である。戴季陶はここで、アジア（黄色人種）対ヨーロッパ（白色人種）という図式で国際政治を見ているのであるが、近年に至って日本以外のアジアの人々は欧米列強の跋扈に対して怒りを見せなくなったと指摘する。彼はこれを「東洋諸国民の自滅的心理」と称するのであるが、こうした傾向はすべて日露戦争後の日本の対アジア政策に起因するものである。すなわち、当時は日清戦争での敗北から日が浅かったにもかかわらず、中国の民衆は日本に対して敵意を抱いておらず、むしろ好意的であったといえる。それは、彼らが列強のアジア侵略に対抗するために、日本の維新を頼りにしようとしたためである。それゆえ、中国は日露戦争での日本の勝利を祈り、戦勝後は満洲におけるロシアの利権の継承を認めこそすれ、それを怨みに思うことはなかったというのである(11)。

簡単にいえば、日本にはアジアのリーダーとしての各民族の独立運動を援助することが期待されていたのである。しかし、韓国併合以後の対アジア政策全般の誤りによって、「東方諸国民は既に日本に愛想が尽きて居る」状態となった。今や、「日本は帝国主義を抛棄して東方諸国民の友となるを明白に表明しなければ、東方諸国民の日本に対する信頼心が生じて来ない」のである(12)。だが、日本には希望が全くないわけではない。そのことを説明するに当たって、戴季陶は『孟子』の梁恵王章句下に見える「惟、仁者のみ能く大を以て小に事うるを為す」。「惟、智者のみ能く小を以て大に事うるを為す」。「大を以て小に事うる者は、天を楽しむ者なり。小を以て大に事うる者は、天を畏るる者なり。天を楽しむ者は天下を保んじ、天を畏るる者は其の国を保んず」という部分を引き合いに出す。

これが意味するところは以下のようなものである。すなわち、仮に大国であっても、隣の小国を侮らずに礼を厚くして交際することが肝心であり、それは仁者だけが行い得るものである。他方、小国であるならいかに圧迫されても、よく堪えて大国に仕えて安全を図ることが必要なことであり、それは智者だけが行い得るものである。

戴季陶は、以上の言葉をもって国際政治の本質と見なしている。すなわち、日本が今日の大国の地位に至ったのは、日英同盟の力に負うところが大きく、これは「小を以て大に事う」を実践したことによるものであった。しかし、その後の日本は「大を以て小に事う」ことをせず、ひたすら近隣諸国を蹂躙し続けたため孤立するに至ったとし、今後の日本は「仁者」の政策に転換すべきであるというのである。

そして、戴季陶は具体的に以下の三点を提起した。第一に、対中国政策に関しては国民の独立運動を援助し、治外法権の撤廃と関税独立を列国に勧告すると同時に、列国に率先してその範を示し「二一カ条」の放棄を宣言する。第二に、日本国内の問題に関しては今までの植民地統治方式を放棄し、朝鮮、台湾の民族的自由を尊重し、人民議会の召集と自治政府の樹立を許し、各民族の自由な連合によって統一国家の基礎を固める。第三に、ソ連と速やかに国交を回復し、ドイツに対しては経済活動の自由を与え、国家復興の機会を与える。これによって、日本・ドイツ・ソ連の親善の気運を促進し、日本の国際的孤立状態を脱する、というものであった。このようにして初めて、「東方諸国民の大同団結は日本を中心として出来上る」とされるのである(13)。

以上の三項目は、孫文の「われわれの大アジア主義」の趣旨にほぼ沿ったものであることが理解される。しかし、日本に対する期待の度合は孫文とかなりの開きがあるように見える。例えば、日本に対外政策の変更を求める中で、戴季陶は孫文の「大アジア主義」講演に言及しているが、彼の述べるところでは、孫文は神戸で東洋の王道文化の復興を鼓吹したため、一部の世論にはこれを日本人の好みに応えようとしたものと見る向きがあるがそれは間違いである。孫文はそのようなことを意図したのではなく、むしろ「全く近代の国家的民族的道徳の衰沈を憂ひ近代の政治哲学の余りに進歩せざるを慨し、東洋古代の政治哲学特に孔孟の政治哲学の真義を高唱したのである(14)」。こうした解釈は、先の「支那を救ふは国家主義」における観点と基本的に同一である。しかし、戴季陶が日本「政府」だけでなく「民族」自体に道徳の回復を求めていることは特徴的である。例えば、関東大震災において「興奮した群集が弁別力を失ひ無意識的にやった」事件は、日本民族が仁義道徳を欠いていることを証明していると見なされたのである。[15]このように、他民族と同一の地平に立とうとしない日本が、パリ講和会議の場で人種的差別撤廃提案を行ったことは自家撞着も甚だしいものと考えられた。戴季陶のこうした見方は、日本の論壇におけるアジア主義の熱狂が、孫文の考える「われわれの大アジア主義」と相容れないものであることを踏まえてのものであったといえよう。

以上のように、「大アジア主義」講演前後の戴季陶は、孫文思想に対する独自的思想解釈の端緒を見せつつも、基本的には日中ソ提携という孫文の方針を離れることはなかった。ただ、日本に対する不信感は強くなっていたことが窺えた。それでは、孫文死後の状況では戴季陶の言説はいかなるものとなっていったのであろうか。そのことを次節で見ていくことにする。

第二節　戴季陶主義の形成と「大アジア主義」解釈

一九二五年三月一二日、北京滞在中の孫文が病気のために死去した。これによって、国民党を束ねる権威は不在となった。この後、戴季陶は国民党内における孫文思想の絶対化に取り掛かることになる。それは、党内で生じつつあった矛盾ないし葛藤を、孫文個人の統合力に代わり得る根拠を確保することによって調停できると考えたためである。[16]そして、戴季陶の言葉によれば、「我々の唯一の責任は、総理の遺嘱を完全に接受すること」であり、「我が党は全体が一致して総理の遺教をその通りに実行するのであって改作してはならない」[17]とされたのである。

戴季陶は以前から、国民党においては一つの主義に忠誠を尽さなければならないという考えを持っていた。それがこの時期に至って、さらに強調された形を取って現れたということができる。この後、彼は『孫文主義の哲学的基礎』（一九二五年六月）と『国民革命と中国国民党』（同年七月）を発表した。前者は三民主義を伝統主義的に解釈したものであり、後者は国民党員の質的向上と志気の高揚を訴えると共に、共産党の国民党内での寄生政策を批判したものであり、いずれも反共主義を前面に押し出したものであった。そのため、共産党とコミンテルンからは強い反発がなされ、これ以後その主張は「戴季陶主義」の名をもって批判されることになる。いうまでもなく、その名称は国共合作を推進した孫文の思想との異質性を際立たせることを意図して付与されたものである(18)。

さて、戴季陶主義の根幹をなすと見なされるのは『孫文主義の哲学的基礎』である。以下、その内容と特徴を簡単に見ていくことにしよう。

戴季陶は同書において、孫文の三民主義を伝統主義的に解釈するのであるが、そのことが最も典型的に現れているのは、智仁勇を論じた「軍人の精神教育について」（一九二一年一二月）に言及した箇所においてである。戴季陶はこの講話を「国民革命を成就しようとするための基本教科書であり、先生の倫理思想の最高理論である(19)」と位置づける。そして、そこから導き出される孫文の思想的全体は以下のように要約できると述べている。

天下の達道は三、民族なり、民権なり、民生なり。之を行なう所以の者は三、智なり、勇なり、仁なり。智勇仁の三は天下の達徳なり。之を行なう所以の者は一なり。一とは何ぞ、誠なり。誠なるものは善を択って固執するものなり(20)。

そして戴季陶は、以上のような理論体系の中に、さらに一つの要点を見出すことができるという。それは「能作」と「所作」であり、能作の部分は孫文の道徳に関する主張であり、所作の部分は政治的主張である。すなわち、前者は古代中国の正統倫理思想を継承し、後者は現代政治の経済組織、国家組織、国際関係および種々の制度の認識によって作られた新たな理論であるという。そして、「三達徳」（智仁勇）を「能作」、「三達道」（民族、民権、民生）を「所作」とし、「誠」を民族精神の原動力とした(21)。孫文の特徴は、「何時如何なる場合にあっても、力を尽し中国固有の道徳的文化的意義を鼓吹し、中国固有の道徳的文化的価値を賛美したこと(22)」であるとされる。このような伝統的価値の存在こそが、民族の自信を生み出し、現実の革命としての所作の前提となるものであった。

さて、孫文の「軍人の精神教育について」を一読すれば、確かにそこには智仁勇の概念がちりばめられている。しかしそれは、あくまでも軍人の責任意識の高揚を目指したものであって、決してそれ以上のものではなかったと考えられる。しかるに、戴季陶はこれを『中庸』の「五達道」「三達徳」に準えて解釈するのである。『中庸』では君臣・父子・夫婦・昆弟・朋友の交わりが「五達道」とされているのであるが、彼にあっては三民主義がそのまま「三達道」として普遍的真理とされるに至ったのである。このような発想は、前年に発表された「支那を救ふは国家主義」の延長線上にあり、それが思想的に体系化されたと見るべきであろう。

それでは、中国革命の特徴はいかなるものであるのか。戴季陶は『孫文主義の哲学的基礎』の中盤で、孫文の革命理論を論ずる中でその問題に言及する。彼はここで、中国社会には明白な対立は存在しないため、階級的利害に基づいた革命方式を採用することはできないとする。また、階級対立の出現を待って、初めて革命を起こすことも不可能である。むしろ、中国における革命と反革命の対立は、覚醒した者とそうでない者との対立であって、階級間のそれではない。それゆえ、今日の中国で必要とされることは国民全体の覚醒を促すことであって、一つの階級を促すことではない。孫文が唱えた「知難行易」説の革命運動における意義はここにあるとされたのである。[23]

戴季陶によれば、革命は利他心から生じるものであって、利己心から生じるものではない。それゆえ、仁愛は革命道徳の基礎であり、革命家の知的努力は完全に仁を知るためのものである。そして、中国では階級が未分化であるため、革命達成のためには、被支配者層の人々が自覚して自らの利益を求めることに加え、支配者層を覚醒させて被支配者層の利益を図ることが必要であると考えられた。[24]こうした立場は、階級調和論以外の何物でもなかった。こうした傾向が、当時高揚しつつあった共産党指導下の労働運動に触発されてのものであったことは、容易に理解できるところである。

戴季陶が調和主義に加えて、儒家思想の中で強調するものに国民の政治道徳がある。彼はこの著作の中で、『大学』と『中庸』を総合すると「人―家―国」の三重の連帯責任構造が抽出されると指摘する。そして戴季陶は、これが孔子の思想の主要部分であり、孫文の思想の中心をなすとしたのである。もちろん、儒教経典に記される「国」や「世界」が今日のそれと同一に論じられないものであることは明らかである。それにもかかわらず、戴季陶はこれらをもって今日そして将来の道徳としなければならないと説くのである。戴季陶の見るところでは、孫文は以上のような中国の文化的伝統の真の継承者である。それゆえ、今や国民革命の達成のためには、孫文の思想を基礎と据えなければならないのである。

さて、戴季陶主義が「主義」と称せられる所以は、孫文の著作全体を儒教道徳という一つの価値基準によって統一的に解釈したことにある。それでは、孫文の外交思想に関わる言説はどのような評価と解釈がなされたかが問題となる。いうまでもなく、その中心として取り上げられるのは「大アジア主義」講演である。

戴季陶によれば、「大アジア主義」講演は「最も良く先生の中心思想を明白に表現しているもの」とされる。しかし、孫文は一般のアジア主義者ではなく、「世界大同、人類の進化」を最終目的とする愛国主義者である。

そして、その主張である被抑圧民族の連合は、理論的にはアジア大陸に限られるものではなく、世界の弱小民族をも包含するものであったのである。[25] 戴季陶は、孫文の主張が単なる地域連合を目指したものではなかったと解釈している。ただ、世界の被抑圧民族がアジアに集中していることから、アジアの連帯がその中心を形成することになったというのである。

以上のような被抑圧民族の連帯の主張を、戴季陶は大アジア主義の「事実面」と見なす。というのは、孫文の講演はもう一つの側面である「思想面」において、より重要な意味を持つと考えられるからである。すなわち、戴季陶の理解するところでは、孫文は中国古代の倫理哲学と政治哲学を世界文明史上における最も価値を持つ精神文明の結晶と見なし、すべての人類の真の解放のためには、中国固有の仁愛思想を道徳の基礎としなければならないと考えていた。あらゆる科学文化は、仁愛の道徳の基礎の上に作られ、しかる後に世界人類は初めて真の平和を獲得するのであって、同時に文明の進化も真の意義を有するようになるのである。[26] かくして、中国固有の道徳は、独り中国という空間において意味を持つだけでなく、世界が大同に向かうための基礎と見なされた。すなわち、この道徳文化は人類同胞精神の産物であるがゆえに、これを回復させることによってまず国を救い、そしてさらにはこれを全世界の統一のための基礎とすることによって、全人類における中国人の使命は完了すると考えられているのである。

戴季陶は次のように述べる。「この中国を愛するという心を広げていけば、それがすなわちすべてのアジアの抑圧された民族を愛することになり、極点まで押し広めて行けば、すべての人類を愛するということになるのである」。[27] 確かに、前述したように、孫文は神戸での講演において、「大アジア主義」が結局は文化の問題であり、東洋文化と西洋文化との比較および衝突の問題に外ならないと述べ、仁義道徳という伝統的価値観をもって西洋列強に抵抗しようと考えていた。それは、いわば対抗的価値として捉えられていたのである。それに対して、戴季陶においては、中国の伝統文化は普遍的な価値にまで高められていると見ることができるであろう。

　戴季陶の解釈するところでは、孫文の「大アジア主義」講演は「欧洲文化の基本思想に対する宣戦布告」であった。そして、西洋文化に対する孫文の批判は二つの面にわたるものであると考えられた。すなわち、一面では軍国主義と資本主義とに反対し、そしてそれらを基盤として発達してきた帝国主義と個人主義に反対したことであり、もう一面ではヨーロッパの物質中心の歴史観から階級闘争を絶対的な手段とする社会革命思想に対しては、人類の生存という観点からその誤りを正し、社会革命に民生哲学の倫理性を付与したのである。[28]我々はこのような主張の中に、中国の文化的伝統の強調と同時に階級調和論という戴季陶主義の構成要素を見出すことができる。まさに、戴季陶の「大アジア主義」講演の解釈は国民革命の進展の中での国民党のあり方、思想的あり方ということとの関連で捉えられていたのである。そして、「事実」と「思想」を統一する中心を「先生自身の一つの誠をもって智仁勇の三徳を貫く全人格[29]」であったとするように、戴季陶の解釈は孫文の思想と人格を神秘化するものでもあったということができるのである。

　それでは、この論説の中で戴季陶は日本に対してどのような評価を見せていたのであろうか。それはおおむね、数カ月前に書かれた「日本の東洋政策に就いて」とほとんど変わるところはない。ただ、その批判の表現がかなり具体的になっている点は注目に値する。すなわち彼は、アジアの民が抑圧に苦しんでいる中、「極めて小なる日本だけは東方にあって強盛になるや、これによって東方民族も大いに刺激されるところとなった」と、近代以降の日本が果たした歴史的役割を高く評価しつつも、次のように批判を加えている。


　しかし惜しむらくは、日本は東方民族の道徳を捨て去り、完全にヨーロッパ帝国主義に学んだ。日本が強大になってからは、第一に琉球を滅ぼし、第二に朝鮮を滅ぼした。東方民族の団結は反ってこのために阻害さ

れたのである。(30)

この言葉は、孫文であれば決して口にすることはなかっただろうし、戴季陶でさえも孫文存命中であればこうしたことを述べることはなかったと考えられる。彼はさらに、日本が強大になってからも、「大を以て小に事《つか》うる」という東方の民族道徳や国家道徳を継承していたなら、アジアの状況はもちろんのこと世界の国際関係も異なっていたであろうと述べている。ここには、孫文時代には抑制されていた日本批判が公然化していることと同時に、日本の侵略的傾向を道徳基準で論じようとする点で特徴的である。このことは、伝統思想をもって孫文思想を解釈するという、『孫文主義の哲学的基礎』のモチーフが貫徹された結果であるということができる。

以上で見てきたように、戴季陶は孫文死後の国民党内で思想的一元化を図るべく、孫文思想を伝統主義的に解釈しそれを絶対的な地位に高めようとした。それは、孫文存命中の「支那を救ふは国家主義」の内容を伏線とするものであり、神戸での「大アジア主義」講演も同様の基準で解釈されたのである。それでは、孫文が神戸で強調した日中ソ三国提携の戦略は、戴季陶の中にあってはどのように受け継がれたのか。日本に対する評価の厳しさは、国際戦略面にまで及ぶものであったのだろうか。次節では、この点を含めて戴季陶の対外認識について検討していくことにする。

第三節　「民族国際」とその外交戦略

前節では孫文の「大アジア主義」講演についての理論的解釈を見てきた。孫文死後の戴季陶で今一つ注目すべきことは、被抑圧民族解放の思想を現実の運動へと高めようとしたことである。それは、孫文の「アジア主義」

と称される外交構想を、さらに発展させたものと見ることができる。

一九二五年時点における戴季陶の対外観は、イギリス主敵論に基づくものであった。前節で述べたように、戴季陶はこの年の三月に発表された「日本の東洋政策に就いて」において、日本・ドイツ・ソ連との提携を唱えていた。彼の見るところでは、これまでの日本は日英同盟によってアジアの盟主の座に就いたものの、それは結局のところイギリスの極東での「出張所」でしかなかった。「過去の日本は、海洋国と同盟して大陸に於ける優越なる地位を獲得したのと反対に、将来の日本は大陸国と同盟して始めて海洋に於ける安全と発展とが得られる」(31)と考えられたのである。これは「大陸同盟」説といわれるものであり、ヴェルサイユ体制およびワシントン体制から疎外された国々を結集しようとしたものと見ることができる。これは孫文以来の外交戦略である。しかし、これはそのままアジア主義に結びつくものではない。なぜなら、そこには被抑圧民族の抵抗という要素が欠落しているからである。

戴季陶の言説において、被抑圧民族の帝国主義に対する抵抗運動が外交戦略論として現れてくるのは一九二五年四月から六月にかけてのことである。彼はこの間、三民主義の意義についての二つの講演を行っているが、そこに示された対外認識は以下のようなものであった。戴季陶はまず、帝国主義の持つ国際性と、それに反抗するための諸民族の連帯の必要性を表明している。すなわち、中国は世界に向かって独立と平等を求めなければならないのであるが、「それは一民族が単独で解決することができるものではない。我々は現在、全世界の帝国主義国家の我々に対する抑圧が、ある一国だけが行っているのではなく、そうした圧迫がすでに国際性を含んでいることを知っているのである」(32)。帝国主義国家がすでに国際的に相互連携性を持っている以上、被抑圧民族もまた反抗のために国際的連帯を図る必要があるのである。続いて彼は次のように述べる。「帝国主義の国際性は顕著である。経済・文化的な落伍者である中国に対する彼らの侵略は、それぞれが個別に行っているのではなく、彼らは一つに結合し共同して侵略し、中国人民を搾取しているのである。［中略］被抑圧民族の問題と帝国主義国家の被抑圧民衆の問題を解決するには、皆が連合して共同して奮闘することが必要である」[33]。ここに、中国革命が全世界的な反帝国主義運動の中に位置づけられたことが見て取れるのである。

続く講演で、戴季陶は帝国主義国家の中でアジアにおいて最も悪質な存在はイギリスであるとし、これに抵抗すべくアジアの被抑圧民族の連帯が必要であると論じた。アジアにおけるイギリスの本拠地はインドである。そのため、帝国主義の打倒のためにはインドの革命運動との連携が必要となる。また、チベットはインドと中国の間にあって、両国を陸路で結びつける重要な場所である。そのため、チベット民族を覚醒させて革命運動に参加させ、彼らにその運動が民族の自由と平等を求めるものであることを知らしめなければならないのである。チベットの革命運動は、中国革命とインド革命を繋ぐ鎖の役割を果たすものと考えられていた[34]。なお、戴季陶はこの講演で、三民主義が主張する救国は「武力」を基礎とする国ではなく、「民族」を基礎とするものであり、その民族とは「文化」を基礎とするものであると述べているが[35]、このことは前述した孫文の「大アジア主義」の「思想面」に通じるものといえるであろう。

戴季陶がイギリスを主要敵と見なす傾向は、一九二五年の五・三〇事件への対応にも現れている。すなわち、彼はこの当時上海にあって、総商会会長である虞洽卿らと日系紡績工場の争議の調停に当たると共に、イギリスに対する行動に全力を傾けるよう主張していたのである。また彼は、この年に広州で起きた沙基事件に際して次のように述べていた。「東方ではイギリスが唯一の強国であり、全東方民族の九〇パーセントはイギリス帝国の圧政下にある。それゆえ、我々の反帝行動は第一目標がイギリスにあることを認識しなければならない」[36]。そして日本に対しては、政府には断固たる態度で臨むが、国民に対しては「東方に戻れ」と呼び掛けることを表明している[37]。先に見た、『孫文主義の哲学的基礎』における日本批判にもかかわらず、戴季陶が現実の外交戦略を論じる場合には、それは前面に押し出されることはなかったのである。

しかし、このようにイギリス帝国主義に対する強い批判の姿勢にもかかわらず、戴季陶は大衆運動の高揚には慎重な姿勢をもって臨む。彼は中国の独立問題が、大衆による短期間の罷市や罷業によって解決できる問題ではないと考えていた。それは、国際社会における国家戦略によって実現されるものであったのである。そこで提起されたのが民族主義と国際主義を結合させた「民族国際」という機関の創設であった。

戴季陶によって民族国際の構想が明らかにされたのは、一九二五年七月三〇日の新聞記者とのインタビューにおいてであった。ここで彼は、現在の世界で最大の罪悪行為をしているのは国際連盟であるとし、それは帝国主義国家が世界を共同して侵略するための総司令部であると論じている。確かに、イギリスは東方の最大の覇王であるが、何か問題が生じた場合には、必ずや国際連盟の勢力を合わせてその処理に当たるに違いない。それゆえ、中国としてはイギリスへの抵抗は国是としながらも、国民に対しては帝国主義の国際組織である国際連盟という怪物の存在を認識させ、帝国主義によって抑圧されている弱小民族の連帯組織を創設する必要があるのである。

その被抑圧民族による連帯機関こそ「民族国際」である。そして、その中心となるべき国家は中国、ソ連、ドイツ、オーストリア、トルコの五カ国であり、構成国としてはエジプト、ペルシャ、インド、アフガニスタン、バルーチスターン、ベトナム、朝鮮、フィリピン、南アフリカ諸国が想定されていた。また、それは組織として常設機関を設け、抑圧者に抵抗するほか、各国の国民経済、文化交流、国際法、移民等の重要な問題を計画し、文化・経済面で立ち遅れた国民の進歩と発展を図るというものであった(38)。

ここで問題となるのは、以上のような民族国際の構想の中で、日本はどのように位置づけられていたかということである。もちろん、日本はその構成国にも含まれていないのであるが、戴季陶が次のように述べている点には興味深いものがある。「日本がいったいどちらの方向に向かうかは、極めて注目に値する問題である。恐らく、それは中国に対して不平等条約を取消し、東方に戻ってこそ国民とのよい友人とならざるを得ないであろう」[39]。ここに現れる戴季陶の姿勢から窺えるものは、すでにイギリスとの利害関係が薄まっている日本が、民族国際の成立を契機として外交方針を転換させるだろうという、極めて楽観的な期待感であり、それは五・三〇事件当時の姿勢とほとんど変わるところがなかったということができる。戴季陶にとって、日本は帝国主義国家であるがゆえに、積極的に提携すべき対象ではないが、しかし直接に対決すべき敵でもなかったのである。

さて、戴季陶は九月二日に再び民族国際について論じており[40]、その内容は七月のものよりも具体的かつ詳細なものとなっている。ここで彼は、現在の国際政治の潮流の中で指導的精神は民族主義であるが、それは統一を求める世界主義の方向性と矛盾しないと述べる。すなわち、帝国主義の支配から逃れようとする被抑圧民族の運動は、今や自由な発展の地位を勝ち取り、進んで世界統一に向かうものであって、それゆえ現在の民族主義は実質的には世界主義を求めるものだというのである。そのような考えに立って提示されたのが、「新天下三分策」という構想であった。

戴季陶によれば、今日の世界改造の過渡期における国際組織には二つの種類のものがある。すなわち、一つは帝国主義列強による「縦断的国際」＝国際連盟であり、今一つは社会主義政党による「横断的国際」＝コミンテルンである。前者は世界の従来のあらゆる特権を維持しようとするものであり、後者は逆にそれを打破しようとするものである。ここでいう「縦断」が支配と抑圧を、「横断」が水平的連携を意味していることは容易に見て取ることができる。しかし、今日の民族主義運動は被抑圧民族が独立と自由を勝ち取るためのものであるため、利害関係と思想関係から見るなら、これら既存の二種類の国際組織に立脚することは不可能である。国際連盟が被抑圧民族の解放運動の敵であることは明らかである。他方、横断的性格を持つコミンテルンは、民族主義への一定の理解を持つことは確かであるため、ある程度は評価できるという。しかし、その水平的な性質ゆえに、被抑圧民族の抵抗という縦断的な運動と完全に一体化できるものではないのである。

こうしたことから、被抑圧民族の抵抗運動は国際的連帯組織を必要としながらも、既存の国際組織の指導下に入ることはできないのである。そこで戴季陶は全く別の国際組織が必要であるとして、次のように述べる。「各国家、各民族は純然たる民族自由連合主義の下で、『民族国際』を組織しなければならない。そして、この『民族国際』は中国、ソ連、ドイツ、オーストリア、トルコの五カ国の民族を基礎とし、世界のあらゆる弱小民族の国民の政党を包括し、偉大なる国際的勢力を作り上げ、一方では帝国主義の縦断的国際連盟に対抗し、他方では各国社会主義を横断する国際と提携する」。「この自由連合を基礎とする新たな縦断的国際組織が成立した後には、全世界の国際組織は三つのものとなる。一つは帝国主義の縦断的国際であり、一つは社会主義の横断的国際であり、今一つは三民主義の新縦断的国際である(41)」。すべての弱小民族はこの新縦断的国際に加わることによって、一方では独立と自由のための新しい力を養い、一方では世界大同に向けての努力の準備と訓練を行うのである。中国が国際的に生存を図るなら、こうした方向に向かって進む以外に道はないと考えられたのである。

さて、七月三〇日の談話でも述べているように、民族国際は戴季陶が独自に考案したものではなく、孫文の構想を受け継いだものであったとされる。彼によれば、一九二四年一〇月における孫文の北上は、民族国際の構想に基づいたものであったとされるのである(42)。しかし、この名称自体は戴の独創であり、孫文の言説の中には民族国際を示唆するものは見当たらない。孫文の外交戦略を振り返るなら、それは中国革命の達成に向けての日中提携が主軸となるものであって、革命を妨げているイギリスをはじめとする列強諸国に対抗する方策としてあった。そのため、孫文の考えにおいては被抑圧民族の解放ということは喫緊の課題として表明されたことはなかったのである。

ところが、戴季陶の場合は、中国に国際組織の本部を置こうという点で孫文と同様に自国中心の傾向が窺えるものの、そこには被抑圧民族の解放運動が視野に入っている。この点では、孫文に比べてアジアに対する姿勢はより積極的であるといえるだろう。また、ソ連に本部を置く「横断的国際」（コミンテルン）とは距離を置こうとしながらも、ソ連という国家を提携の対象としていることは、それをイギリスに対抗する勢力として利用する意図があったものと考えられる。さらにここで確認しておくべきことは、七月の談話と同様に、この時の戴季陶の「新天下三分策」の構想の中でも日本の占める地位はなかったということである。孫文の時代とは違って、日中ソ三国の提携という発想はほとんど姿を消していたといってよい。ここに、孫文の「われわれの大アジア主義」はその内容を大きく変えて受け継がれたということができる。

しかし、結果として民族国際の外交戦略は国民政府の外交政策に反映されることはなかった。そのことは、戴季陶が、一九二五年一一月に西山会議出席のために訪れていた北京で、彼を容共分子と見なした暴漢に襲われた後、しばらく一切の党務を離れたことに関わるのかもしれない。翌年の国民党二全大会で彼は党務に復帰するが、この後の彼の東方問題への関心は政治面よりも文化・教育面に傾いていき、民族国際に言及することはなくなる。そして何よりも、一九二七年に国民党の連ソ政策が終焉を迎えたことは、主要構成国の一つを欠くということにおいて、民族国際の実質的な終焉を意味したのである。

本章においては、戴季陶による孫文「大アジア主義」講演の解釈と外交構想を考察してきた。ここで明らかにされたのは以下の諸点である。

「大アジア主義」講演前後の戴季陶の言説を見ると、そこには孫文思想に対する独自的解釈の端緒が見られたが、こと外交政策に関する限りでは、孫文の基本方針を外れることはなかった。しかし、日本に対する姿勢の面では孫文よりも厳しいものが見られた。中国革命の達成のために、常に日本の援助を求めていた孫文に比べ、戴季陶はより客観的に日本を見ることができたというべきであろう。

孫文死後に形成される「戴季陶主義」は、儒教思想をもって孫文の思想を体系的に解釈しようとするものであった。そのため、「大アジア主義」講演もまた同様の基準で解釈されることとなり、講演の趣旨のうちの文化的側面、すなわち「思想面」が際立って強調されることとなった。しかし、このような「思想面」の強調は、決して被抑圧民族の抵抗という「事実面」を軽視するものではなかった。すなわち、「民族国際」が実際の運動を指導するものとして構想されたのである。それは、実現に向けて具体的な内容をもって論じられることはなかったが、そこでの反帝国主義の姿勢は鮮明であったといわなければならない。以上のことから、戴季陶によって継承された孫文のアジア主義は、理論的な観念化と外交戦略的応用という二つの側面を見せるにもかかわらず、それは国民革命の遂行に当たっての内政・外交両面での課題に応えようとする点では統一性を持つものであったということができる。

戴季陶は自らの主張を「アジア主義」という名称で表したことはない。しかし、彼の言説は明らかに孫文のアジア主義の一部を受け継いだものであった。それは主として外交戦略の部分においてであったが、孫文と決定的に違うのは日中提携の発想がほとんど見られなくなっていたことである。孫文が日本を真に信頼に足る存在として認めていたかどうかという議論は置くとして、少なくとも彼は日本との連携こそが、欧米列強の介入をはねのけつつ中国革命を達成する方途であると確信していた。しかし、戴季陶の言説の中にはそのような発想は全く窺えない。もはや彼の考えの中では、日本が反帝国主義運動の中で占める地位はどこにもなかったのである。彼のアジア連帯の姿勢が持続しつつも、その関心のほとんどが内陸部に向けられるようになるのは、帝国主義への抵抗に当たって連携すべき対象が誰であったかをよく示しているのである。

戴季陶の後、孫文の「大アジア主義」は理論としても戦略としても、しばらくの間は人々の関心を集めることはなくなる。本章の冒頭で述べたように、それが再び注目を浴びるのは、日中関係の泥沼化の過程においてである。その過程で展開された、汪精衛を始めとする親日政権の大アジア主義言説が、果たして当時の歴史的課題に答え得る内容を備えていたか否かについては、章を改めて考察することにしたい。

（1）「孫中山先生在神戸講演」、『民国日報』一九二四年一一月二九日、陳徳仁・安井三吉編『孫文・講演「大アジア主義」資料集』、法律文化社、一九九九年、一六五～一六六頁。
（2）魏琴「国民会議、軍閥和帝国主義」、『嚮導』一九二四年一二月三一日、同右、一七二～一七三頁。
（3）戴季陶は一九一〇年代半ばから、しばしば日本のアジア主義について批判的に論及している。しかし、彼は自らの政治的主張としてアジア主義を論じたことはなかった。彼が具体的理論として語るようになるのは、孫文の死の前後からである。
（4）戴季陶「東方問題与世界問題」（一九二四年三月一四日）、陳天錫編『戴季陶先生文存』第四冊、中央文物供応社、台北、一九五九年、一七三二～一七三五頁。
（5）同右、一七三七～一七三九頁。
（6）同右、一七四一～一七四四頁。
（7）戴季陶「東亜の一国であることを忘れて了った日本」、『大阪毎日新聞』一九二四年一一月二三日、『孫文・講演「大アジア主義」資料集』、八四頁。
（8）戴季陶「孫文氏と其事業」、『大阪毎日新聞』一九二四年一一月二七日。
（9）同右、『大阪毎日新聞』一九二四年一一月二九日。
（10）戴季陶「支那を救ふは国家主義」、『大阪毎日新聞』一九二四年一二月二九～三〇日。
（11）戴季陶「日本の東洋政策に就いて」、『改造』一九三五年三月、『孫文・講演「大アジア主義」資料集』、二一九頁。

なお、安井三吉によれば、この論説は孫文の意向を代筆したものとされる（「講演『大亜細亜問題』の成立とその構造」、同、三五頁）。
(12) 同右、二二一頁。
(13) 同右、二二二～二二三頁。
(14) 同右、二二三頁。
(15) 同右、二二四頁。
(16) 白永瑞「戴季陶の国民革命論の構造分析」、『孫文研究』第一一号、一九九〇年五月、一一頁。
(17) 戴季陶「中国国民党接受総理遺嘱宣言」（一九二五年五月二四日）、『戴季陶先生文存』第三冊、九六八～九六九頁。
(18) そうした評価は現代中国でも同様である。例えば、次のような見方は典型的な評価である。「『孫文主義の哲学的基礎』と『国民革命と中国国民党』という」二冊の小冊子は、いわゆる『純正三民主義』の建設の看板の下、三民主義の革命精神を歪曲、去勢、改竄したものであって、人からは『戴季陶主義』と呼ばれるものである」（鄭則民「戴季陶」、朱信泉・厳如平『民国人物伝』第四巻、中華書局、北京、一九九四年、一二四頁）。
(19) 戴季陶『孫文主義之哲学的基礎』、民智書局、広州、一九二五年、六頁。
(20) 同右、七頁。
(21) 一部からは、このような体系は「三三二一」理論と称されている（鄭佳明「論戴季陶主義的主要特徴」、『求索』一九九三年第一期）。
(22) 『孫文主義之哲学的基礎』、八～九頁。
(23) 同右、四〇頁。
(24) 同右、四一～四二頁。

(25) 同右、三二頁。
(26) 同右、三三～三四頁。
(27) 同右、三五頁。
(28) 同右、三六頁。
(29) 同右、三五頁。
(30) 同右、三七～三九頁。
(31) 「日本の東洋政策に就いて」、二二五頁。
(32) 戴季陶「三民種義的一般意義与時代背景講詞」(一九二五年四～五月)、中国国民党中央党史編纂委員会編『革命先烈先進詩文選集』第四冊、中華民国各界紀念国父誕辰籌備委員会、台北、一九六五年、四九二頁。
(33) 同右、四九三頁。
(34) 戴季陶「三民主義的国家観講詞」(一九二五年五～六月)、『革命先烈先進詩文選集』第四冊、四九八～四九九頁。
(35) 同右、五〇〇頁。
(36) 戴季陶『中国独立運動的起点』、民智書局、広州、一九二五年、五頁。
(37) 同右、六頁。
(38) 「戴季陶対於時局之談話」、『上海民国日報』一九二五年七月三一日。
(39) 同右。
(40) 「戴季陶君関於民族国際的談話」、『上海民国日報』一九二五年九月二日。
(41) 同右。
(42) 戴季陶「致蔣介石書」(一九二五年一二月一三日)、『戴季陶先生文存』第三冊、九八二～九八三頁。

第三部　日中戦争下における思想の諸形態

第七章　侵略と抵抗の中のアジア主義

本章では、満洲事変前後から盧溝橋事件に至るまでの日本と中国のアジア主義のいくつかの様態を検討していくことにする。

前章で述べたように、孫文のアジア主義は国民党の中で戴季陶によって部分的に受け継がれ、「民族国際」の形成という外交戦略に応用された。そこでは、日本は帝国主義国家と見なされるがゆえに、かつて孫文が抱いていた日中提携の発想は全く見られなくなった点で特徴的であった。しかし、一九二〇年代の中国においては「アジア主義」という言説はほとんど見られなくなる。そのことは、北伐開始後の中国国民党の指導者にとっては、北京政府の打倒こそが直接的目標となり、南京政府成立後においては政権の安定化に重点が置かれたことに関わるものといえるであろう。そのような状況下においては、アジア主義が積極的に論じられる必然性は客観的に生じなかったのである。

それでは、同時期の日本においてはどうであったであろうか。孫文の来日前後の日本のアジア主義の論調については、すでに述べたところである。その後、すなわち一九二〇年代から三〇年代にかけての日本は、アジア主義の歴史において重要な時期を占めていたといわれている。なぜなら、この時期には、従来見られなかった攻撃的なアジア主義が軍人や民間活動家の心を捉え、次第に社会に浸透すると共に、政治過程の中で現実化されていったといえるからである(1)。

翻って、一九三〇年代とりわけ満洲事変前後からの日本と中国のアジア主義にはいかなる特徴が見られたであろうか。日本の本格的な大陸進出の開始が、それまでのようにアジア諸国の連帯を一般的な形で説くことを困難にさせたことは、容易に想定されるところである。これ以降、侵略する日本はいかにして自らの行為を正当化するかが課題となり、抵抗する中国としては日本型アジア主義を否定して、孫文の遺産としてのアジア主義を民族主義化する作業が必要となってくるものと考えられる。換言すれば、三〇年代において日中両国のアジア主義は、それまでの「すれ違い」の状態から、互いに自らの正統性をもって対峙する状態へと至ったといえるのである。

以下、本章においては、満洲事変を契機とするアジア・モンロー主義の再燃の問題から論を説き起こし、三〇年代日本のアジア主義を代表する大亜細亜協会について概観し、さらには中国のアジア主義の特徴について考察を加えていこうと思う。

第一節　満洲事変とアジア・モンロー主義

アジア・モンロー主義は、一九世紀末の日本の論壇に起源が求められ、政略論的アジア主義として言論界に定着していった。その後、その主張は声高に主張されることはなかったのであるが、一九三一年の満洲事変を契機として再び論壇で唱えられるようになる。江口圭一によれば、その最も早い事例は『名古屋新聞』に寄せられた与良松三郎による一九三二年元旦の論説「東洋モンロウ主義を高唱す」であったとされる。そこでは次のように述べられていた。「東洋モンロウ主義は全アジア民族の連邦組織によりて先行せらるべきである。連邦組織ならば主権や領土権に無関係に我天皇の統治下に天皇の仁慈に浴し得べし。……我皇軍は全アジア民族の保護神であり、我日章旗は東洋平和の護符として全アジアいたるところに翻さるべく、その範を示すのが満蒙の天地である」(2)。ここには、満蒙から全アジアへという、その後の日本の歩む道のりが示されていたといえるであろう。

アジア・モンロー主義の具体的内容は、事変以後の満洲における日本の特殊な立場に対する欧米列強の干渉を排することにあったが、その主張の根拠は国際連盟規約第二一条でアメリカのモンロー主義が容認されていることに求められた。すなわち、そこでは、連盟の規約が「仲裁裁判条約の如き国際約定」または「モンロー主義の如き一定の地域に関する了解にして平和の確保を目的とするもの」に影響を与えるものではないことが記されていたのである。このことから、ある論者は、局地的問題については世界で一様にモンロー主義を採用すべきだとして、「亜細亜の地方的紛争が発生したる場合、極東の普通の争議は、極東諸国の間に自ら解決することを原則とし、日本が東亜の政治的優越国として、その指導監視に任ぜんとするに、何等の異議あるべきではない」(3)との意見を提示していた。そして、国際連盟は「半ヨーロッパ的機関」であって極東の事情には暗いことから、これを機に連盟に日本のモンロー主義を承認させ、「東亜の実情に即した自然組織」の上に紛争解決の権力を要求すべきであると述べていた(4)。

前述した与良は全アジアの連邦組織を構想していたが、この時期のアジア・モンロー主義者の多くは、まず日本と満洲の一体化、そして中国との提携を考えていた。しかもその場合、満洲の分離という事態は、中国との提携の障碍となるものではない。なぜなら、中国は満洲という異物を切り離すことによって、健全に「国民主義」

を発展させることができ、「支那がその国民主義を達成したる場合に於いては、求めずして支那より進んで日支の親善を希望するであらうことは、火を睹るよりも明らか」だからである。ここから必然的に「日、満、支の有機的提携」が生まれ、「かくて東亜の一角に、欧洲の統一体に対し、米大陸のモンロー主義に対し、彼等よりも緊密にして、彼等よりも有機的なる一統一体が発生する」ものと考えられたのである[5]。

このように、アジア・モンロー主義を東アジアの地域連合体結成の根拠とし、併せてそれによって国際連盟の限界を補おうとする発想は、当時の多くの論者に共有されていた。すなわち、国際連盟は「欧洲の一紐帯」に過ぎず、東亜の加盟国はその「客分」でしかなく、満洲事変に対する連盟の態度もヨーロッパの利害から判断しているところに問題がある。ここから、「東の事柄は、先づ東で考へることが絶対に必要である。西の事柄を西の問題として考へることに連盟は成功してゐる。［中略］まことに世界を打って一丸としたる連盟である為めにも、東洋諸民族の間に有機的関係を作る紐帯が必然的要求となされるのである[6]」と考えられたのである。

また、高木友三郎の説くところでは、国際連盟はこれまで、地域的、経済的、文化的関係からなる国際間の親疎に関して全く考慮してこなかった。むしろ、それが今まで取り扱った多くの問題は、ほとんどがヨーロッパの問題に限られていたため、東アジアの問題を解決する能力には欠けている。そのため、国際連盟は今後およそ世界隅々の問題にまで手を出さず、単に一般的・共通的問題に権能を止めることが必要である[7]。そうすれば、連盟は形式的には後退するであろうが、実質的にはその権威を高めることができると考えられた[7]。そして、彼は次のように述べる。

いま、世界は漸く戦前の欧洲的強国個人主義から、民族自決の対等協力主義に這入ったばかりだ。このまゝで一足飛びに、世界統一に進むべく、世界の各地方的不統一、複雑性を如何せん。こゝに世界は超国家的連合の地方的ブロック成立の意義がある。この地方的連合若しくはモンロー主義圏は、孤立封鎖状を示して、国際連盟の精神から後退してゐるが、内包的には反って周約《ママ》された世界協調への序曲でなければならぬ。その後に来るものこそ、内包・外延ともに世界大に合致する真の国際連盟である。(8)

時代の趨勢としての超国家的地域連合体の成立こそが、これまでの国際連盟の不足を補う役割を果たすと考えられたのである。国際連盟の限界を指摘しつつも、その枠内で日本の満洲に対する要求を認めさせようとする姿勢は、この時期のアジア・モンロー主義の一つの特徴であったといえるであろう。このことは、次節で見るように、同時期の大アジア主義を唱える人々とも共通する傾向であった。

当時のアジア・モンロー主義の言説に強い影響を与えたものに、リヒャルト・クーデンホーフ゠カレルギー(Richard Coudenhove-Kalergi)の論説がある。カレルギーは汎ヨーロッパ主義者として知られていたが、一九三一年に満洲事変における日本の姿勢に理解を示した欧文の論説を発表し、翌年一月にはこれが「日本のモンロー主義」として翻訳されていたのである。その中で、カレルギーは当時の日本の外交姿勢を、「第三モンロー主義則ち東亜モンロー主義の宣言に外ならざる」ものと見なし、(9)「中央亜米利加が合衆国に取て意義ある如く、又エジプトが英国に取て意義ある如く、満洲は日本に取て意義あるものである」。「合衆国がニカラグアとの紛争を、又英国がエジプトとの紛争を外国の調停なくして解決したるが如く今や日本は支那との満洲紛争を直接交渉に依り解決せんとして居る」。「如何となれば南満鉄道は東京に取て、恰もパナマ運河が合衆国に取て、又はスエズ運河が英国に取て重要性を有するが如く、政治上及経済上同様の重要性を有するからである」(10)と述べ、日本の立場を理解すべきことを訴えていた。そして、日本がソ連のアジア侵攻を防止する唯一の勢力であることからも、世界が日本によるモンロー主義を積極的に承認し、将来の国際秩序を構成する一勢力として認めていくべきだと主張していたのである。[11]

カレルギーの論説は、欧文で発表された頃から日本の識者の注目を集めていた様子が窺える。例えば『外交時報』所載の論説では、邦訳とは違った訳文で引用されており、そこではその所説が「真の知己の言」と称されている。[12]また、高木友三郎もその著書の中で、カレルギーの汎ヨーロッパ主義に影響を受けて論を展開していることを明言していた。[13]総じて、カレルギーの論説は、当時の満洲事変以後の日本の立場を正当化する上で、極めて有効な拠り所となり得たと見ることができる。

一九三三年三月二七日、日本政府は国際連盟に脱退を通告した。これを機に一部の論者には、日本はもはや後戻りできないとの考えから、自説を転換させる者も現れる。一例を挙げるなら、神川彦松は以前の著作では、モンロー主義は国際協調主義と相容れないものであって、「国家百年の大策として安全なものではない」[14]と否定的に捉えていたのであるが、三四年の著作になると一転して日本の国策として評価するようになる。

神川によれば、日本のモンロー主義は、国際連盟の脱退によって顕著になったかに見えるが、実はその由来するところはかなり古く、少なくとも日露戦争にまで遡ることができるとされる。[15]すなわち、日本のモンロー主義はロシアの領土拡張主義に対抗することに発端があるとされ、当面の日本の要求である満洲の保全と日本の特殊地位の承認は、そうした過去からの政策の延長線上にあるというのである。その上で著者は、国際連盟脱退前後からの日本の対外政策を「東亜モンロー・ドクトリン」の名の下に正当化する。すなわち、一九三三年一月二一日の内田外相の演説、そして内田を引き継いだ広田外相の演説、さらには四月一七日における天羽声明などがそれに含まれるが、神川の見るところでは、このように進んできた日本政府のモンロー主義は、もはや取り消すことができない状態にまで至ったとされるのである。[16]

以上のように、当時の論者は日本の大陸政策を百年前のアメリカのモンロー主義に準えて正当化する傾向にあった。これに対し、末広重雄の場合は類似性を認める一方で、それらが異なっている点として、東アジアにおける国際関係上の利害が当時よりも錯綜していることを看取していた。すなわち、列強諸国は早くから中国における利権を獲得しており、日本の単独行動は諸国との矛盾を高める以外のものではあり得ないものと考えられた。特にアメリカとは九カ国条約をめぐって対立を深め、かつての英独両国がそうであったように、戦争に行き着く危険性すらあると見なしている(17)。戦争の危機を回避する道は、中国への領土的野心を抱かず、門戸開放を妨げることなく、日本に侵略的野心のないことを知らしめること以外にはないとされる。これは、モンロー主義を否定するものではないが、当時にあっては極めて慎重な意見といえる。

また、末広の論説で注目すべき点は、植民地解放の援助に否定的な姿勢を取っていることである。当該国の内政干渉になるというのがその理由であるが、一方において、仮にそのような政策を取った場合、いつかは植民地保有国家である日本の身にも振りかかる危険性があるということも考慮されている(18)。こうした被抑圧民族との連帯についての消極的姿勢は、二〇年前に唱えられたアジア・モンロー主義とは大きな落差を示すものである。

さて、当時のアジア・モンロー主義の批判者としてあったのが横田喜三郎である。横田は、アジア・モンロー主義の性質を抽出し、それがアメリカのモンロー主義とは著しく性質を異にするものであることを指摘する。すなわち、第一に日本がアジアにおける特殊権益を主張する一方、アメリカはそのような主張をしていないこと、第二に日本がアジア問題に関する欧米の一切の干渉を排斥しようとするものである一方、アメリカは南米大陸諸国を侵害し、新たに領土を獲得するための干渉を排除するものであって、あらゆる干渉を排するものではないこと、第三に日本のそれが欧米支配下のアジアの領土を解放しようとするものである一方、アメリカの場合は将来の植民地化に反対するものであって、過去は問題としていないことである(19)。

このように、本来のモンロー主義とアジア・モンロー主義とは本質を異にするものである。しかし横田は、非アジア国家がアジア諸国の政治的独立を侵害する場合、そして非アジア国家がアジア大陸で新たに領土的支配を獲得しようとする場合は、アジア・モンロー主義を唱えてこれを排斥することは十分に正当なことであるとする。[20]それでは、日本はこれを主張する権利があるのかといえば、それは甚だ疑問であるとされる。政治的独立と領土保全のためには、国際連盟規約、不戦条約等々によって幾重にも保障が与えられているのであって、「最も必要なことは、新にアジア・モンロー主義などを主張することではなくて、既にある平和確保の諸条約を充分に尊重し、活用することである」[21]。横田の指摘は、国際法学者の立場からする冷静かつ合理的な批判であったといえよう。

以上において、満洲事変期の論壇におけるアジア・モンロー主義の主張を概観してきたが、それらはおおむね事変以後の日本の大陸政策を正当化するための言説であった。それを一九一〇年代に唱えられた主張と比べるなら、欧米列強と対決しようとする人種主義的な姿勢はほとんど見られなくなった点で特徴的である。また、アジアの植民地を解放しようとする姿勢も稀薄であった。総じていえば、一〇年代のアジア・モンロー主義がアジア主義的側面を強調していたとすれば、この時期のものは既得権益の保護のために欧米列強の介入を排するという、極めて受動的かつ自己防衛的な議論に終始するものであったのである。

第二節　日本型アジア主義の新展開

満洲国建国から一年後の一九三三年三月一日、東京で大亜細亜協会が創設された。その前身は「汎アジア学会」と称し、中谷武世を始めとし下中彌三郎、満川亀太郎、中山優らが組織していた半学術的団体であった。これが、松井石根の提言もあり、単なる学術的存在から実行運動の団体にまで発展的に拡大強化の運びとなり、改組・改称されることとなったのである。[22]これを「大亜細亜協会」という名称にしたのは、鈴木貞一（当時陸軍中佐）の提案によるもので、鈴木は「今後われわれが展開すべき亜細亜運動は、どうしても日本と中国が二本の柱になるわけであるから、中国革命の父孫文が提唱した大亜細亜主義にのっとり、大亜細亜協会と命名すべきである。そうすれば、中国国民も共鳴してくれるであろう」と説いて、一同の賛同を得たものであった(23)。大亜細亜協会は、一九三八年一二月に興亜院が設立されるとこれに統合されるが、同会の機関誌であった『大亜細亜主義』は四二年四月まで出版された。以下、本節においては、同誌創刊直後の主張から日本型アジア主義の新たな動向について見ていくことにする。

『大亜細亜主義』創刊号に掲載された「大亜細亜協会創立趣意」には、次のように記されている。

惟ふに、亜細亜は、文化的にも、政治的にも、経済的にも、地理的にも、はた、人種的にも明らかに一個の運命共同体である。亜細亜諸民族の真の平和と福祉と発展とは、一体としての亜細亜の自覚とその有機的結合の上にのみ可能である。亜細亜に国するもの相互の反目と抗争とは外来の干渉に対して好箇の機会を供するものであり、現に亜細亜の上に加へられつゝある重圧を自ら加重する所以に外ならぬ。而して亜細亜諸国相互の抗争の機会を杜遏し、外来の干渉と離間とを排絶するためには、現在分散乱離の状態に在る亜細亜諸民族をして一個の連合体にまで組織し統整するの努力が絶対に必要である(24)。

こうした運命共同体としてのアジアの再建と新たな秩序を創り上げるに当たって、その重責を担うのは日本以外にはあり得ない。そもそも日本はかつてロシアとの戦争に勝利し、アジアの運命を救い、有色人種台頭の気運を醸成し得た実績を持っている。そして今また、満洲事変を契機として人類史は新たな転換点に臨んでいる。かくて、「皇国日本はよろしく日露戦争の世界史的意義を拡充しその一切の文化力、政治力、経済力、組織力を傾倒して、亜細亜の再建と統一に向って進一歩を画すべき時である」[25]とされるのである。そして、地域的、文化的もしくは人種的類縁の上に諸国民が政治・経済的連合を図ることは自然の流れであることからして、将来の世界は汎大陸ないし汎民族的諸集団の対立と協力の交錯によって運営されるものと考えられたのである[26]。

大亜細亜協会が構想するアジア連盟は、多分に国際連盟を意識したものであり、その主張には前述したアジア・モンロー主義とかなり重なり合う部分がある。例えば、松井石根は次のように述べる。「国際連盟は連盟規約といふ欧米の白晳人種の体格に合ふ様に作った一着の洋服」のようなものであり、アジア人には適合しない部分が多い。「亜細亜人には亜細亜人特有の体格があり、心性があり、習慣がある」ため、それに見合った衣服を作る必要がある。これが「亜細亜連盟の必要ある所以である」[27]。具体的にいえば、国際連盟はヨーロッパを基準とした組織であるので、それ以外の地域の問題を解決する能力を持っていないのが実情である。満洲事変をめぐる日中間のトラブルがそのことを如実に表している。そのため、アジアの諸国は連盟加入によって失うところこそあれ得るものは何もない。むしろ、アジアの問題はアジア人の手で解決すればよいのであって、「亜細亜問題中世界的解決を要するものに就いてのみ世界的機関の議に附すれば足りる」とされた[28]。これは日本が国際連盟を脱退した後の言説であるが、ここからは連盟との対決の姿勢よりも、むしろそれと相互補完的な関係に立とうとする姿勢が窺える。

このことに関して、松井は次のような興味深い言葉を残している。すなわち、彼によれば、「亜細亜をして亜細亜に帰らしむる為の道」には二つあるが、そのうち一つは欧米勢力への対抗意識によるアジアの結束であり、今一つは国際協調をこれまで以上に有力に進めるべく、欧米との協力に向けてのアジア勢力を創出することである。そして、これまでは前者が主流であったが、これからは後者の方向に進むべきであるとしているのである。それは、弱国がいかに多く結束しようとも強国に拮抗し得る勢力とはなり得ないように、アジアにおいて欧米制覇の鉄鎖の下に呻吟し、独立も達成し得ない各国を糾合したところで欧米勢力を圧倒することはできないばかりか、却って盟主たる日本の負担が増すだけだと考えられたからである。[29] 以上の言説からして、この時点での大亜細亜協会には、国際連盟や欧米列強と積極的に対決していこうとする姿勢は弱かったと判断される。

しかし、アジア連盟の形成は、現状においては決して容易なものとは考えられていなかった。松井は大アジアへの道が「荊棘の路」であって、障碍と困難さに満ちているとさえ述べているのである。彼によれば、その障碍の最たるものは中国の亡状、すなわち「混沌乱離、背戻無慚を極める現状であり、主としてこれに災ひされつゝある日支関係の現状である」[30] とされる。このような状態にあっては、アジア連盟の実現などは望むべくもない。顧みて、満洲国建国がアジア連盟実現の第一歩であったとすれば、今後の第二歩は「支那を今日の亡状より救拯する」ことでなければならない。それでは、その「支那亡状」の原因は何かといえば、それは「支那の政治家、職として国民政府と称する現代支那の少数簒奪者」の存在にある。すなわち、中国国民党の現構成が存続し、現在の国民政府が中国の政権にある限り、中国の更正は望むべくもないのであって、「支那の更正は、中国国民政府の現指導勢力、その形式的表現たる国民政府なるものゝ清算に始まる。従って、支那の救拯は、支那の志士仁人による国民政府打倒の努力に対して、先づ思想的に、要すれば実力的にも協力し工作することに始まる」[31] とされる。ここからすれば、彼らは中国の政界への積極的な関与も視野に入れていたといえよう。

さらに松井の説くところでは、国民党の罪は三民主義の根底にその端緒を見出すことができるものである。すなわち、民権主義は英米流のデモクラシーに通じ、民生主義は社会主義と同義であってマルクス主義に通じるものである。また、孫文が最も力点を置いた民族主義は痩せ衰えている状態にあるとされる。[32]「痩せ衰えている」とはいかなる意味においてか。これについて松井は述べていないのであるが、当時の歴史的文脈から判断すれば、それは中国の民族主義における反日的傾向の増大であると考えられる。こうしたことから松井は、現在「最も力を致すべきは三民主義の王道化であり、中国国民党の指導精神の再建でなければならぬ」とする。こうした方向こそ、孫文の基本精神に最も忠実な道であると考えられたのである。「要するに、支那救拯の大業は、国民党現政権の清算、三民主義の醇化、王道的亜細亜主義の復活に関する支那の志士仁人の努力に、我が日本が温き協力と支援の手を差し伸ぶることより始めなければならぬ(33)」とされるのである。

松井と同様に、中谷武世も国民党と三民主義に対して厳しい口調で批判している。中谷によれば、日中の国家間および国民間の関係は必ずしも悪化しておらず、それを妨害しているのは「中国国民党及び国民政府と称する一団の石塊」であるとされる。そのため、「日満支の合作を強化する為には、国民政府及び国民党の打倒を以て先決要件とする。大亜細亜主義実現の為には、支那及び亜細亜の裏切り者、国民政府の存在を先づ清算せねばならない(34)」のである。なぜ、国民政府がアジアの裏切り者なのか。それは、国民政府が「右手を以て英米の勢力を誘いてその国際管理の野望を開放し、左手を以て赤露をさし招きて東亜を赤化の危険に曝露しつゝある(35)」という理由によるものである。

中国の親英米化および赤化の原因が、国民党の思想的基盤たる三民主義にあるとする点でも中谷は同様の立場を示している。彼の説くところでは、「民族主義を基調とし、民族主義に包摂せらるべき下位概念たる、若くは単なる政策原理たる民権主義と民生主義とを、基礎原理たる民族主義そのものと同列に置きて強ひて之を接合したるところに、三民主義の本来的矛盾と無理とが在って存する(36)」のである。現在の中国に必要なことは、「思想の三元主義を清算して之を一貫徹底せる民族主義の一元に還元すること」であり、「民族主義の一元への還元は、やがて当然に支那の民族思想乃至民族文化の源流たる王道への還元でなければならぬ(37)」とされる。中谷の考えでは、民族主義一元化による、王道的理想の復活と王道国家の建設が大アジア主義実現の前提であったのである。なお、ここでいう「民族主義一元化」とは、反日の要素となるものを取り除き、将来のアジア連盟結成に向けて日本と提携する方向の選択に向けてのものであることは言を俟たない。

さて当時は、松井と中谷という大亜細亜協会の主要メンバーをはじめ、多くの論者たちが中国での王道政治の実現を求める発言をしていた。しかし、彼らはその王道の何たるかについてはほとんど説明しておらず、この言葉は極めて曖昧な使われ方をしている。あるいは、理念的には、それは現存する対立を止揚した高次での日中間の民族的結合と考えられたのかもしれない。しかし、現実の政治においては、それは中国に反日から対日協力政策へと転じることを求めることに他ならなかったと断言してよいだろう。

しかるに、以上のように中国には王道政治が求められるにもかかわらず、それは東アジア共通の思想的基盤と考えられていたわけではなかった。むしろ日本の側は、王道とは似て非なるイデオロギーである「皇道」をもって欧米列強の精神に対置させていた。そのことは、中谷が皇道意識をもって大アジア主義の基調とし、大アジア主義を皇道宣布および八紘一宇の道義経綸の内包であると述べていたこと[38]、さらには宇治田直義が大アジア主義を律するものとして、「日本に於いては皇道であり、満洲および中国では王道でなければならぬ[39]」と述べていることからも明らかである。盟主である日本は皇道をもってアジアを導き、盟邦たるべき中国は王道によってこれに協力するという関係がそこに存在したのである。

このように見てくると、彼らの大アジア主義実現の過程においては、「皇国」日本の果たす役割が極めて大きかったことは容易に理解される。そのことは、皇道主義哲学者として知られる鹿子木員信の著作に端的に現れている。そこでは、日本がアジアに秩序を与える資格と義務とを持っていることが強調されている。すなわち、鹿子木によれば皇国《すめらみくに》とは「すめらみこと」の治める国を意味するが、「すめらみこと」とは「すぶるみこと」を、そして「すぶるみこと」とは「全てを一つにまとめるみこと」を意味するものである。「従って皇国とは実に、雑多の統一者、——即ち天皇——に依る全体的国家、一致団結統一結束国家の謂に外ならぬ。［中略］従って、若しこれを概念的に曰へば、皇国とは実に永遠の原則に基く徹底的秩序国家の謂に外ならぬ[40]」のである。このような性格を備えた日本こそ、「混沌の故に没落死滅の巌頭に彷徨しつつ在る亜細亜の世界」に秩序をもたらす存在であると見なされたのである[41]。ここから、大亜細亜協会のアジア主義の中核をなすものが皇道主義——皇国精神であったことが明瞭に理解されるのである。

以上において、満洲事変後の日本型アジア主義の一例として、大亜細亜協会の初期の主張を簡単に見てきた。それは、日中提携によるアジア連盟の結成を掲げるものであったが、その実現に向けては中国が反日の根拠となる三民主義を解体し、親日化を意味する王道主義への転換を果たすことが前提とされていた。それは満洲事変以後の状況の中で、表面的には欧米との対決姿勢を控えつつも、中国に対しては一層の攻撃的姿勢を強めたものであった。彼らの主張は中国の現政権の崩壊を前提とするものであって、それは中国ナショナリズムの著しい軽視と主観的願望によって支えられたものであったといわなければならない。そして、そうした姿勢を根拠づけたものが天皇主義を奉じる皇国精神であった。こうした皇国精神の存在こそ、玄洋社以来の日本型アジア主義を特徴づけるものであったといえるであろう。

第三節　中国アジア主義の民族主義化

一九三〇年代に入ると、中国では日本を批判しつつ孫文の唱えたアジア主義を三民主義の中で定位しようとする試みが生じた。その先駆けともいうべきものが、一九三〇年一月の『新東方』、そして一〇月における『新亜細亜』という二種類の雑誌の創刊であった[42]。

『新東方』は創刊号の巻頭に孫文の「大アジア主義」講演を掲げているが、このことは同誌がアジアの連帯を根底に据えていたことを推察させる。また、同号に掲載された「本刊の使命」という記事では、欧米列強によって植民地・半植民地として虐げられているアジアを救済すべく、東方問題を研究する必要性が説かれていた。著者は、「現在の東方民族は、日本を除いて、抑圧され搾取される境地に陥っていないものはない。しかし、環境に迫られて、東方民族は遅かれ早かれ変わることになる。いずれにせよ、新たな東方というものが生れることになる。未来の新たな東方は、必ずや解放されて、世界の各民族と肩を並べた存在となる(43)」と述べている。

しかし、新たな東方が誕生する過程では、日本は打倒すべき対象として位置づけられていた。同号に掲載された「東方革命の意義」には以下のように記されている。「東方の弱小民族を抑圧する西洋の帝国主義は、固より打倒されなければならないが、西洋の帝国主義と手を結んで、東方の弱小民族を抑圧する東方帝国主義もまた打倒されなければならない。東方の被抑圧階級も世界大同のために――同時にやはり自らの解放問題として、この種の運動を援助すべきである(44)」。彼らにとって、日本は「東方帝国主義」に他ならず、弱小民族が連帯すべき相手ではなかったのである。しかし、彼らの言説の中には日本のアジア主義に対する批判は見られない。むしろ、そうした傾向はもう一方の雑誌『新亜細亜』において顕著であった。

『新亜細亜』は三民主義理論を研究・宣揚し、中国の辺境問題とアジア民族、すなわち東方の民族問題を議論することを趣旨としていた(45)。「アジアの将来―創刊宣言―」では冒頭で孫文を称えて次のように述べる。「総理は中国の救世主であり、同時にアジアの救世主でもある。総理が誕生した後、中国には生命が吹き込まれ、アジア民族も徐々に目覚め始め、世界の情勢も様相を変えたのである(46)」。欧米列強の抑圧下にあるアジアを救うことができるのは、国民党の最高原則である三民主義に他ならない。「三民主義は中国を救う主義であり、またアジアを救う主義でもあり、世界の全ての被抑圧民族を救う主義でもある(47)」。そのためには、すべてのアジアの民族が三民主義の下に団結し、三民主義の原則の下に新たな生命を創造することが必要であるとされる。そして著者によれば、三民主義とは民族間に応用されて、「民族の地位の平等を求めるものであり、民族の国権の平等を求めるものであり、民族の生計の平等を求めるものである」(48)とされる。ここに、三民主義は国際的には民族主義の下に一元的に集約されたということができる。そして、これこそが孫文の大アジア主義であったとされるのである。そのことは以下のように述べられている。

総理は常に大アジア主義を論じていた。だが、大アジア主義とは一種の単独の主義なのかといえば、そうではない。アジア主義は決して単独の主義ではない。総理が論じた大アジア主義とは、三民主義を民族国際の方面に応用したものであって、あたかもそれは総理の「三民主義は救国主義である」とする主張のようなものである。すなわち、三民主義の原則を救国主義に適用したようなものである。それ故、三民主義こそが単独の主義であって、大アジア主義は三民主義を応用した説明に過ぎないのである。大アジア主義を論じる人は非常に多く、東方においてすでに強盛な地位を得た国家も、大アジア主義を標榜してそのアジア統一の迷夢を実現しようとしている。さらには、多くの武人や政客が、帝国主義に媚びへつらうために大アジア主義を鼓吹している。総理は、一般の人が邪説に囚われているからといって、この「大アジア主義」という言葉を忌避しようとはしなかった。総理は確固たる三民主義の立場に立っていたので、総理が論じたのは三民主義的な大アジア主義であったのである。［中略］総理が三民主義を発明したのは、三民主義によって中国を救おうとしたからである。それ故、三民主義は救国主義だといえる。また、三民主義によってアジアを救おうとしたのであるから、三民主義は大アジア主義に他ならないということができる。中国人は中国復興の観点から、三民主義を堅固に信奉しなければならないが、アジア民族もアジアの有色人種復興の観点から、堅く三民主義を信奉しなければならないのである。(49)

引用部分における「東方においてすでに強盛な地位を得た国家」が日本を指していることはいうまでもなく、ここに日本の大アジア主義に対抗する意志が明確に窺えるのである。また、同誌におけるある論者によれば、孫文の大アジア主義とは民族主義を実行して世界主義に到達するための、一つの「中堅《ママ》過程」だとされる。民族主義は対外的には世界の弱小民族の解放を援助することであるが、世界の弱小民族の多くはアジアに集まっているのが現状である。そのため、世界の弱小民族を援助しようとするなら、まず広汎なアジア民族から始めなければならない。「すなわち、まず連合し団結し、一致して欧米の強大な民族、そしてアジアに存在する専横な民族——日本に抵抗すれば、他地域の弱小民族も自覚して反抗するようになり、そうなればすべての弱小民族の解放と、帝国主義者の崩壊とはまさに予想通りとなるのである(50)」。ここで孫文の大アジア主義は、アジアの範囲を超えて世界の変革の一環に組み込まれたということができる。

さて、上記二種類の刊行物は、満洲事変発生以前のものであり、著作の内容には日本に対する反感は見られるものの、民族的危機意識はさほど強く感じられない。しかし、一九三一年九月を過ぎると様相は一変することになる。ここでは、その事例として胡漢民の言説を取り上げていくことにする。同年三月より、蔣介石によって監禁状態にあった胡漢民は、満洲事変を機に釈放されたが、南京には合流することなく、その後は香港に在って「抗日・討蔣・反共」をスローガンとする政治活動を展開していた。そして、三二年には鄒魯と共に新国民党を結成し、翌年一月には広州で『三民主義月刊』を創刊し、ここを自らの政治主張の拠点としていた。彼はここに数編のアジア主義に関する論説を発表している。

一九三三年に書かれた「大アジア主義と国際技術協力」において、胡漢民は一九二四年一一月の孫文の講演について言及しているが、彼によれば、孫文の講演の目的はヨーロッパの覇権民族によるアジア民族に対する圧迫を打破し、アジア民族固有の地位を回復することであり、その方法はアジア固有の王道文化を基礎として、各地域の民族と連合してアジア民族の共同の利益のために奮闘することであるとされる。[51] こうした見方は、孫文の講演の主旨に沿ったものであり、これまでの研究でも一般的な解釈であると評価されている。[52] しかし、一九三〇年代の課題に直面する胡漢民の意図するところは、それを二四年当時のままに解釈し提示することではなかった。彼はむしろ、孫文の大アジア主義を三民主義、とりわけ民族主義と連結させようと試みているのである。この点で、彼は前述した『新亜細亜』と同一の方向性にあった。

胡漢民によれば、孫文の大アジア主義の思想は一貫した革命理論と時代の客観的要求に基礎を置いたものである。その革命理論とは三民主義に他ならず、それは「天下を公と為す」と「世界大同」を理想とするものであって、大アジア主義はこの目的に到達し、さらにはその理想の内容を充実させるための第一歩であるとされた。[53] それは、以下の順序を追って実現されるものである。すなわち、(一) 家族の団結から宗族の団結に至る、(二) 宗族の団結から民族の団結に至る (民族主義による民族の独立)、(三) 中国民族の団結からアジア民族の団結に至る (大アジア主義)、(四) アジア民族の団結から世界各民族間の平等と友好を完成させる (世界主義の世界大同)、である。[54] ここでは、大アジア主義が民族主義と大同を繋ぐものとして位置づけられていることが理解されるのであるが、大アジア主義は民族主義と連動するものであって、相互に独立した関係にあるものではなかった。彼は次のように述べる。

もし単に大アジア主義だけを論じて民族主義を疎かにするなら、そのような大アジア主義は決して孫文の主張した主義ではない。孫文はなぜ大アジア主義を論じたのか。それは民族主義を実行するためである。大アジア主義は民族主義と世界主義を繋ぐ鎖なのであり、もう少しはっきりいえば、民族主義から世界主義へと至るための架け橋なのである。そのため、アジア主義を論じるなら、一方では民族主義を完成させ、他方では世界主義を促進する必要があるが、［どちらかといえば］民族主義の完成の方が優先されるのである。民族主義を完成させ、あらゆる帝国主義の侵略に抵抗する中で、帝国主義がアジア民族に加えている束縛を解き放つのである。(55)

かつては、孫文によって中国革命の完成に向けての国際戦略として案出された大アジア主義が、ここでは内容を全く変えて抗日戦争の論理として提示されていることは一見して明らかである。このような立場に立てば、当面の敵である日本はもちろん、抗日を前面に押し出さない南京政府も批判の対象となる。胡漢民によれば、孫文の「大アジア主義」講演の意図は、日本国民に忠告を与えることによって、慚愧の念と自覚心を引き起こさせることにあった。そして、そこから中国民族の独立を完成させ、大アジア主義の根本的な主張を実現させようと望んだのである。しかし、日本は西洋覇道の犬となり、東洋王道の干城になろうとはしなかった。他方、南京政府は西洋覇道の犬の掌中の餌食となり、東洋王道のために奮闘するという責任を果たしておらず、その行為は断じて大アジア主義と相容れるものではないとされるのである。(56)

胡漢民によれば、日本の大アジア主義は元来「大・大和民族主義」に過ぎないものであったが、これが転じて「アジア・モンロー主義」となったとされる。そのことは、一九三四年四月の「天羽声明」に現れており、これは日本帝国主義による中国独占を企図する内容を持つものであった。日本がアジア・モンロー主義を唱えるようになった理由は、アジアでの近代文化の先進者をもって任じたことから尊大になり、指導者の地位にあることを当然だと考えるようになったことに加え、国土狭小と人口稠密の故に経済的生き残りのためには欧米諸国をアジアから放逐する必要があるためであると見なされた。そしてこれは、アメリカのモンロー主義とは質的に異なっており、その本質は皇室を中心とした「全アジア統制主義」であるとされたのである。(57)

他方において、前述したように、胡漢民は南京政府の対日政策を投降主義として批判していた。特に、汪精衛は孫文の大アジア主義を正しく理解しておらず、その姿勢は対日拝跪政策であるとして厳しく批判されていた。しかし、孫文の大アジア主義の要点の一つに、日中提携による中国革命の遂行という計略があったことも事実である。だが、胡漢民は日中提携には原則的には賛成すると述べながら、その実現のためには、「必ず総理孫中山先生の遺教に基き、世界に於ける平等を以て我を待遇する民族と共同奮闘すべきでなければならぬ。今日中日提携を云々したところで、両国間の過去には提携し能はざる種々の原因が存在してゐるのであるから、この根源を除かなければ正当なる提携は実現されるものではない(58)」と、否定的な姿勢を見せている。日本の中国侵略が続く限り、日中提携は不可能であり、抗日民族主義をもって相対すべきだと考えられたのである。

ところで、以上のような立場を取る胡漢民に対して、日本のアジア主義者が接触を図った事実がある。すなわち、大亜細亜協会の主要メンバーの一人であった松井石根は、一九三六年二月から三月にかけて、国民党西南派工作を目的として華中・華南を旅行した際、蔣介石に反対する多くの政治家・軍人・実業家に対して、大アジア主義を掲げ、華北との連携による反蔣運動の推進や、抗日運動の中止などを働き掛けていたのである(59)。松井は二月二一日に胡漢民と会談を行い、当日の日記に次のように記していた。

朝九時、胡漢民を訪ふ。昨夜王紀文来訪、両広結束は堅く、対蔣の必要と南北の提携を説く事切なりしが、胡の意見亦大体同様なり、要は日本に対する小細工を止めて防共の為めに対蔣政策に出づる事を推奨するにあり。尚我等の大亜細亜主義に就ては彼等孫文時代より彼等自らの大亜細亜主義ありとて之を説明するに、大体吾等の意見に違はず。又近く之を発表すると共に、今後日本の対南京政府会議には反対する旨の声明を発すべき旨語れり(60)。

ここで松井は、胡漢民の説明を「大体吾等の意見に違はず」と評している。それでは、その「説明」とはいかなるものであったのか、そもそも抗日を説く胡漢民の立場は、松井と相容れるものであったのか疑問な点が多いといわなければならない。胡漢民によれば、彼らは一九二七年にも南京で会談したことがあり、その時の松井は「中日両国は必ず孫文先生の遺教に基づいて、大アジア主義を実行し、それによって極東の平和を守り、中日の共存共栄を図らなければならない」[61]と述べたとされ、胡漢民はこの発言を好意的に評価している。しかし、三六年時点で胡漢民は必ずしも当時の日本のアジア主義に賛同したわけではなかった。むしろ彼は、孫文の大アジア主義が日本のアジア・モンロー主義とは大きく異なるものであることを力説していたし、さらには当時の日本の対中国政策を厳しく批判しつつ、中国での抗日民族主義の高まりを積極的に評価する発言をしていたのである。そして彼は、次のように述べている。「私は一方ではアジア主義者であると同時に、一方では抗日を主張する者でもある。[中略]私の抗日の主張は、まさに身をもってアジア主義を実行している所以であって、孫文先生の意志を継承したものなのである」[62]。こうしたことからすれば、彼ら二人は孫文の評価では一致を見た可能性はあるにしても、抗日民族主義に基づくアジア主義の面では一致したと考える余地は皆無であるといわなければならず、一致したとするのは、松井による一方的な思い込みでしかなかったと考えられるのである。

以上において、一九三〇年代中国のアジア主義の新たな動向を見てきた。民族的危機の高まりの中で、中国のアジア主義は民族主義と連結されることによって、抗日の思想として読み替えられるに至った。それは、政治的環境の変化に基づいた、孫文思想の創造的な発展であったということができる。ただ惜しむらくは、三六年五月の胡漢民の死によって、抗日的アジア主義はさらなる展開を見せる機会を失ったのである。

本章では、一九三〇年代における日本と中国のアジア主義の動向について検討を加えてきた。ここで明らかにされたことは以下の諸点である。

一九三一年の満洲事変を契機として、日本の論壇ではアジア・モンロー主義の議論が再燃した。しかし、それは名称を同じくするものの、一九一〇年代における主張とは質を異にするものであった。すなわち、かつてのアジア・モンロー主義は欧米列強のアジアへの進出と対決する姿勢が濃厚であったが、この時期になるとそうした傾向は薄れ、むしろ満洲事変以後の日本の既得権益を保護すべく、列強の介入を排するという姿勢が前面に押し出されるようになった。したがって、そこではアジアとの連帯を求めようとする要素は希薄となり、植民地解放の議論もほとんどなされることはなくなったのである。

一九三〇年代に入ると、日本のアジア主義者には中国問題により積極的に関わっていこうとする傾向が見られた。その事例として、本章では大亜細亜協会の初期の言説を取り上げた。彼らは国際連盟を強く意識した上で、日中の提携を軸としたアジア連盟の結成を提唱していた。しかし、その実現のためには国民政府の解消が前提とされていた。彼らの考えからすれば、蔣介石に率いられた国民党・国民政府は中国を混乱に陥れた元凶であり、アジア連盟の実現を困難とする要因であったからである。そして、その思想的根拠である三民主義も日本との提携を妨げるものとして批判の対象となった。中国にとって望ましいことは、反日政策を放棄して対日協力に転じることであり、これこそ王道政治に繫がるものと考えられていた。かくして、一九三〇年代に入ってからの日本のアジア主義は、日本の中国侵略を全面的に支える思想と化していたのである。

以上のような日本での傾向とは対照的に、中国では孫文の大アジア主義を三民主義、とりわけ民族主義との関連で再解釈しようとする新たな傾向が現れた。満洲事変以前からすでにそうした論調は現れていたが、事変勃発後においては、胡漢民が抗日民族主義を大アジア主義と連結させ、これをもって日本批判の理論的武器としたのである。しかし、それが孫文の思想を正確に解釈したものであったかどうかは別問題である。孫文の大アジア主義は一九二〇年代半ばの時代状況において、中国革命実現に向けての日中提携論を基底に据えたものであったからである。孫文の思想を抗日の文脈で捉えることは、胡漢民の独創的解釈であったといわなければならない。そのように解釈することは、当時の日本型アジア主義に対抗する有効な手段となり得る可能性を秘めるものであったことは確かであろう。しかし、中国ではこの後、彼の解釈を継承する者は現れることはなく、むしろ盧溝橋事変を経て日中戦争の長期化の中で、対日和平を主張する汪精衛によってこれと正反対の解釈がなされていくことになる。かくして、孫文の大アジア主義の解釈は、日中間のみならず中国においても分岐が生じていくことになるのである。

(1) 平石直昭「近代日本の国際秩序観と『アジア主義』」、東京大学社会科学研究所編『構想と形成 二〇世紀システム一』、東京大学出版会、一九九八年、一九七頁。
(2) 与良松三郎「東洋モンロウ主義を高唱す」(一九三二年一月一日)、江口圭一『日本帝国主義史研究』、青木書店、一九九八年、一八九頁より再引用。
(3) 柳沢慎之助「極東モンロー主義を宣言せよ」、『外交時報』第六五二号、一九三二年二月、一五七~一五八頁。
(4) 同右、一五九頁。
(5) 竹内泰「日本モンロー主義の必然性」、『外交時報』第六七一号、一九三二年一一月、五七頁。
(6) 同右、五八頁。
(7) 高木友三郎『東亜モンロー主義への驀進』、千倉書房、一九三二年、五八~五九頁。
(8) 同右、六一~六二頁。

（9）リヒャルド・クーデンホーフ「日本のモンロー主義」、『国際知識』一九三二年一月、五三頁。
（10）同右、五四頁。
（11）同右、五八頁。
（12）柳沢「極東モンロー主義を宣言せよ」、二五九頁。
（13）高木『東亜モンロー主義への驀進』、四三頁。
（14）神川彦松「満洲問題と亜細亜モンロー主義」、『大倉高等商業学校東亜事情研究』第一三巻、一九三三年、七〇頁。
（15）神川彦松「東亜モンロー主義と大亜細亜主義」、『朝鮮社会事業』第一二巻第九号、一九三四年九月、三一頁。
（16）同右、四一～四二頁。
（17）末広重雄「極東モンロー主義と日本」、『外交時報』第七三八号、一九三五年九月、七頁。
（18）同右、一五頁。
（19）横田喜三郎「アジア・モンロー主義批判」、『中央公論』一九三三年七月、九六～九九頁。
（20）同右、一〇一頁。
（21）同右、一〇四頁。
（22）中谷武世『昭和動乱期の回想　中谷武世回顧録』、泰流社、一九八九年、三四八、三五一頁。
（23）清水董三「孫文の思想と人格」（一）、『民族と政治』一九五五年一二月、七九頁。
（24）「大亜細亜協会創立趣意」、『大亜細亜主義』創刊号、一九三三年五月、二～三頁。
（25）同右、三頁。
（26）同右、四頁。
（27）松井石根『亜細亜連盟論』、大亜細亜協会、一九三三年、二～三頁。
（28）同右、五～六頁。

(29) 同右、七頁。
(30) 松井石根「支那を救ふの途」、『大亜細亜主義』創刊号、六頁。
(31) 同右、八頁、
(32) 同右、九頁。
(33) 同右、一〇頁。
(34) 中谷武世『大亜細亜主義と日支関係』、大亜細亜協会、一九三三年、三頁。
(35) 同右、一一~一二頁。
(36) 同右、一二~一三頁。
(37) 同右、一四頁。
(38) 中谷武世「大亜細亜主義の本質」、『大亜細亜主義』一九三四年一月、三二頁。
(39) 宇治田直義「大亜細亜主義に対する支那人の誤解」、『大亜細亜主義』一九三三年七月、三八頁。
(40) 鹿子木員信『皇国と亜細亜』、大亜細亜協会、一九三三年、一〇頁。
(41) 同右、一一頁。
(42) これらの雑誌についてはすでに川島真による紹介と分析がある。川島真「近代中国のアジア観と日本―『伝統的』対外関係との関連で―」、高原明生ほか編『現代アジア研究　越境』、慶應義塾大学出版会、二〇〇八年。
(43) 「本刊使命」、『新東方』創刊号、一九三〇年一月、一四頁。
(44) 安定「東方革命之意義」、『新東方』、創刊号、二九頁。
(45) 王檜林・朱漢国編『中国報刊辞典(一八一五―一九四九)』、書海出版社、太原、一九九二年、一九二頁。
(46) 「亜細亜之将来―創刊宣言―」、『新亜細亜』第一巻第一期、一九三〇年一〇月一日、九頁。
(47) 同右、一二頁。

(48) 同右。
(49) 同右、一二～一三頁。
(50) 克興額「民族主義与大亜洲主義及世界主義」、『新亜細亜』第一巻第二期、一九三〇年二月、五六頁。
(51) 胡漢民「大亜細亜主義与国際技術合作」、『極東問題与大亜細亜主義』、広州民智書局、一九三五年、四頁。初出『三民主義月刊』第二巻第四期。
(52) 例えば、藤井昇三「孫文の『大アジア主義』講演と日本」(『海外事情』第二六巻第八号、一九七八年八月)、伊東昭雄「『大アジア主義』と『三民主義』―汪精衛傀儡政権下の諸問題について―」(『横浜市立大学論叢　人文科学系列』第四〇巻第一号、一九八九年三月)などを参照。
(53) 胡漢民「再論大亜細亜主義」、『極東問題与大亜細亜主義』、二八～二九頁。初出『三民主義月刊』第四巻第三期。
(54) 同右、二九～三〇頁。
(55) 同右、三〇～三一頁。
(56) 同右、三七頁。
(57) 同右、三九頁。
(58) 胡漢民「われ等の大亜細亜主義」、『日本評論』一九三六年五月号、一七二頁。
(59) 松浦正孝『「大東亜戦争」はなぜ起きたのか―汎アジア主義の政治経済史―』、名古屋大学出版会、二〇一〇年、五八一頁。
(60) 松井石根「西南游記」、田中正明『松井石根大将の陣中日記』、芙蓉書房、一九八五年、二二七頁。
(61) 胡漢民「大亜細亜主義与抗日」(一九三六年二月二一日)、中国国民党中央委員会党史委員会編『胡漢民先生文集』第二冊、中央文物供応社、台北、一九七八年、五三八頁。
(62) 同右、五四一頁。

第八章　東亜新秩序の思想

本章では主として、東亜新秩序の思想として展開された東亜協同体論の様態と特徴、そしてそれに対する中国からの反応を考察するものである。東亜協同体論とは、これをあらかじめ要約していえば、一九三〇年代末期から長期化する日中戦争の中にあって、日本・満洲国・中国という東アジアの地域において、民族と国家を超越する協同体の建設を主張した一連の思想体系である。

従来、東アジアを指す名称としては、「東洋」や「極東」という語が一般的であったが、一九三三年夏頃から外務省は「東亜」という語を使い始める。その背景には、西洋中心の世界観に対する強い反発の意識があった。しかも、それは、単なる地域的な概念としてあったのではなく、当初よりそこには強い政治性が込められていた。子安宣邦によれば、それは一九三七年における日中戦争の勃発と中国大陸内部への戦争の拡大、さらには一九四一年の太平洋戦争開始後には南方への戦線の拡大と共に構成されていく概念である。すなわち、この概念は日本の近代以降に展開されてきたアジア主義の諸言説の帰結としてあったのではなく、むしろ日本の中国およびアジアにおける戦争の遂行が既成の諸イデオロギーを呼び集めながら構成されたものであった(1)。こうした考えに基づくならば、この時期の「東亜」とは、日本がアジアへの戦争に向かい、それを拡大させていく場であると同時に、それを支えるイデオロギーを反映した名称であったのである。

しかし、東亜新秩序自体についていえば、それは明治期以降それまで主として民間の中に生き続けてきた思想としてのアジア主義が、初めて時の政府によって取り上げられ、政策化されたものと見なすことができる(2)。そうだとすれば、その言説として展開された東亜協同体論はアジア主義の潮流の中の一系列として位置づけられることになる。もちろん、そこでの議論は戦時下におけるものであるがゆえに、日本による中国侵略を否定する契機が乏しいことはあらかじめ想定されるところである。しかしそれは、当時の多くの知識人たちにとっては、アジアと日本をめぐる理論構築の初めての経験であり、思想的に不毛の時期における唯一の思想的創造の試みとさえいえるものである(3)。果たして、彼らは戦争という特殊な政治環境の下で、いかなる形で東アジアの統合を実現しようとしたのであろうか。また、中国のナショナリズムはどのように評価されたのか。こうした点を明らかにすることによって、東亜協同体論と過去のアジア主義との持続・断絶が見えてくることになるであろう。

以下、本章においては東亜新秩序構想が提示される経緯について概観した上で、東亜協同体論の代表的論者の著作を手掛かりとしてその諸形態を検討していく。このことによって、東亜協同体論の名の下に多様な議論が展開されていたことが確認されるであろう。最後には、中国からの反応を取り上げ、日本と中国の間の連帯の距離について確認することとしたい。

第一節　近衛声明と東亜新秩序

一九三七年七月、盧溝橋事件が勃発した。当初、近衛内閣は戦争を拡大しない方針であったが、事態を抑えきれないまま日本と中国は全面戦争に入っていく。日本軍は七月下旬の北京占領直後から中国に和平交渉を呼び掛けていた。しかし、八月に試みた船津工作は頓挫し、また一一月より開始されたトラウトマン工作も功を奏することなく、事態は膠着状態へと入っていった。

そのような中で、日本では一九三八年一月一一日、「支那事変処理根本方針」が御前会議で承認された。それは、日本は満洲国および中国と提携して東洋平和の枢軸を形成し、これを核心として世界の平和に貢献するとの国是の下に、日中両国は過去の一切の相克を一掃して、その関係を大乗的基礎の上に再建するために必要な手段を講じることを目的とするというものであった。そして、その目的のためには、日本は中国政府がこの際反省翻意し誠意をもって和を求めるのであれば、満洲国の正式承認等の条件の下で交渉するとしていた。そして、中国政府が従わない場合には、「帝国は爾後之を相手とする事変解決に期待を掛けず、新興支那政権の成立を助長し、これと両国国交の調整を協定し、更生新支那の建設に協力す」と述べていたのである(4)。

一九三八年一月一六日に発せられた第一次近衛声明は、上記の方針を公式化したものであった。そこでは次のように述べられていた。「国民政府は帝国の真意を解せず漫りに抗戦を策し、内民人塗炭の苦みを察せず、外東亜全局の和平を顧みる所なし、仍て帝国政府は爾後国民政府を対手とせず、帝国と真に提携するに足る新興支那政権の成立発展を期待し、是と両国国交を調整して更生新支那の建設に協力せんとす(5)」。しかし、この声明が事態解決にとって逆効果であることは容易に推測されるところであった。そして、日本軍が武漢・広東作戦を終えると、近衛内閣は前言を撤回すべく内閣改造を行い、新たに就任した宇垣一成外相の下で新たな戦争終結案を模索し始めることになる。

その結果、日本政府は同年一一月三日、いわゆる第二次近衛声明あるいは「東亜新秩序声明」と称されるものを発表した。そこでは、「帝国の冀求する所は、東亜永遠の安定を確保すべき新秩序の建設に在り」とされ、「この新秩序の建設は日満支三国相携へ、政治、経済、文化等各般に亙り互助連関の関係を樹立するを以て根幹とし、東亜に於ける国際正義の確立、共同防共の達成、新文化の創造、経済結合の実現を期するにあり。是れ実に東亜を安定し、世界の進運に寄与する所以なり(6)」と述べられていた。そして中国に対しては、以下のような形で新秩序への参加を呼びかけた。

帝国が支那に望む所は、この東亜新秩序建設の任務を分担せんことに在り。帝国は支那国民が能く我が真意を理解し、以て帝国の協力に応へむことを期待す。固より国民政府と雖も従来の指導政策を一擲し、その人的構成を改善して更生の実を挙げ、新秩序の建設に来り参するに於いては敢て之を拒否するものにあらず(7)。

この後、「東亜新秩序」という言説は、社会的に広く流通していくことになるが、それは日本の国内外に重くのしかかった閉塞状況を打破する「現状変革の護符的な言語象徴(8)」として、人々の心を惹きつける力があったからである。東亜協同体論が提唱されるのは、このような政治状況を背景としてのことであった。

第二次声明からおよそ五〇日経って発表されたのが、一九三八年一二月二二日の第三次近衛声明であった。これは、日本側との折衝を経てすでに重慶を脱出し、ハノイにあった汪精衛との和平運動への着手と連携する形で打ち出されたものであった。それは、「支那に於ける同憂具眼の士と相携へて東亜新秩序の建設に向って邁進せんとする」との立場から、「日満支三国は東亜新秩序の建設を共同の目的として結合し、相互に善隣友好、共同防共、経済提携の実を挙げんとする」[9]ものであり、ここにいわゆる「近衛三原則」が提示されたのである。当然、汪精衛らはこの声明を高く評価し、中国側もこれに応える行動に出るべきであると主張した。すなわち、汪はその一週間後に「艶電」を発し、上記三原則について「自分は慎重なる考慮の後、国民政府はこれらの基礎の上に速やかに日本政府と誠意ある意見を交換し、以て和平の恢復を期すべきであると思ふ」と述べたのである。[10]しかし、重慶の蔣介石はこうした日本の動きに強い反発を見せることになる。

蔣介石は一二月二六日、第三次近衛声明に対して、「言はばそれは敵人の中国呑滅、東亜独占、延いては世界征服の夢想と陰謀の総告白であって、又我国家民族滅亡に対する一切の計画内容の総暴露である」[11]と強い調子で非難を加えた。また、東亜新秩序建設については次のように述べている。近衛文麿のいう「新生中国」とは、独立国家の中国を消滅させ、その代わりに「奴隷中国」を作り出し、代々日本の支配を受けるということである。すなわち、この新秩序なるものは、中国を奴隷に変えた後、日本および満洲国と緊密に連絡を取ることによって成立するとされるが、その目的は一体何であるか。それは、赤禍防止の名義をもって中国の軍事に干渉し、東洋文明の擁護という名義をもって中国の民族文化を消滅させ、経済障壁の撤去という名義をもって欧米の勢力を排斥して太平洋を独占しようとすることである。さらに、「日満支経済の一元化」とは、経済ブロックの手段によって中国経済の命脈を手中に握ろうとするものである。このような認識から、蔣介石は「東亜新秩序建設」をして「東亜の国際秩序を討ち倒し奴隷の中国を作り、太平洋を独占し世界を分割せんとする企画の総名称である」[12]と断定したのである。国民政府の戦う姿勢は明確であった。

第二節　東亜協同体論の諸相

東亜新秩序の構想は、近衛文麿の一連の声明の中で提示されたのであるが、それは決して具体性を伴ったものではなかった。むしろ、その曖昧さのゆえに、多くの論者はそれを各々の政治的主張あるいは思想的立場に引きつけて解釈した。東亜協同体論はその中の一つであった。論壇における東亜協同体の議論は一九三八年一一月に始まり、四〇年三月頃に至って終息したといわれるが、それは主に近衛の私的政策研究集団である昭和研究会を中心に議論された。以下の各項で見るように、その議論の趣旨は多様である。ただ、それらに共通する点(13)としては、日本主義ないしは皇道主義によるアジア統一という観念性に対しては批判的で、逆にアジア連帯の原理として、アジア諸地域に共通する普遍的な政治的あるいは文化的理念を追求したことである。その理論の基本には、日本精神なるものは歴史を超えたものではなく、常に歴史に限定されながら発展するものであるとの認識があり(14)、論者たちは抽象的に日本精神の高揚を求めることについては警戒的であった。このような立場から、彼らは共産主義やファシズムでもない、新しいアジア的連帯の理論を構築しようとした。そして、それは世界史の新たな段階における世界的原理の創造に連なるものと考えられていたのである。以下においては、それらの論旨を便宜的に四種類に分け、それぞれの特徴について見ていくことにする。

（一）地域主義的協同体論

東亜協同体を地域協同体という観点から捉えたのは蠟山政道である。蠟山は第二次近衛声明の発表に先んじて、『改造』一九三八年一一月号に「東亜協同体の理論」を発表していた。これがきっかけとなって、昭和研究会のメンバーを中心に東亜協同体の議論が活発化することからすれば、彼はこの議論における先駆的な人物ということができる。

蠟山によれば、盧溝橋事件に始まる日中戦争は、東洋の覚醒と東洋の統一という点において世界史的意義を有するものである。「東洋の覚醒は西洋に対して東洋が東洋として世界的に覚醒することを意味している[15]」。すなわち、国際連盟に象徴される普遍主義の下で、これまで排除されてきた「東洋を東洋と認める地域主義」が、今や明確な形で自覚される時になったのである。彼は「地域主義」をもって、「普遍主義」に対置させたのである。しかし、そこで障害となっているのは中国ナショナリズムの現在的な問題と限界である。

そもそも、西欧の思想としてのナショナリズムは、「古代帝国の遺制を分解し、封建制度から脱却せしめた専制的統一国家を生んだものであり、更に進んでそのマーカンティリズムの封建制より資本主義を解放したものであった[16]」。これにより、西欧諸国は分裂から統一へと向かったのである。しかし、一八七〇年代に西欧ナショナリズムは帝国主義的傾向を持つようになった。一九世紀半ばに至って、ナショナリズムは東洋においても受容されたが、日本の場合は様々な好条件もあって「逸早く西欧の帝国主義的拮抗から脱却し得た[17]」。しかし、中国の場合は、二重の意味で誤りを犯していったとされる。それは、第一には、中国が日本と同様に西欧ナショナリズムを思想体系として受容しながら、東洋を東洋と意識することを忘れたことであり、第二には西欧帝国主義の問題点がすでに露呈されているにもかかわらず、国民党は国民革命の中で西欧の援助を得て日本と衝突するに至ったことである[18]。ここから、今の中国に必要とされることは、こうした過ちから脱却することに外ならない。しかし、そのためには、日本の覚醒だけでも中国の覚醒だけでも足りず、東洋という地域と民族の覚醒が必要である。今回の事変の終局の目的は、「ナショナリズムの超克」でなければならないのである[19]。

それでは、ナショナリズムの超克の動力はどこにあるのか。それは、日本がアジア大陸へ発展していった過程に内在しているとされる。すなわち、蠟山によれば「日本の大陸発展に内在してゐる原理は本来西欧的な帝国主義ではなくして、防衛的又は開発の為めの地域主義」なのである[20]。それは、国防上必要な接壌地域を領有または経営することを主たる動機とし、それに基づいて経済開発と人口移植を行うと共に、文化的同化策を行ったのである。それは、満洲国の建国以後の日満関係の発展にも現れている。「それは国防経済とそれに密接に関係する経済開発計画を伴ふ地域的協同経済であって、資本主義が推進力となって行はれる西欧的帝国主義と全く性質を異にするものである。それは植民地経済と見做すべきではなく、一定地域における民族が協同関係に立つ地域的運命協同体と規定する外はないのである[21]」。

このように蠟山によれば、この度の日本の大陸発展は西欧のような帝国主義的なものではなく、地域としての文化的・生活的な運命協同体を目指してのものであった。日本が大陸発展の過程において示した地域的運命協同体の理論は、東洋が東洋として世界史的使命に覚醒し、その東洋の統一を実現すべき指導原理であり、誤ったナショナリズムによって作り出された東洋の悲劇を超克していく思想的武器であると考えられた[22]。そして蠟山は、次のように述べる。

東洋が地域的協同体となる動因は、先づ、その精神と心意にある。その民族の地域的運命の意識から発生するのである。民族の生存を支配する運命が特定地域と結合してゐるといふ意識から生れて来なければならない。東洋民族の生存と復興と向上とがその特定地域における平和と建設とに懸ってゐるといふ生活本能の感知する運命意識から生成して来るのである[23]。

このように、東洋の一体化を可能にするものは、「地域的運命の意識」の共有に他ならないと蠟山は考えたのである。この意識こそ、「一民族一国家」という西欧からの押しつけに対抗し得る精神の原点であった。そして、東亜に作り出される地域的運命協同体の持つ特徴とは、以下のようなものと考えられた。すなわち、第一にそれは「一箇の新体制を有った政治的地域」ではあるが、「征服による領土的帝国主義ではなく、民族の共存協力を可能ならしむる地域的協同体であって、その政治体制は当然に何等かの連合体制であらねばならぬ」ものであった。第二に、それは「各民族文化の異質性を尊重し、その民族的背景を認めつゝ、徐に西洋との対比において、又世界文化への使命を意識しつゝ、それを統一に向けて創造的な発展を遂げねばならない」ものであり、第三には「従来の政治的行政的慣習的疆界を再検討し、新たなる地域的文化的統合体を建設しなければならない」とされた。第四には、「地域協同体の経済体制は一種の共同経済であって、帝国主義経済ではないこと、そして第五に「地域協同体の理論は決してアウタルキーでもブロック制でもなくて、世界体制、従って世界政治経済構成の原理である」とされた。[24]これによって、今後の世界は自然と文化との有機的結合の上に、均衡の取れた数個の世界的地域に分かたれていくと考えられた。

蠟山の論旨の基本にあるのは、ワシントン体制や国際連盟を帝国主義化した欧米列強による普遍主義の押しつけと見なす考え方である。彼は一九二〇年代以降のアジアの状況を、中国・日本・欧米諸国の三角関係と見ているが、[25]それは九カ国条約に起源を持つものであった。しかし、満洲事変の勃発によって、その破綻は明らかとなりつつあると見られた。「東亜協同体の理論」が書かれる前月には、その三角的相克を調整し東亜新秩序を構成すべき原理と方策はまだ示されていないとしていたが、ここに至って彼はそれに替わる新たな枠組みとして、運命的協同体としての地域主義を提示することとなったのである。

それでは、東亜協同体の政治体制は具体的にどのようなものとなるのか。構成国の一つとなる中国は依然として流動化した状況にあるが、東亜協同体が成立するためには、親日政権の存在が大前提となる。しかし、蠟山は現存する複数の親日政権のいずれもが中国を代表する新政府となるとは考えておらず、仮に中央政府が設立されたなら、それは既存政権とその管轄区域をある程度まで認めた連邦組織となるものと考えられた。なぜなら、「連邦組織であることが、今後、［中略］地域的運命の共同を意識して新支那に合流し来る支那の民族分子並びにその地域を合併し統括する上に甚だ便宜[26]」であるからである。

そして、将来の中国は日本と満洲国との連合協同体制を取ることになるが、それは構成国が国体・政体を異にする以上、国家連合以上のものたり得ないことは明らかである。「事実上その連合の指導力は日本が有つとしても、その連合体制そのものが各組成国家の国民に直接執行権を行使し得る執行機関を有つことは不可能である。その連合体制の機関は各国家を通ほして、間接に各国民に権限を及ぼし得るやうにするの外はない[27]」。このように、蠟山は将来の東亜の新体制が、連邦組織と連合組織という二重構造を取るものと考えていたのである。もちろん、こうした蠟山の構想は極めて大まかな素描に過ぎないが、後続の協同体論者の「たたき台[28]」となったことは確かであろう。

（二）文化的協同体論

東亜協同体に歴史哲学の面からアプローチしたのは三木清である[29]。東亜協同体論をめぐる議論の中で彼がとりわけ強調したことは、東亜の統一を実現させるためには、その前提として個々の民族文化の枠を超越した新しい「東亜文化」の成立が必要であり、その創造こそが東亜協同体の使命であるということであった。

三木は一九三八年一一月以前から、東亜の統一をテーマとした言論を開始していた。しかし、それは当初より文化的統一体としての東亜であり、地政学的ニュアンスを持つものではなかった。彼にとって、日本と中国の文化はその特殊性を前提にして、互いに尊重されるべきものであると考えられていた。そして、特殊なものと特殊なものとが結びつくには、一般的なものの媒介が必要となるのであるが、彼はそれを「東洋」であると考えていた。歴史的に見て、西洋がギリシャ文明とキリスト教以来、内面的統一性を有する世界を形成してきたのに対し、東洋ではこれまでそれが実現されてこなかった。しかし、この度の日中戦争の開始は、その「東洋」を形成するための世界史的な意義を持つものと考えられたのである(30)。このような東洋の統一は日本の使命ではあるのだが、そこではすべてのものに「日本的思惟」を差し込むことは誤りであるとされる。彼の基本的姿勢は、日本と中国がそれぞれが築き上げてきた固有の文化的伝統の上に立ち、さらに両者を超えた「東洋」を創出するというものであって、彼は偏狭なナショナリズムには批判的であった。

三木が「東亜協同体」について論じるようになるのは、蠟山による提唱の後のことである。三木によれば、「東亜」とは現実的には「日満支」を指すものである。しかし、それが単なる地域主義であるとすれば、それは世界史の統一的な理念を有することはできない。なぜなら、「単に地域的に考えられるような思想は真の思想の名に値しない(31)」からである。また彼は、東亜協同体は「民族的全体ではなくて民族を超えた全体」を意味すると述べるように、そこに統一された民族を求める考えは否定される。すなわち、その結合の基礎は血というような非合理なものではなく、東洋文化の伝統でなければならないのである(32)。

三木によれば、文化の統一にとって重要なことは、文化の影響が相互的であり、真の交流が行われることである。しかし、従来東洋においてはそのような文化の交流がなく、影響は一方的なものに留まっており、将来の東洋文化の統一のためには日本文化が古来の歴史とは逆に大陸文化に影響を与える必要があった。ところが、日中戦争の開始に至って、日本文化は質的な発展を遂げることによって、初めて大陸への伸長が可能になったと考えられた。「かくして東亜に於ける文化の全面的な交流が可能になり、これによって東亜文化の統一の基礎が与えられることになったのである(33)」。

それでは、東洋文化は西洋文化といかなる点で相違があるのか。三木によれば、その根本的な違いは西洋文化が人間主義的であるのに対し、東洋文化は自然主義的であること、すなわち、西洋においては人間と自然が対立的に考えられるが、東洋においては人間と自然とが融合的に捉えられている点にあるとされる[34]。これら東洋文化と西洋文化は世界文化を構成する要素であるが、そこで考えられるべき世界文化とは抽象的に普遍化された文化ではなく、東西両文化がそれぞれの個性を発揮しつつ統一するところに形成されたものである。しかし、従来「世界文化」と考えられたのは西洋文化のことであった。そのことは、「世界史」といわれたのが、実は西洋文化の歴史であったことと同一次元の現象であった。そこで三木は、ヨーロッパ主義は克服されなければならないとする観点から、「東洋文化の統一の形成、新しい東洋文化の創造は真の世界文化の形成にとって必要なことである」[35]と指摘したのである。

以上のように、三木は民族をもって東亜協同体の基礎とすることはせず、文化に基づき民族を超える全体を志向していた。しかし彼は、世界史の現段階におけるナショナリズムの意義までもトータルに否定するわけではない。むしろ、それには有用とされる部分もある。第一にそれは、抽象的な存在と化した近代的世界主義もしくは国際主義の克服にとっての否定的契機となり、そこから新しい意味での世界主義の発展が可能となるという点においてである。ここには、「世界主義」や「国際主義」と称しつつも、実はそれが近代西洋文明をもって普遍化することに対する批判の意が含まれている。第二は、東亜協同体のように民族を超えた全体を考えるにしても、その中においては各々の民族あるいは国家がそれぞれの個性、独立性、自主性を有するものでなければならないことに関わっている。そして第三には、どのような世界的意義を有する事柄も、抽象的・普遍的に実現されるものではなく、むしろ常に一定の民族において最初に実現される、という点においてである[36]。

ここから、中国のナショナリズムは歴史的必然性と進歩的意義を有するものと評価される。そして、この認識なしに中国のナショナリズムを単純に排斥し、その三民主義にいう民族主義を抽象的に否定するようなことはかえって反動的なことであるとして、次のように述べる。「我々は支那の近代化こそ東洋の統一の前提であり、従ってまた支那の近代化への歴史的に必然的な運動を阻止することができないし、また阻止すべきでもない。寧ろ支那の近代化こそ東洋の統一の前提であり、従ってまた東亜協同体の形成にとっての前提である[37]」。ここから理解されることは、三木が「民族主義」として評価するものは、近代化および独立を実現する歴史的文脈においてのものであるということである。したがって、そのことは東亜協同体を構築すべき現段階において、ナショナリズムを批判的に捉えることとは矛盾するものではなかった。

東亜協同体の成立のためには、中国の独立がその条件の一つである。そのため、それを妨げている帝国主義は排斥の対象となることは当然のことである。このことなくしては東亜の統一は実現しないからである。そして、その過程では日本は解放者の役割を果たすものとされている。しかし、三木は次のようにも述べている。「もし日本が欧米に代って支那に帝国主義的支配を行うというのであれば、東亜協同体の真の意義は実現されないであろう[38]」。そして彼は、日本が「帝国主義的であることができぬ」と断言するのであるが、翻ってこのことは、現実の日本がすでに大陸に帝国主義的侵略を行っていることを逆説的に述べているように読み取れる。そうだとすれば、欧米帝国主義のアジア侵略からの解放者としての日本の役割と、帝国主義としてのアジア侵略という矛盾を解決するには、自らの帝国主義を打倒してアジアの諸民族と連帯する以外には手立てはなかったはずである[39]。帝国主義問題の解決とは、取りも直さず資本主義の問題に帰着するものであった。ここから彼は、「東洋の統一という空間的な問題と資本主義の解決という時間的な問題とは必然的に結び付いている[40]」と述べたのである。

しかしこのように、日本の帝国主義的性質を認識しながらも、三木の中にはそれに抵抗する中国のナショナリズムに呼応する契機は全くない。結局、彼の意図するところは、東亜協同体の建設に伴う日本の自己改革の道であったと見られる。そのことは、日本がイニシアチブを取りつつ東亜協同体を建設するにしても、「日本も日本文化もこの新秩序に相応する革新を遂げなければならぬ。日本がそのままであって東亜協同体が建設されるということは論理的にも不可能である[41]」という言葉からも推察されるのである。

（三）民族主義的協同体論

ここでは、民族主義によって東亜協同体論の建設を説いた人物として、新明正道と高田保馬を取り上げることにする。

これまで見てきたように、蠟山はナショナリズムの超克を唱え、三木は民族をもって東亜連帯の基礎とすることには批判的であった。こうした見方に対して新明は、「東亜協同体が超国民的な社会として成立するためには、これに相応しい新しい構成原理が必要となって来る」。「しかし、この論理的な追求の結果として生み出された原理を見ると、必ずしも民族主義の問題を超剋してゐないで、これを未解決のまゝに残し、そこに理論的な薄弱さを生じてゐるものも見受けられる[42]」と批判する。むしろ、彼は民族とナショナリズムの存在はあくまでも厳然たる事実であって、東亜協同体にしてもこれを基礎としてのみ成立し得るものだと指摘する。そして、「すでに東亜協同体と民族主義の関連が認められてゐる以上、我々は此の関連が如何にして成立し得るかを闡明しなければならない[43]」とするのである。

新明にとっては、ナショナリズムは東亜協同体形成に向けて欠くことのできない要素であり、そのため「東亜協同体論は民族主義の外からではなく、その内から建設されてゆくべきもの[44]」であった。民族が現存し、民族が基準とされても、その上を行く協同体成立の基礎が失われるものではない。むしろ彼は、ナショナリズムの基本的性格の中に、協同体の成立を可能とする要因を求めることができるという。もちろん、ナショナリズムの中には自民族優越の主張や排他性を特徴とするものも存在するが、彼はそれを本来の姿から離れ、不健全な発展の中で生じた歪んだ形態であると見なす。彼は次のように述べる。

初期の民族主義は民族を国民社会の実質たらしめその意義を強調するに熱心であったが、それと同時にこれを排他的独善的なものたらしめず、他の民族を尊重し、他の民族主義の共存を許す雅量を有ってゐたのである。(45)

しかしその後、「初期の民族主義」は順調な発展を遂げることはできず、排他性を特徴とする「変態的」な「似而非的民族主義」が跋扈するようになってしまった。こうした発展がヨーロッパで見られ、世界中に広まっていったとすれば、今日においては、協同体設立に向けて排他的でない初期のあるいは本来のナショナリズムに立ち返ることこそ必要だということになる。それは本来、自らを民族として意識しつつも、他者の価値をも認識し、互助的な尊重を通じて協同するという特徴を持つものである。こうした基本的認識に立つことによって、新明は「東亜においてヨーロッパとは反対に其の民族主義の動向を生かした超国民的な秩序を創造することができる」(46)とするのである。

新明によれば、すべての民族には、相互性や協調性が備わっているのであるが、東洋の地とりわけ「日満支」の間にあっては、「濃厚な接触の可能性、社会的な類似性」の大なるものが存在しているため、「汎組織」への可能性は極めて大きいとされる。(47)これに加えて、東亜協同体形成を基礎づけ、かつ必須のものたらしめているものとして、新明は「東亜の歴史的な地位」すなわち、東アジアの諸民族が帝国主義によって侵略を被ってきた共通の経験を挙げる。(48)これらのことからして、東アジアにおいては、ナショナリズムを超克する必要などなく、むしろこれを基礎として東亜協同体が形成されるべきは当然のことと考えられたのである。

それでは、近代以降の日本の対中国政策と中国のナショナリズムはどのように評価されるのか。新明によれば、日本の維新後の対中国政策は、紆余曲折してはいるが、全体的にはヨーロッパ的な帝国主義を翻訳的に実践したのではなく、東亜連帯の維持を基礎にして進められてきた。そして、中国が日本のナショナリズムの東亜的連帯性を無視し、これを西洋列強の政策以上に帝国主義的だと見るならば、それは歪曲も甚だしいことだとする。中国に先んじて自覚した日本が大陸政策を展開したことは事実であり、これが中国側を刺激して誤解を招くに至ったことは認めなければならない。しかし新明は、日本がその政策において東亜的連帯を主張し続け、これによって中国の完全な植民地化を防衛したことは承認されてよいことであるとして、日本の過去の政策を肯定的に評価するのである[49]。

しかし他方において、近年における中国のナショナリズムの高揚に対する新明の評価は低い。彼は次のように述べている。

> 支那の民族主義を認めることは差し支へないにせよ、その具体的な内容を悉く肯定してよいものではない。我々は日本の民族主義をも東亜的連帯を以て基礎づけなければならないと同様に、支那の民族主義をもこれによって規矩しなければならないのであって、此の基礎認識が欠けてゐる限り、支那の民族主義をも更に批判し修正してゆかなければならないのである[50]。

新明は、中国のナショナリズムは日本のそれが持ち続けてきた東亜的連帯の立場に対して「全然盲目である[51]」と明言し、それが晩年の孫文の思想の継承である限りは、もはや期待すべき可能性は低いと考えられた。このように、新明はナショナリズムを認める立場に立ちながらも、それは民族内部の統一のほかに民族の協同への企図が含まれたものでなければならず、そうした東亜協同体への発展性を持ったナショナリズムこそが評価されるべきものであった。それゆえ彼は、「唯汪兆銘の声明の中にその閃きを見るのみ」[52]であったのである。しかし、日本の立場に「盲目」であるとされた中国の抗日ナショナリズムこそが、この時期の中国では多数派を占めていたことは明らかであった。こうした事態を前にして、新明は協同体の「道義性」を根拠として、抗日勢力に対する戦争の完遂を訴える外はなかったのである[53]。

次に、高田保馬の主張を見ていくことにしよう。彼は既存の東亜協同体論を、民族主義の立場から理論的に批判を加えた人物である。しかし、彼は自らの立場を東亜協同体論とは区別しながらも、「東亜協同体論に於いて、東亜協同体と称せられてゐるものは、その実私が東亜民族といへるものに外ならぬ[54]」と述べているように、彼の所説は東亜協同体論の中に位置づけられるべきものである。

高田によれば、民族とは「同血、同文、同域の紐帯によって結ばれ、共同の自我を作り上げてゐる集団である[55]」と規定される。この同血、同文の紐帯に基づく親和性は、地下水の如く東亜民族の底に流れているのであるが、そこから「我等」という一体感が生じるためには、接触による掘り出し、意識化、さらには組織化が必要となってくる。しかし、そのための方策としては、既存の東亜協同体論では理論的基礎が強固でない点で無力であるという。なぜなら、これまでの他の諸説では、東亜諸民族を通ずる結合の真の紐帯ともいうべき「血縁と文化の共通とによる同類意識が把握されず、又其結束によって到達せらるゝであらう中心の目標が明確に意識せられない[56]」からである。そこで高田は、民族的要素を軽視する東亜協同体論に代わって「東亜民族」の形成が必要だとするのである。

東亜民族とは、「同種、同文、同域といふ三同の紐帯によって維がるべき宿縁をもって、今日極東に位置してゐる」日本・満洲国・中国の諸国民によって形成される「超民族」である。[57] 東アジアという地域に住む人々は、その言語を異にするものの、思想の内容や風俗、信仰、習慣等において極めて似通ったものを持っており、この文化的共通性を基に共同社会が形成されるはずだと考えられる。こうした観点に立てば、同時期に唱えられていた大アジア主義は結合の範囲を広げすぎる点で非現実的であると見なされる。確かに、アジアが白人の抑圧下にあったことは事実であり、その抑圧から脱却すべきだとする考えは正しい。しかし、「白人からの解放は先づわれらが血液に於て近いものからはじめられなければならぬ。接触に於て頻繁なるものから始められねばならぬ」のであって、南アジアや西アジアのように血液的・地理的に離れた地域までも結合の対象とすべきではないと考えられたのである。[58]

高田の考えるところでは、民族の生存という観点からすれば、国際的に流行を見た「民族自決」の主張は空想に過ぎないものである。なぜなら、弱小民族が自決の美名の下に独立の国家を形成したとしても、衰亡は必至の運命であり、国際社会の中で生きようと望むならば合併ないしは連合を図る以外に道はないと考えられたからである。彼によれば、弱者に与えられた武器は結束のみである。そのため、長きにわたる雌伏の状態から立ち上がり、国際的に平等の立場に立とうとするなら、何よりも「東亜の諸民族が結束して自己を防衛するに若くはない。［中略］東亜諸民族の共同防衛、これは自明の義務であるとともに、其自覚の内容でなくてはならぬ」[59]とされるのである。

東亜の「日満支」よりなる東亜民族は、社会文化的近接性を基にした「超民族」的広域集団として構想されたものであるため、高田は本節で述べてきた他の構想に対しては批判的な姿勢を取っている。まず、東亜を地域的運命共同体と見なす蠟山政道の所説に対しては、「此見解は東亜の社会的性質を見誤れるもの」とした上で、次のように述べる。

東亜は如何なる意味に於ても現在まで運命協同体であったことはない。運命の共同は共通の宿命、ことに共同の史的遭逢の中にのみ存する。隔離対立を原則状態とした日支の間に如何なる運命の共同があったといふか。次に、それは東亜が実現すべき課題を示さうとしたといふことであるかも知れぬが、それでは全く本末顚倒してゐる。求むるところは東亜の団結であらう。ところが、運命協同体であるがゆゑに結束するのではない。団結あるがゆゑに運命の共同があり、此共同によって結束が新にせらるゝはずである。(60)

また高田は蠟山の「地域主義」についても疑問を呈し、地縁の意義を認めないわけではないとしながらも、これを掲げるのであれば同文同種の紐帯を重んじるべきであるという。そして、東亜の団結を表わすに当たって、地域・運命協同体ということを持ち出すのは、「最も根本的なる血液的乃至種的紐帯を軽視し、［中略］文化の類似といふ極めて重要なる契機を忘れようとするのではないか(61)」と批判するのである。しかし、高田の考える東亜三国の結合は「三同」の一要素である同文を重視するものであるとはいっても、それは東亜の統一を「東亜文化」の創造という次元で論じる三木清の主張とは、相容れるものではなかった。むしろ彼は、三木に対しても厳しい批判を投げかけているのである。

高田は、「東亜の文化に重点を置かうとするものは、今の事変の意義を専ら、それによって東亜文化の完成が実現せらるゝであらうことに置いてゐる。これには問題がある(62)」として、次のように指摘する。第一に、東亜文化という一つの同質的な文化が成立し得るような地盤は存在しないこと。むしろ、来るべき東亜文化というものは、実際には各民族、各国家に特有な文化が相互の交流の間に栄え、その間に共通の色彩が加わっていくに過ぎないとされる。第二に、東亜における文化の完成または発達のためには、必ずしも政治的な協力ないしは統一を必要としないこと。むしろ、各々の国家や民族はその伝統の上に立ち、外部との交流によってその文化を吸収し、その間から特有の文化を発展させるものと考えられた(63)。ここには、文化の統一をめぐる意見の大きな隔たりがある。また、高田にとっては、東亜民族の形成は「東亜の自衛」「東亜の解放」を最優先課題とするものであったことからすれば(64)、三木の所説は根本を見失ったものでもあった。

さて、高田は日中間の民族的結合の必要性を説くのであるが、それが必ずしも容易なことであるとは考えていなかった。満洲事変以来の中国のナショナリズムが全くといってよいほど抗日を内容としており、その熾烈さについては人々の熟知するところであったからである。しかし、彼によれば反日感情は永久に除去できないものではない。それは、一に事変がいかなる軍事的終末を迎えるかにかかっている。高田によれば、民族主義的熱情ないし運動は、それが受けた圧迫の強さよりも、むしろ反抗の成功の可能性如何にかかっているものである。そのことから彼は、「敗北が徹底的であるだけ、また組織に於ける日本の圧力が不可抗的であると思はるゝだけ、此民族主義は勢を弱むる性質のものであると思ふ。［中略］復讐の可能性の強いほど、対立は深刻となる。一方他方との力の懸絶するほど、相互間の武力的交渉はかへって、親和をつよめ同化の機縁をなす(65)」と述べるのである。力による徹底的な抑圧こそが、反抗の気力を失わせ、そのことが両民族間の統合を生み出すと彼は確信していた。かくして、日本と中国の融和を前提とするはずの東亜民族論は、最終的には日本の暴力的支配と表裏するものであったことが確認されるのである。ナショナリズムを否定しつつ、民族の統合を求めるという点において、ここには戦争下における歪な提携論が見て取れるであろう。

（四）東亜協同体の内在的批判

東亜協同体論の内在的批判者としてあった人物は尾崎秀実である。彼は前述した蠟山や三木らと共に昭和研究会のメンバーとして、近衛文麿のブレーンとなった人物である。彼が特徴的であった点は、既存のアジア主義や他の東亜新秩序論を批判したことにある。彼によれば、将来に建設されるべき東亜新秩序とは「古くから存在する『アジア・モンロー主義』又は『大亜細亜主義』の如く日本の東亜経綸の一方的な表現ではなくして、日支事変を経過し来り、或る程度まで日本の政治、経済を又対支認識を変質せしめて来た現在の文化段階に則した歴史的な所産である」[66]。そして、その理念は、東亜新秩序の提唱者である近衛の考え方に最も近いものと見なされた。しかし、これまで提起されたいくつかの理論は、「理想的方面が強く出すぎて、現実的方面が深く分析されてゐないといふ点、また新秩序の共同建設者たる支那側の事情がよく呑みこめてゐない点」[67]があったことを批判し、独自の見解を提示するのである。

尾崎によれば、日中戦争後に建設されるべき東亜新秩序とは以下のような性質を持つものであった。第一に、それは「決して古き秩序の断片をよせあつめての復旧ではなくして、新しい秩序の創建でなければならないということ」である。第二には、「かかる新秩序においては、東亜の各邦が堅き相互連環の紐帯によって結ばれること」、そして「この結びつきは単なる連携ではなく、さらに一層の内面的緊密さをもつものである」ことである。第三に、それは「東亜の各邦が各々その独立を保ち、一国が他の一国を搾取するが如き帝国主義対植民地の関係を清算」するものであり、そして第四に、「根本的には排他的なものではなくして、世界新秩序の一環たらんとする」というものであった[68]。第四の点から分かるように、尾崎は東亜新秩序が帝国主義支配を終焉させた、新たな国際秩序を構成する一部と考えていたのである。

尾崎は東亜協同体論に対して積極的な意義を認め、それを推進するための努力を惜しまなかったといわれる[69]。そして彼は、それが「民間の論であるが、将来の日支関係を打建てんとするところに重要性がある」[70]と述べている。しかし、それを主題とする彼の著作は決して多いとはいえない。その代表作としては「『東亜協同体』の理念とその設立の客観的基礎」が挙げられるので、ここではその内容を中心に見ていくことにしよう。

当時の東亜協同体論や東亜連盟論が盛んに議論されている状況の中、尾崎はこの論説において、「筆者は元来『東亜協同体』論の発生の必然性を見、その将来の発展可能性を信ずるものである」としながらも、「『東亜協同体』は現実の問題としては幾多の弱点と実践上の難点を有してゐる」(71)と述べ、その課題を着実に見据えることの必要性を説く。その課題で最大のものとは民族問題に他ならない。尾崎の説くところでは、東亜協同体論成立の要因の一つは、日本が中国の民族問題を再認識したことにある。しかし、この民族の問題は極めて身近で重要な問題であるにもかかわらず、看過されがちな傾向にあると彼はいう。中国のナショナリズムの動きは、抗日を戦う国共両党に見えるのは当然であるが、同時に親日勢力の中にも見出し得るほど根強いものがある。すなわち、「低い経済力と、不完全な政治体制と、劣弱な軍隊とを持つ支那が、とにもかくにも今日迄頑張り続けてゐる謎は実にこの民族の問題にあるのである」(72)。それは、政府だけでなく国民各階層にまで普及しているものでもある。このような中国のナショナリズムの動向は、「現在に於いて完全に日本と背馳する方向にある」(73)と彼は指摘する。そして、これを力ずくで抑え込んだり、好転させたりすることは極めて困難なことだと述べており、彼は日本の軍事力をもってしても抗日ナショナリズムの抑圧は不可能だと考えていたのである。

このように考えた場合、東亜協同体論は日本が中国問題の処理に手を焼いた結果の窮余の策であるとか、中国に対する強硬策を隠蔽ないしは取り繕うための政策として解釈してはならないものであった。尾崎は次のように述べる。

真実の東亜協同体は支那民族の不精無精ではなしの積極的参加が無くしては成り立ち得ないのである。それは決定的な事実なのである。このことは東亜協同体論が始められた動機や、その政治的方策として取り上げられた理由よりは更に深いところに位置してゐる厳然たる事実である[74]。

しかし、現実の中国には抵抗のナショナリズムが深く根を張っているのが実情である。こうした状況を克服するためには、いかなる努力が必要か。それは、日本の問題としては、「帝国主義的要求がむき出しに現はれて来ることを押へ」ることが必要であるし、抵抗する中国に対しては「コーランと剣との様式における闘争が絶対に避け得られない[75]」であろうとする。後者は政治的カムフラージュとしての言説と理解すべきであるが、むしろ中国の民族問題は深いところでの解決を必要としており、その闘争はある程度の期間続けられることが運命づけられているのであって、このことを理解し自己改革の努力をしない限り、東亜協同体論は「一個の現代の神話、夢たるに終るであらう[76]」とされたのである。

このように、中国ナショナリズムの強さを理解する尾崎は次のように指摘する。「民族問題との対比に於いて『東亜協同体論』が如何に惨めにも小さいかはこれをはっきりと自ら認識すべきである。さうでないならば『運命協同体』の緊密さも遂に神秘主義的決定論に終るであらう[77]」。ここでいう「運命協同体」が前述した蠟山の所説であることは明らかである。そしてこの文章の直前で、蔣介石の抗日の決意の強さを紹介していることからすれば、尾崎がここで抗日闘争下にある中国を包摂しようとする蠟山の主張を、中国側の批判に晒し、抵抗する他者へと開いたとする解釈は当を得たものである[78]。しかし、尾崎の批判は単に蠟山一人にのみ向けられたものではなかった。当時の日本社会の中国理解の水準の低さ、あるいは現実から離れたステレオタイプな中国イメージの横行がそこにあったのである。尾崎による民族問題の強調は、そうした凡庸な中国論全般に向けられたものでもあったといえるであろう。

尾崎の見解における今一つの特徴は、中国の「赤化」すなわち共産主義政権の樹立の可能性を早くから予測していたことである。彼は東亜協同体論を唱える前の一九三七年の時点で、中国の民族運動が自己解放を宿命としていることと、外部的圧力が今後とも増加すると予測されることから、「所謂『赤化』の傾向は進むであらう[79]」と論じていた。そして、一九四一年に発表された「東亜共栄圏の基底に横たはる重要問題」において、尾崎は抗日戦争と中国の赤化との内的関係、およびそれに対応すべく日本社会の改造による中国との連携を論じている。彼はこの中で、「犠牲と苦痛に充ちた抗日闘争の過程に於いて大きく変りつゝある支那社会の現在とその動向との正しい把握なしには［日中］両国の将来性ある連帯は生れ得ないであらう[80]」と述べる。とりわけ、「抗戦力の少なくとも一つの重要な源泉をなしてゐるものは、農業革命から生れる民衆動員であると思はれる」ことから、将来の日中関係の基礎を知るには、抗戦下にある中国の農業革命の実態を知る必要があると指摘したことは注目すべき点である[81]。

尾崎は、長期化する抗日戦争の中で中国共産党が農民動員を通じて勢力を拡大し、民族独立運動を促進させているという事実を認識しており、問題は日本がこれにいかに対応するかであった。それは、日本による政治・軍事レベルによるものでないことは確かである。重要な鍵となるのは農業問題である。日本と満洲の農業が「支那のそれと極めて酷似した状態に在るといふ事実は、東亜新秩序建設にとって非常に深い問題を投じてゐると考へられる[82]」からである。すなわち、「地主的土地所有制を根源とし、原始的な技術の上に立つ零細規模農業が著しい停滞性と零落傾向を有つ点に於いて[83]」、日本と中国は共通した社会的条件を持っていると見なされた。ここから、日中双方の歩調を合わせた根本解決こそが、尾崎のいうところの「将来性ある連帯」であり「日中両国の高次的な結びつき」であったということができるのである。彼は次のように述べる。

東亜新秩序創建といふ高遠な理想実現の現実的条件は、先づ第一に東洋諸社会の内容をなす半封建的農業社会の解体による農民の解放に在るものと思はれる。日本は自らも革新しつゝ、諸民族の高度の結合のための条件を創造してゆかねばならない(84)。

日本は現在進行中の中国革命に対応すべく、自己の革新と再編成を全面的に成し遂げることが必要であると尾崎は指摘したのである。これは明らかに、日本と中国の革命的連携を志向する立場であった。そして、後に彼が語るところでは、将来に建設される東亜新秩序は世界革命の一部を構成するものと考えられていた(85)。これまで、日本の大陸進出を許容しそれを補完する言説であった東亜協同体論は、ここに至って自己批判を成し遂げ、日本の体制変革を伴う東アジア連帯の構想となって立ち現れたのである。

第三節　中国における反応

東亜新秩序論は中国のマスコミでもしばしば取り上げられたが、それが好意的に評価されることはほとんどなかったといってよい。例えば、当時の上海の代表的な新聞である『申報』には、東亜新秩序論を批判する記事が散見されるが、そこでは新秩序構想は中国の強烈な反日ナショナリズムの前では必ず挫折するものと見なされており、近衛内閣がそのことを理解しない限り事態は悪化するであろうというのが、その一貫した主張であった(86)。しかし、『申報』が抗日を支持する立場にあったことからすれば、そうした論調は当然のことであったといえるであろう。

それでは、他には東亜協同体論に対する反応にはどのようなものであったろうか。前節で述べた三木清の著作である「新日本の思想原理」は中国語訳されて、上海の『大公報』に掲載されたということであるので(87)、中国でも一部の人々の知るところとなっていたものと思われる。しかし、中国でこの問題を積極的に取り上げた出版物は少なく、管見の限りでは興建月刊社から出版された『東亜協同体論叢』と題する著作が見られるだけである。この出版社は、汪精衛の和平支援を目的とする興亜建国運動の一部門であるが、果たして同書にはいかなる政治的反応が現れているのであろうか。同書には、日本の論文の翻訳と中国人の論説が掲載されているが、ここでは余立三と董一介という二人の中国人の文章を見ていくことにする。

余立三による「『東亜協同体』論叢」は、日本で発表された著作を紹介したものである。著者によれば、東亜協同体の理論体系は未完成の状態にあるが、現在のところこれには二種類の立場があるという。すなわち、一つはそれを日中結合の思想と見なすもので、今一つは敗北主義とするものである。著者は「敗北主義」がいかなるものを指すのかは述べていないが、「中国との衝突こそが日本の膨張を抑制し、それが国内の変革を促し、アジアの解放を実現するものだと考える論者たちを指している[88]」との指摘もあり、おそらく日本の対外進出を抑制する方向と見なしてよいであろう。ともあれ、著者は現在の段階では東亜協同体論が世界的思想となり得るか、それとも敗北主義となるかは判然としないという。しかし、こうした思潮を敗北主義に終わらせず、世界的思想の方向に進めるためには、実践と同時に東亜協同体の思想を推進する闘争を作り出していくこと、そしてこれに厳しい批判を加えていかなければならないとし、さらには思想の中から西欧的個人主義の残滓を取り除くことが必要であると述べている[89]。

今一人の執筆者である董一介による「『東亜協同体』の論争」は、当時の日本の代表的論者の見方を紹介し論評したものである。著者によれば、東亜協同体論はアジア・モンロー主義や大アジア主義と違って、日中戦争というこれまで遭遇したこともなかった経験から生じたものであり、「日本国民、特に知識人たちによる事変解決に向けての善良な意図の現われである[90]」と評価される。しかし、彼らの議論は東亜新秩序に適応するという点では一致しているが、その主張する内容は前節でも見たように多種多様である。そこで著者はそれをいくつかに分類して論評を行っている。

董一介は、東亜協同体論を（A）文化史的立場、（B）道義的ないし政治的立場、（C）互助連環的立場に分類し、それぞれに論評を加えている。著者はここで一〇数編の著作に論及しているが、前節で取り上げた人物に対する評価を見るなら、（A）に含まれる三木清は歴史哲学と文化史の観念によって文化の世界的性質を明らかにし、東亜協同体の理念を肯定しようとしているが、しかしそれは「常に観念上の遊戯に終わってしまう」[91]と批判されている。（B）に分類された蠟山政道についていえば、本来彼の主張の中心である地域主義的な側面よりも、政治的運命協同体を成り立たせるものとしての文化の側面に比重が置かれている点が特徴的である。そして著者は、蠟山が経済面を過小評価するところに欠点があるとした上で、彼が「東亜協同体の理論」の中で「東洋の覚醒と東洋の統一」はもはや二〇世紀の神話ではないとしている点を取り上げて、果たしてこれが神話以上のものであるかは疑問であるとしている。[92]最後の（C）互助連環的立場とは、著者によれば、経済的要素を重視し、両国の相互協力によって協同体を創出しようとするものである。尾崎秀実はそのうちの一人に含まれるが、彼が従来のような軍事力による事変解決に否定的で、中国民族の積極的協力によって東亜協同体の形成を求める姿勢は高く評価される。ただ、著者によれば尾崎は民族問題に偏り過ぎている嫌いがあり、より重要な点は民族問題だけにあるのではなく、資本主義と民族問題の相互関連性にあるのだと指摘している。[93]

董一介の著作は短い論文であるため、東亜協同体論の紹介に終始し、その内容に対する評価は断片的であるとの批判は免れない。しかも、著者は最後の部分で次のように述べている。「東亜協同体論を総合して見た場合、それが主観的且つ神秘的であり、そのため内部矛盾百出の状態であることは否定できない。東亜新秩序の具体的形式が果たして如何なるものであるかは、なお今後の歴史的発展を待たなければならない[94]」。結局、著者は日本の論者たちに批判を加えながらも、そこには東亜協同体を全面的に否定しようとする姿勢は見られない。さりとて、和平支持の立場からそれを積極的に支持している様子も感じられない。それは、敢えて政治的評価を回避しているかのような印象を与えるものである。あるいは、そこには興亜建国運動の和平と抗日に対する微妙な立場が反映されていたといえるのかもしれない。(95)

それでは、和平派の中心人物である汪精衛はどのような姿勢を見せていたのであろうか。先に述べたように、汪は第三次近衛声明を高く評価し、これに応えるべく和平へと具体的に動き出していた。しかし、東亜協同体論に対して、汪は複雑な心境であることをしばしば示していた。例えば、汪は一九三九年一〇月に日本の雑誌『中央公論』に「日本に寄す」と題する文章を寄稿しているが、彼はこの中で東亜新秩序と東亜協同体に触れながら、それに対する一般の中国人による印象についても言及している。汪はそのことについて、「その定義や内容はなほ十分の明確充実さがないとはいふものの、しかし我々はその論拠として二つの要点を得ることができる。その一つは侵略主義の排除であり、また一つは共産主義の排除である」(96)として、日本側の趣旨に従った紹介をしながらも、次のようにも述べている。

中国人の考へでは、日本も亦一個の侵略主義者であり、殊に中国に対しては侵略が最も易しく、また最も甚しいものであって、「暴を以て暴に易ふる」どころではなく、実に暴中の暴であるといふ。中国人はかういった見解を持ってゐるために、「東亜協同体」や「東亜新秩序の建設」に対しては直ちにこれを中国滅亡の代名詞であると見るのであって、その疑懼と呪詛とはこれに基いてゐるのである。(97)

汪精衛はこうした中国の世論が日本への誤解に基づくものだとしているが、東亜協同体論が中国人に受け入れられていない最大の原因が日本の対中国政策に起因するものであることは彼も認識していた。この記事の発表される一カ月ほど前の一九三九年九月、汪は上海でジャーナリストの室伏高信と会談しているが、その際には東亜協同体の理論について、「私は協同体にもとより異存はありません。しかし苦い経験をなめてゐる中国人は、凡てを文字どほりに理解しようとはしないのです。そしてその背後の意味を憶測して、これを征服者の思想だとして理解してゐるのです」(98)と述べ、ここでも民衆レベルでの不信感を代弁していた。また汪は、「協同体論の真意がどこにあるかは分ります」とは述べながらも、協同体の問題は結局責任の分担の問題に行き着くとする。そうだとすれば、中国はこの責任の分担者となる資格を持たなければならないことになるのであるが、その責任を語るためには中国は独立した国家でなければならない。しかし、この独立という問題を日本人は果たしてどこまで理解してくれているのかと、汪は疑問を呈しているのである。(99)ここからして、汪精衛の日本に対する不信感は東亜新秩序や東亜協同体論の問題を超えて、より深いところにあったことが理解されるのである。

次に重慶政権からの反応であるが、そこには当然のことながら厳しいものがある。蔣介石は、前述した一九三八年一二月二六日の演説で東亜協同体論に触れ、次のように述べている。

「東亜協同体論は」「日満支不可分論」を理由として、政治、経済、文化の各方面に於て全中国を呑噬し、一箇の単一体に併合せんとするものであるが、彼等の雑誌を見ると東亜協同体下の日「満」支は立体関係であって、平面関係でないと公言してゐる。またこの関係は家長制であり、日本が家長であり、「満」支が子弟でなければならぬと言ってゐる。換言すれば前者が統治者であり、主人であり、後者は被統治者、(100)奴隷であるといふことになる。諸君、これ併呑に非ずして何であらう？　中国の消滅でなくて何であらう？

以上のような東亜協同体論を中国併吞の思想とする考えは、他の国民党の政治家によっても共有された。陶希聖は東亜協同体の理論が曖昧なものであるとしながらも、その目的はすべて中国の民族主義を消滅させることにあると指摘している。彼は、東亜協同体論には反民族主義論と超民族主義論があるが、いずれにしても中国のナショナリズムと敵対するものと見ている。すなわち、日本の東亜協同体論は日本と中国を一つの連環・体系に編成して、これを日本に指導させようとするものである。具体的にいえば、それは日本が中国における支配圏を徐々に拡大させていき、中国併合の目的を達しようとするものであって、過去の韓国併合と同工異曲のものと見なされた。以上のことから、東亜新秩序および東亜協同体は、中国のナショナリズムと共存両立できないものとされたのである。(101)

さて、当時の共産党側からの反応は、統一戦線下ということもあって、前述した蔣介石の演説を踏襲したものが多く見られる傾向にある。そうした中で、反国民党でありながら非共産党系の左派知識人の中には、東亜協同体論を取り上げて批判した人物が見られる。例えば、江公懐は「日本製の大アジア主義を論ず」の中で三木清の「東亜思想の根拠」を取り上げて批判を加えている。(102)著者によれば、三木の東亜協同体の主張は、日本と中国が全体性の立場を離れずに行動するという条件の下で、それぞれ独立性と自主性を維持できると提案しているものに過ぎない。また三木は、東亜協同体の建設を指導するものは共通する東洋文化であり、武力征服主義であってはならないとしているが、それは日本の軍事指導者やその代弁者の意見よりは穏健であるとはいえ、依然としてかなりの欺瞞性を持っていると見なされる。そもそも、軍事力によって領土を占領しておきながら、両国の対等の結合を論ずるなどということ自体が全くの空論であるというのである。(103)

結局のところ、アジアに日本と中国を基本単位とする対等の関係に立った東亜協同体を作ることなど想像もできないと江公懐はいう。なぜなら、アジアにおける各民族の経済発展は極めて不均衡であり、資本主義が高度に発展した日本が、辞を低くして経済的に遅れた国と平等の立場に立って、東亜協同体を作ることを承知するはずがないからである。各国が国内の階級関係の体制を変えずに、資本主義国家同士が利益を争っている以上、いかなる国家間の自由で平等な結合も机上の空論、あるいは宗教的な願望に過ぎないのである。各国が国内の階級構造を変えてこそ、経済的略奪と競争は存在と発展の根拠を失い、真の自由で平等な結合が可能となる。しかしその場合、この種の結合は世界的なものとなるはずで、アジアに限られたものではなくなるとされるのである[104]。このような江公懐の東亜協同体論批判は、当時の共産党の主張を代弁したものと見ることができるかもしれない。

以上において、東亜協同体論に対する中国側の反応を概観してきた。抗日派の反発は当然予想されるところであったが、和平派にもこれを受け入れるとする立場は見られても、全面的に賛同する声は聞かれなかった。当時、三木清は東亜協同体論について、「重慶側は勿論、新政府側に於ても之を全面的に受け入れるといふ態度は見られない。理論的に何処が悪いと云ふのではないが、とにかく受けが悪い[105]」と記している。彼はこれが、中国にいる日本人の素行の悪さが影響を与えているとするが、問題はそのようなレベルのものではなかったのである。日本側の主観的善意にもかかわらず、中国人の底流には日本による併呑に対する危機感があり、これが反発となって現れたのである。

本章では、東亜新秩序構想出現の背景から説き起こし、いくつかの東亜協同体論の事例を検討した上で、中国における反応を見てきた。本章で明らかにされたことは、以下の諸点である。

東亜協同体論はそのアプローチの仕方によって様々な形態を取り得るものであったが、本章ではそれを四つの類型に分けて論じた。それらをナショナリズムとの関連でまとめるなら、それは大略以下のようなものであった。

蠟山は東亜協同体を地域運命協同体として捉え、その成立のためには東亜を東亜として意識することが必要であることを説き、それをせずに抗日に向かう中国のナショナリズムは否定の対象となった。中国のナショナリズムは、西欧に倣ったがゆえに誤った道を歩むものと見なされたのである。他方、三木は東亜文化の成立をもって東亜の統一を実現させようとした。彼は文化的結合を強調するがゆえに、民族の結合ということには否定的であった。ただ、彼は普遍主義を批判する手立てとしてのナショナリズムの有効性は認識しており、また中国のナショナリズムの歴史的必然性と進歩的意義を認めていた。しかし、彼が許容するのは近代化の思想としてのそれであって、日本に向けられたナショナリズムはその範囲外であった。

これに対して、新明と高田の立場はナショナリズムの基本的性格の中に協同体成立を可能とする要因があるものと考えていた。新明はヨーロッパに見られる排外的性格を持つ以前の初期のナショナリズムに立ち返り、それを基礎として超国民的な秩序を作り上げることが必要であると説いた。しかし、彼の場合も、当時の高揚する中国のナショナリズムに対しては東亜的連帯の認識に欠けているとして、これを強く批判していた。高田の場合は、東亜協同体に代えて同血、同文、同域からなる「超民族」としての東亜民族の形成を唱えていたが、それは民族自決の否定の上に成り立つものであった。このような立場からすれば、中国の抗日ナショナリズムは民族統合の障害となるものに他ならず、除去されるべきものであったが、それは徹底した暴力的弾圧によって可能となり、そのような状態になってこそ親和と同化が実現すると考えられたのである。

当時において、抗日を取り除いた中国のナショナリズムとはいかなるものであり得るのか。日本の大陸進出に積極的に協力する姿勢を、果たしてナショナリズムと呼び得るのかという決定的な問題に対しては、東亜協同体論者たちは説得力のある解答を提示したとはいえない。東亜協同体論が中国で不評であった原因も、最終的にはこの点に関わるものといえよう。唯一、尾崎だけが中国の抗日ナショナリズムを正面から受け止め、日本の社会改造をもってこれに対応しようとした。体系的に論じられることはなかったとは言え、東亜協同体論は彼に至って、真の日中連帯の思想となる可能性を見せたといえるであろう。

（1）子安宣邦『「アジア」はどう語られてきたか—近代日本のオリエンタリズム—』、藤原書店、二〇〇三年、九三頁。
（2）三輪公忠「『東亜新秩序』宣言と『大東亜共栄圏』構想の断層」、同編『再考・太平洋戦争前夜—日本の一九三〇年代論として—』、創世紀、一九八一年、一九六〜一九七頁。
（3）橋川文三「東亜共同体の中国理念」、同『順逆の思想—脱亜論以後—』、勁草書房、一九七三年、三三三頁。
（4）「支那事変処理根本方針」（一九三八年一月一一日）、アジア歴史資料センター、Ref.B02030548000、四頁。
（5）「『爾後国民政府ヲ対手トセズ』との日本政府声明」、外務省編『日本外交文書　日中戦争』、第一冊、六一書房、二〇一一年、二四四頁。
（6）「東亜新秩序建設に関する日本政府声明」、同右、四〇五〜四〇六頁。
（7）同右、四〇六頁。
（8）松本三之介『近代日本の中国認識—徳川儒学から東亜協同体論まで—』、以文社、二〇一一年、二二七頁。
（9）「日中国交調整の根本方針に関する近衛総理声明」、『日本外交文書　日中戦争』第一冊、四五〇頁。
（10）汪精衛「重慶政府に対する和平定義の通電」（一九三八年一二月二九日）、中山樵夫編『汪兆銘言論集』、三省堂、一九三九年、四九頁。
（11）「蔣介石の近衛声明反駁の記念週演説」（一九三八年一二月二六日）、酒井忠夫『抗日政権の東亜新秩序批判（翻訳）』、東亜研究所、一九四一年、二頁。
（12）同右、四頁。
（13）昭和研究会については、酒井三郎『昭和研究会—ある知識人集団の軌跡—』（中央公論社、一九九二年）に詳しい。

(14)「協同主義の哲学的基礎」、昭和研究会編『新日本の思想原理・協同主義の哲学的基礎・協同主義の経済倫理』、生活社、一九四一年、四三頁。
(15)蠟山政道「東亜協同体の理論」(一九三八年一一月)、『東亜と世界—東亜協同体の理論—』、改造社、一九四一年、五頁。
(16)同右、一二頁。
(17)同右、一四頁。
(18)同右、一四~一五頁。
(19)同右、一六頁。
(20)同右、一七頁。
(21)同右、一九頁。
(22)同右、二三~二四頁。
(23)同右、二七頁。
(24)同右、二九~三一頁。
(25)蠟山政道「事変処理と大陸経営の要諦」(一九三八年一〇月)、『東亜と世界』、一二三頁。なお、この論説にはすでに、地域協同体論の輪郭が現れている。
(26)同右、三四~三五頁。
(27)同右、三八頁。
(28)今井隆太「『東亜協同体論』における理想主義」、『名古屋学芸大学研究紀要　教養・学際編』第五号、二〇〇九年二月、六六頁。
(29)三木の「東亜」や「東洋」に関する言説が、彼の哲学的思惟の延長上にあることはいうまでもないが、ここではそうした問題には深入りせず、協同体という現実問題にのみ焦点を絞っていくことにする。
(30) 三木清「現代日本に於ける世界史の意義」(一九三八年六月)、『東亜協同体の哲学――三木清批評選集――』、書肆心水、二〇〇七年、三一七～三一八頁。
(31) 三木清「東亜思想の根拠」(一九三八年一二月)、同右、一四頁。
(32) 三木清「知性の改造」(一九三八年一一・一二月)、同右、一六九頁。
(33) 三木清「新日本の思想原理」(一九三九年一月)、同右、六四頁。なお、この論文は、昭和研究会の名義で発表された。
(34) 三木清「東洋文化と西洋文化」(一九三九年一〇月)、同右、一九〇頁。
(35) 同右、一九五頁。
(36) 三木「東亜思想の根拠」、一四～一五頁。
(37) 同右、一五～一六頁。
(38) 同右、一六頁。
(39) 内田弘「三木清の東亜協同体論」、『専修大学社会科学研究所月報』第五〇八号、二〇〇五年一〇月、一二頁。
(40) 三木「東亜思想の根拠」、一七頁。
(41) 同右、二五頁。
(42) 新明正道「東亜協同体と民族主義」、『東亜協同体の理想』、日本青年外交協会出版部、一九三九年、四八頁。
(43) 同右、四九頁。
(44) 同右、五〇頁。
(45) 同右、五八頁。
(46) 同右、六三頁。

(47) 同右、六六〜六七頁。
(48) 同右、六七頁。
(49) 同右、七五頁。
(50) 同右。
(51) 同右、七六頁。
(52) 同右、七七頁。
(53) 新明正明「新東亜社会建設の責務」、同右、四一頁。
(54) 高田保馬「東亜民族の問題」(一九三九年二月)、『東亜民族論』、岩波書店、一九三九年、六頁。
(55) 同右、三頁。
(56) 同右、七頁。
(57) 高田保馬「東亜民族の形成」(一九三九年一月)、『東亜民族論』、八四〜八五頁。
(58) 高田保馬「東亜民族主義について」(一九三八年一月)、同右、三二〜三三頁。
(59) 高田「東亜民族の形成」、八八頁。
(60) 同右、九〇〜九一頁。
(61) 同右、九二頁。
(62) 高田保馬「東亜主義と東亜文化」(一九三九年二月)、『東亜民族論』、一三六頁。
(63) 同右、一三六〜一三七頁。
(64) 同右、一三〇頁。
(65) 高田保馬「支那の民族問題」(一九三九年三月)、『東亜民族論』、一六九〜一七〇頁。
(66) 尾崎秀実「東亜新秩序の現在及び将来」(一九三九年四月)、米谷匡史編『尾崎秀実時評集—日中戦争期の東アジ

ア―』、平凡社、二〇〇四年、二三三～二三四頁。
(67) 同右、二四一頁。
(68) 尾崎秀実「最近日支交渉史」(一九四〇年一月)、『尾崎秀実著作集』第三巻、勁草書房、一九七七年、一五二頁。
(69) 松本『近代日本の中国認識』、二七〇頁。
(70) 尾崎「最近日支交渉史」、一五四頁。
(71) 尾崎秀実「『東亜協同体』の理念とその成立の客観的基礎」(一九三九年一月)、『尾崎秀実時評集』、一八八頁。
(72) 同右、一九二頁。
(73) 同右、一九三頁。
(74) 同右、一九四頁。
(75) 同右、一九五～一九六頁。
(76) 同右、一九七頁。
(77) 同右、一九七～一九八頁。
(78) 米谷匡史『アジア／日本』、岩波書店、二〇〇六年、一四二頁。
(79) 尾崎秀実「支那は果たして赤化するか」(一九三七年一〇月一五日)、『尾崎秀実時評集』、一二一頁。
(80) 尾崎秀実「東亜共栄圏の基底に横たはる重要問題」(一九四一年三月)、『尾崎秀実時評集』、二八五頁。
(81) 同右、二八六～二八七頁。
(82) 同右、二八七頁。
(83) 同右、三一一頁。
(84) 同右、三〇三頁。
(85) 尾崎秀実「『東亜新秩序社会』について」(一九四二年二月一四日)、『尾崎秀実時評集』、四一四頁。なお、これは検挙後の司法警察官による尋問調書である。
(86) 胆紅「『東亜協同体』論をめぐって―戦時下日本の中国論―」、『中国研究月報』第六一巻第一〇号、二〇〇七年一〇月、一八頁。
(87) 酒井『昭和研究会』、一六五頁。
(88) 胆紅「『東亜共同体』論をめぐって」、二七～二八頁。
(89) 余立三「『東亜協同体』論叢」、『東亜協同体論叢』、興建月刊社、出版地不明、一九四〇年、一頁。
(90) 董一介「『東亜協同体』的論争」、同右、一一頁。
(91) 同右、一二頁。
(92) 同右、一四頁。
(93) 同右、一四～一五頁。
(94) 同右、一七～一八頁。
(95) 興亜建国運動に関しては、関智英「興亜建国運動とその主張―日中戦争期中国の和平論―」(『中国研究月報』第六一巻第七号、二〇一二年七月)に詳しい。
(96) 汪精衛「日本に寄す―中国と東亜―」、『中央公論』一九三九年一〇月、四七六～四七七頁。
(97) 同右、四七八頁。
(98) 室伏高信『和平を語る―汪兆銘訪問記―』、青年書房、一九三九年、三九頁。
(99) 同右、五六～五七頁。
(100) 「蔣介石の近衛声明反駁の記念週演説」、四頁。
(101) 陶希聖「『東亜新秩序』と民族主義」(一九四〇年三月二五、二六日)、酒井忠夫『抗日政権の東亜新秩序批判』、一三三頁。

(102) 江公懐についての詳しい経歴は分かっていないが、断片的な記録によれば、彼は福建の人で福建協和大学に学び、国民党に加入し宣伝部の活動に従事した。その後、国民党を離れて上海の大夏大学の教員を務める一方で、マルクス主義に基づく「中国生産革命党」を組織し、共産党の補完勢力にしようとしたといわれる。この論説が書かれた当時は、香港『大公報』の記者を務めていたようである（「張聖才先生口述実録之十六」http://blog.sina.com.cn/s/blog_492c5091010102dvct.html）。

(103) 江公懐「論日製大亜細亜主義」、『清算日本』、大公報館、重慶、一九三九年、六八頁。

(104) 同右、七〇〜七一頁。

(105) 三木清「東亜協同体論の再検討」、『新国策』第四巻第一四号、一九四〇年五月五日、一頁。

第九章　汪精衛の日中提携論とその思想的根拠

一九三〇年代に入って日中関係が悪化する中で、中国のアジア主義は一時抗日ナショナリズムと結びつく可能性を見せた。しかし、盧溝橋事件以後は一転して対日和平運動に応用されるようになる。その中心を担った人物は汪精衛であるが、汪の「大アジア主義」[1]に対するこれまでの評価といえば、それは孫文思想を歪曲し傀儡政権の正当化の手段と見なすものが大多数の割合を占めている。例えば、ある論者は次のようにいう。「汪精衛は孫文の本意を歪曲し、革命の情熱に満ちた［大アジア主義］講演を投降主義の言葉に改竄して、日本の侵略主義の求めに応じたのであり、このことは孫文に対する大きな侮辱であった」[2]。日本の研究にも同様の傾向は多く見られるのであるが[3]、そうした中で汪精衛のアジア主義の中に日本への牽制ないしは、対決の要素を見出す研究も一部に現れていることは注目しておくべきであろう[4]。

しかし翻って、そもそも一九二四年一一月の神戸講演に結実する孫文のアジア主義は、反日を主旨としたものであったのだろうか。筆者の立場は基本的に、孫文の対外観自体が日本の帝国主義的本質を批判的に捉えていなかったということを出発点としている。これまでしばしば述べてきたように、孫文のアジア主義的言説においては、中国革命の達成という目標に向けて、日中提携論が一貫して持続しており、神戸講演の時点においてはそれに新たにソ連との提携が加わり、日中ソ提携の構想が生じていた。しかし、提携相手としていずれが重視されていたかといえば、それが日本であったことは明らかである。

もちろん、一九三〇年代に入ってからはソ連との提携という要素は消えるが、日中提携論の持続ないしは再生という観点に立てば、汪精衛は孫文の思想を新たな状況の下で再現・敷衍させようとしたといえる可能性もあるのではないだろうか。すなわち、汪は日中戦争下においては明らかに対日協力者であったが、この時期の思想的営為には、主観的には孫文思想の忠実な継承者であろうとしつつ、対日和平を実現しようとする努力があったと考えられるのである。我々は、孫文を抗日の起点とする固定的な観点を一旦離れ、より客観的な立場からその言説を見ていく必要があるように思われるのである。以下、本章においては、まず汪精衛における大アジア主義言説の登場の背景を考察した上で、日中提携をどのように理論的に正当化したかを考察し、汪精衛の下で大アジア主義がいかなる形で展開されたかを検討していくことにしたい。

第一節　「大アジア主義」講演以後の汪精衛

一九二四年一一月の孫文の北上に際し、汪精衛は中文秘書の名義で上海まで同行した。しかし、孫文らがそこから日本に渡る一方、汪は先遣として事前交渉に向けて天津に向かうよう命じられたため、彼は孫文の「大アジア主義」講演に立ち会うことはなかった。

孫文の講演の具体的内容が中国で紹介されたのは、一九二四年一二月八日に『民国日報（上海）』に掲載された黄昌穀の「孫先生『大亜細亜主義』演説辞」が最初であるが、より多くの読者がその内容に接し得たのは、翌年三月に広州の民智書局より『孫中山先生由上海過日本之言論』が出版されてからのことであると推察される。汪精衛がどの時点で孫文の講演の内容を知り得たのかは定かではないが、天津で孫文一行と合流した一二月四日の時点ですでにある程度の情報を得ていた可能性も否定できない。ただし、「大アジア主義」講演についての汪自身の言及は全く見られない。

それでは、当時の汪精衛の国際政治観そして日本に対する評価はどのようなものであったろうか。そのことを知る手掛かりとなるものに国民会議召集全国大会の委嘱を受けて書かれた「国際問題決議草案並理由書」がある。この文書は、一九二五年四月一七日に公表されたものであるが、前月の孫文死去後には完成されていたといわれる(5)。

汪精衛がまずこの文書で強調するのは、帝国主義列強による世界征服の事実である。彼は次のように述べる。アメリカ先住民、アフリカの黒人、オーストラリアのアボリジニ、中央・西アジアの黄色人種は皆ヨーロッパ人の力の前にひれ伏し、奴隷となっている。東アジアもその例外となることはできなかった。しかし、そのような中で、独り日本だけがよく列強に抵抗することができたのだが、実際には精神面では帝国主義に屈服し、日本は帝国主義と化してしまったのだと批判する(6)。すなわち、日本は近代化の過程で、領事裁判権と関税協定という二つの軛を脱することを急ぎ、発奮努力して強化を図り、内政を治め対外方針を確定していったのであるが、対外方針についていえば、それは琉球・朝鮮の併呑、中国からの財源の獲得、欧米との対等の地位獲得という三つの段階を経てきたとされる(7)。そして汪は、一九世紀以降、日清・日露の戦い以降の日本の近代化と勢力拡大の歴史について述べ、特に第一次世界大戦以降は、ヨーロッパ諸国の影響力が弱まる中で、中国への野心を高めていったことが記されている。

結論として汪精衛は、中国国民は孫文の教えに従って、すべての帝国主義に対して闘い、不平等条約を廃棄すべきだと訴えている。そして、汪の見るところでは、「彼（孫文）は終始帝国主義者から一銭の外債を借りることもなく、彼らから全く援助を受けることもなく、いついかなる所でも常に帝国主義に抵抗する目的と精神を示していた」(8)と評価されるのである。ここには孫文を神聖化する意図が働いていると考えられるが、ここで注意すべきは、彼が生前に日本に支持を期待したことはもちろんのこと、五カ月前の「大アジア主義」講演についても全く触れられていないことである。このことは、当時の汪が孫文の大アジア主義に込められていた精神を共有しておらず、日本を他の帝国主義列強と同一次元で批判の対象と見なしていたことを示唆しているといえよう。

それでは、汪精衛が日中提携ないしは孫文の神戸での講演に言及するのは、日中戦争の本格化に至るまでなかったのかといえば、必ずしもそうではない。例えば、一九三〇年三月の第四次反蔣戦争の際、汪は日本人のインタビューに答えて次のように語ったという。「一九二四年冬、本党総理孫文先生が北上し、神戸で講演を行ったが、この講演は孫先生の最後の講演であった。その要旨は、中日両国の親密な関係を説明し、貴国の人士の了解を望むこと、そしてわが国の同志の努力を求めることにあった。これは先生の遺言であり、一般の同志は確実に遵守し、実現が望まれるのである」(9)。また、一九三〇年代に日本人によって書かれた汪の伝記によれば、北京に入った際の声明では次のように述べられていたという。「対外関係は、故総理の方針により、支那の自由独立と、国法的協同を求めるにある。日本に対しては、民国一三年故総理が北上の際神戸において発表したごとく、日支両国は飽くまで親善協力すべきであると、余及びわが同志は信じてゐる」(10)。以上の叙述が真実を伝えているとすれば、当時の汪は自らの行動を孫文に準えつつ、日本との友好関係を求めたと考えられる。そして、その際、孫文の「大アジア主義」講演は日中協力の象徴として捉えられていたと見られる。しかし、それは未だ具体性を伴ったものではなかった。

汪精衛の対日融和的な言動は、一九三二年五月の上海停戦協定以後にも散見される。例えば、彼は六月から七月にかけて、内外の新聞記者と会談した際に、次のような発言を行っている。「中日両国は本来、唇歯の関係の国であって、その関係は至って密接で、相互に連携すべきで、共存共栄を達成する親善の国である」。しかし、「中日両国の関係は現在劣悪であるが、これを一時的なものであるとして、現状の継続に任せておけば、両国の自然な関係に悖《もと》るものとなろう」。そこで、「中日関係を改善するためには、相互信頼をもってすべきであって、すべての改善はそこから出発するのであり、私は今後中日問題が誠意をもって解決されるために、両国の明達の士が協力することを願っている」(11)。こうした一連の発言は、停戦協定発効に伴う和平への期待感の表明でもあったと考えられる。

一九三五年一月、日本の広田弘毅外相が国会でいわゆる「不脅威不侵略」の演説を行うと、汪精衛はこれを歓迎する姿勢を表明した。彼は「中日両国がこのように共感し、さらに相互の努力を加えれば、中日関係はこれより改善の機会を得て、正常な関係に戻ることができる(12)」と述べている。こうした好意的反応は、汪にのみ見られた傾向ではなかったが、彼に特徴的な点があったとすれば、それは中国の国家建設に向けての統一と建設という二つの条件が、安定した国際環境の出現によって可能となると考え、とりわけ地理上・文化上・人種上において中国と密接な関係を有する日本とは、是非とも友好関係を構築する必要があると考えられたことである(13)。広田の演説は、そうした平和を構築するための契機になるものと見なされたのである。そして、そこで引き合いに出されたのが孫文の神戸での講演であった。汪は孫文がかつて日中両国がいかなる面でも提携すべきことを述べた部分に言及して、「この総理の生涯最後の演説を、すべての同志は骨身に刻んで忘れてはならない。中日外交関係についての総理の一生にわたる根本方針は、ここを離れるものではない(14)」と述べている。しかし、ここで注意しておくべきことは、汪が引用しているのは、一一月二八日の「神戸の各団体の歓迎会での演説[15]」であって「大アジア主義」講演ではなかったということである。そこでは、不平等条約廃棄の主張が述べられているが、列強に対抗すべく日中の連帯を説いたものではなかった。このようなことからすれば、この段階までの汪にとっての「大アジア主義」講演は、必ずしも特別な意味を持つものではなかったと考えられるのである。

一九三七年七月に盧溝橋事件が勃発すると、汪精衛はラジオ放送で「最後の関頭」と題する講話を発表して抗戦を呼び掛けた。最後の関頭に至っていなければ、中国としては様々な和平の模索の可能性もあり得たが、今やその時点に立ち至ってしまったからには、決して後ろに引き下がってはならないと汪はいう。そして、「我が国は弱国である、我々は弱国の民である。我々のいわゆる抵抗はほかでもない、その内容は犠牲があるだけで、一人の人間も、一塊の土地も、すべてを灰燼に帰せしめて、敵に一物も得ることがないようにさせよう。〔中略〕率直にいって、我々は犠牲とならなければ傀儡となるしかないのだ[16]」と述べている。ここには、汪の抗戦に向けた強い意志というものが窺える。しかし、他の言説や行動を見る限り、汪の立場は決して確固たるものには至っていないようにも見える。

例えば、汪精衛は一九三七年一一月に談話を発表し、民衆に日本の侵略への抵抗を継続することを求め、命を賭けてでも勝利を収めるべきであると述べている[17]。また、翌年三月には、抗戦の途中で日本に屈服することは滅亡であり、皆が蔣介石の指導の下で心を一つにして、民族の生存と自由を回復しなければならないと述べていた[18]。しかし他方、三七年八月のラジオ演説では、弱国が強国の攻撃の中で生存を求めていくには、忍耐して持ちこたえていく以外にはない旨を述べている[19]。また同じ頃、戦事は適当に切り上げて日本との交渉に入るべきだとする周仏海の意見に同意し、蔣介石の説得に当たるなどしており[20]、汪が抗戦と和平の両面を見せていたことは事実であり、彼の心は揺れ動いていたと見ることができるであろう。そのような汪に、日本側から和平工作の対象として担ぎ出しの動きが始まるのは三八年半ばからであるが、最終的に汪は一二月一八日には重慶を脱出して昆明に飛び、二日後にそこからハノイへと移った。

汪精衛が後に語るところでは、彼の重慶脱出の直接のきっかけは、一二月九日における蔣介石との和戦をめぐる激論であったとされる[21]。当日、蔣は国際情勢の如何を問わず、中国は自力更生、独立奮闘の準備をしなければならないと述べたというが、これに対する汪の立場は以下のようなものであった。現在の中国の困難さは如何に戦局を支えていくかにあり、他方、日本側の困難さは如何に戦局を終わらせるかにある。両者の困難さについては互いに知るところとなっており、それ故、和平に望みがないわけではない。また、外交面では英米仏の援助、ソ連の中立、独伊の静観が期待できる。最も期待するところは日本の自覚である。日本がもし、中国が屈服しないこと、そして東亜の独占が不可能であることを自覚すれば、和平は最終的に到来することになるのである[22]。結局、汪の立場は蔣の容れるところとならず、遂にこれを契機に両者は決裂することとなったのである。

そして、汪精衛の期待する日本の「自覚」は間もなく表明されることになる。一二月二二日に発せられた第三次近衛声明がそれである。汪精衛はこれを高く評価し、中国側もこれに応えるべく声明を発し、これをもって和平交渉の基礎として折衝し、具体案によって解決に努め、戦局を終結させて東亜の平穏な局面を確立させるための、失うべからざる好機であると述べている[23]。そして、同月二九日、汪は重慶の中央党部および蔣介石に宛て「艶電」を発し、近衛三原則を根拠として速やかに日本政府と交渉に入り、和平の回復を期すべきであると主張したのである。

ある論者によれば、一九三九年三月を境として、汪精衛はそれまでの「言論による運動」から「政権樹立の運動」に転換したといわれる。それは、側近の曾仲鳴が汪の身代わりとして、蔣介石の放った刺客によって暗殺されるという事件を契機とするものである[24]。その事件の直後に書かれた論説において、汪は和平の主張が国民政府の決定に基づくものであると、その正当性を主張し、その証拠の一例として一九三七年一二月の国防最高会議の記録を公開した。[25] そして汪はこの論説で、日中双方によるこれまでの循環的報復を超えた「東亜百年の大計」を講じることの必要性を表明し、次のように述べた。「私ははっきりと断言できる。それは、中日両国に明らかなことは、戦争すれば共に傷つき、和平となれば両国は共存するということである。両国が和平について相共に努力すれば、必ずや東亜百年の平安の基礎を固めることができるし、もしそうでなければ、両者ともに傷つき共倒れになるのである」[26]。ここでいわれる「東亜百年の大計」が、後に提示される大アジア主義を示唆していると見ることもできよう。

一九三九年四月二五日、日本政府は汪精衛をハノイから台湾を経由して上海に移動させた。船中で汪は同行の日本人に向かって、これまでは言論の力で重慶の抗戦理論と闘っていく方針だったが、それは今や不可能になったとし、これからは一気に和平政府を作って日中両国が提携する方針が上策だとする考えを述べた[27]。そして、五月から六月にかけて、汪は日本に渡り政府要人と会談して政権樹立についての詰めの交渉を行い、帰国後は国民の支持を得るべく宣伝活動に着手することになるのである。これまでの汪の言説を見る限り、彼は国民革命時期および盧溝橋事件直後を除いてほぼ対日融和的姿勢を保ち続けていたと見られ、その主張は時には孫文の大アジア主義と関連づけられることはあったが、それは未だ体系化されたものではなかった。それが本格化するのは、この後の宣伝活動の中においてである。

第二節　日中提携の理論的正当化

汪精衛が和平運動を具体的かつ理論的に論じ始めるのは、一九三九年七月に入ってからのことである。汪は七月九日に「中日関係についての私の根本的考えと前進目標」と題するラジオ演説を行っているが、これは自らの和平政策を正当化するために孫文の思想と言説を動員する第一歩であったといえる。すなわち、汪によれば、孫文はかつて「中国革命の成功は日本の了解を待つものである」と述べたことがあるが、日本が東亜の強国と化した今日にあってこの言葉の意味は重大であるとされる。一九二四年四月、広州で国民政府建国大綱を発表した頃の孫文は、日中関係を極めて重視していたのであるが、二八年五月の済南事件以降というもの、両国の関係は悪化の一途をたどり今日の事態に至った。しかし今や、日本が第三次近衛声明を発して、中国に対して侵略的野心がないことを宣言して手を差し伸べ、共通の目的のために親密な合作を呼びかけているのに、なぜ中国はそれに応じようとしないのか。日本に対する怨みは、「解くべきものにして抱くべきものに非ず」と彼はいう。そして今後は、中国は亡国の道である抗戦をやめ、敵を転じて友とすることに努め、日中の和平を回復し東亜の和平を確立すべきだと説いたのである。[28]

翌日発せられた「海外の僑胞に告ぐ」では、日本との和平交渉が決して誤った認識に基づくものではないことを強調する。すなわち、第一に近衛三原則は亡国的条件ではないこと、第二に日本の撤兵問題に関しては、停戦から講和へ、講和から撤兵へという筋道が一般的であるため、この順序を踏むべきこと、第三に日本の駐兵問題に関しては、期間も地点も限られているため問題はないとしている。そして、「日本の提出した和平条件は、なお検討の余地があるとはいえ、決して亡国的条件とはいえない」とするのである。[29]

新政権の樹立を目指す汪精衛にとっての最大の課題は、重慶の国民政府に対して自らの正統性を如何に確保するかということであった。そこで、一九三九年八月二八日から三〇日にかけて上海で六全大会が開催された。ここでは、新たな国民党の取るべき政策が、和平と反共であることが明示された。大会宣言では次のように述べる。「本大会は、今より以後、抗戦建国に代えて和平建国とすることを、特に鄭重に宣布する。また、共匪の死灰再び燃え、禍をなすこと未だ止まざるに鑑み、反共をもって和平建国の必要工作となすことを、特に鄭重に宣布する」[30]。和平問題に関しては、前年一二月の第三次近衛声明をもって、日本が侵略主義を放棄し、中国と和平を謀ろうとしていることは明らかであるとして、中国としても深く反省してこれに応える必要があるとする。そして、日中関係のあるべき姿は、すでに孫文の「大アジア主義」講演の中に示されているとする。すなわち、日中両国は是非とも提携していかなければならないこと、そして、両国はアジア民族解放の原動力とならなければならないということである[31]。

他方、反共に関しては、孫文がマルクス主義には極めて批判的であったことを指摘し、先進諸国においては階級闘争方式による革命も社会政策によって取って代わられつつあり、共産主義勢力の影響力も次第に低下しているとし、ましてや中国のような農業国においてそれが適用不可能であることはいうまでもないことだと述べている。そして、中国共産党はソ連が送り込んできたスパイもしくは特務機関に過ぎないと批判し、これに徹底的に反対していく必要があるとしている[32]。

汪精衛は以上のように、大会開催をもって自らの陣営の正統性を主張したのであるが、和平と反共という政策レベルに留まるだけでは十分な説得力を持つものとはなり得なかった。当然、そこには孫文思想の正統的継承者としての側面を強調する必要があった。その最初の試みは、一九三九年一一月二三日の講演「三民主義の理論と実際」においてなされた。以下、この講演について見ていくことにしよう[33]。

三民主義の特質は何か。汪精衛によれば、孫文の三民主義は欧米の多くの学説を採用しているが、その本質は中国固有の根本思想を根拠としており、欧米のそれとは異なっているとされる。まず、民族主義は中国固有の平和思想の上に築かれたものであるが故に、欧米の国家主義のように排外的傾向を持つものではない。次に、民権主義は欧米の天賦人権説とも、社会民主主義とも異なっている。天賦人権説が主張するものは個人の自由であるが、民権主義が主張するのは全体の自由であって個人の自由ではない。また、社会民主主義は経済面から着想するものであるが、民権主義は政治面から着想するものであって、有り体にいえば、民権主義の目的は全民政治であるとされる。最後に、民生主義は社会主義とは別物であるとする。孫文はかつて、「民生主義とは社会主義であり、また共産主義とも名づけられ、つまり大同主義であります」と述べていたが、これは広く一般的な社会主義や共産主義の目的についていったものであり、民生主義がマルクスの共産主義であるといったのではない。そもそも、マルクス主義は階級闘争を主張するものであるのに対して、孫文の主張するところは階級協力である。また、マルクス主義が私有財産の廃止を主張するのに対して、孫文の民生主義は計画経済を重んじるものである[34]。こうした点において、三民主義は欧米の思想とは違った独自性を持つものであることが強調されるのである。

それでは、なぜ孫文は三民主義を提唱したのか。汪精衛はその動機が救国にあったと指摘する。すなわち、それは欧米の植民地主義的侵略に抵抗し、中国の独立と生存、自由、平等を達成するためのものであったのである。当時、孫文は欧米の植民地主義に加えて共産主義の危険性を認識し、その東亜への流入を防ぐべく民生主義を唱えたのであった。一九二四年以降、孫文は容共政策を採用したが、それはソ連との友好関係を築くものではあったが、共産主義を許容するものではなかった。そして、それは共産党に対しては組織を捨てて国民党の指導に服すべきことを意味するものであった。ところが、共産党は信義に背いたので国民党は「清党」を行い、彼らを排除するに至ったのである。その後、反共精神は全国に遍く行き渡ったのであるが、蔣介石が三六年一二月の西安事件に際して共産党と密約を取り交わしたことは、党の精神に反する行動として厳しく批判されている[35]。

しかし、以上の三民主義の特質と動機についての説明は、さほどの目新しさを見せるものではなく、至って平板なものといってよい。むしろ、汪精衛の三民主義解釈の主眼は、次の実行の方法にあったといえよう。汪によれば、生前の孫文が腐心していたことは、中国がどのようにしたら次植民地の地位から解放されて、自由と平等を獲得できるかということであった。孫文は、その方法には二つあると考えていた。その一つは中国の自助努力であり、今一つは先進国である日本と共同・協力することである。汪の理解するところによれば、孫文の存命中は日中関係がしばしば悪化する時期にあり、彼自身も日本を批判することもあったのであるが、その批判は総じて日本が中国と提携して友となることを希望してのものであり、中国を敵としようとするものではなかったとされる。[36]そうした傾向は、「民族主義」の講演の中からも窺えるのであるが、その他の関連する著作の中にも見出すことができるという。その一つとして挙げられるのは一九一七年に書かれた「中国の存亡問題」である。

「中国の存亡問題」は、第一次世界大戦勃発後に生じた中国の参戦問題をめぐる議論の中で、参戦反対をアピールするために書かれたものである。この論説のうち、汪精衛が最も重要な部分として引用するのは、中国と日本、アメリカの協力関係の必要性を説いた部分である。そこで孫文は以下のように述べていた。

中国が今日、友好国を求めようとするならば、アメリカ、日本しかないのである。日本と中国との関係は、実に安危、存亡のともに相係わる間柄である。日本がなければ中国もなく、中国がなければ日本もない。両国のための百年の安泰を思うと、両国の間に少しのわだかまりを設けても絶対にいけないのである。そのつぎはアメリカである。アメリカの地は中国から遠く離れているが、その地勢からいって、当然わが国を侵略せず、わが国を友とするだろう。［中略］日本は同種同文のよしみによって、わが国の開発を援助しうる力が最も大きく、かならずや両国が相調和しえてこそ、はじめて中国は幸福に恵まれるのである。［中略］中国と日本とは、人種でいえば兄弟の国であり、また、アメリカとは、政治でいえば師弟の国である。［中略］そもそも中国と日本がアジア主義によって太平洋以西の豊富な資源を開発し、また、アメリカがそのモンロー主義によって太平洋以東の勢力を統合し、各自それぞれの発達を遂げたなら、百年にわたり衝突の憂いは

なくなるのである。(37)

孫文がこの論説を発表したのは、一九一五年に日本が「二一カ条要求」を提出した後の、中国での対日感情悪化の時期に当たる。それゆえ、当時の参戦に賛成する主張は、協商国が勝利したならば、その力を借りて日本を牽制しようとする意図を持つものであった。孫文はそうした立場に与しなかったばかりでなく、「日本なければ中国なし」とまで述べたのである。もちろん、孫文は「二一カ条要求」には反対であったのであるが、怨みは解くべきものにして抱くべきものに非ずとの立場から、終始一貫して日本と中国が友となるべきだと主張した。そして、両国は協力関係を確立することによって発展は容易かつ速やかなものとなり、これによって欧米の経済的抑圧勢力を東亜から駆逐することができるようになる。汪精衛は、当時の孫文の意図をこのように考え、これこそ民族主義の精髄であり、民生主義の精髄であると見なしたのである。(38)

このように見てくると、汪精衛が孫文の「中国の存亡問題」をことさらに強調する理由は明白である。すなわち、彼は現時点における日中関係の悪化を二〇余年前の時期に重ね合わせることによって、過去の孫文の対日政策を汪の手によって今日の中国に再現しようとしているのである。しかし、これは容易に気づくことであるが、孫文にとっての日中提携は中国革命達成に向けての必須の要件であると考えられていたのに対し、汪にとっては和平自体が目的となっており、そこには自ずと大きな落差が存在しているのである。汪はそうしたことを一切無視して、自らに孫文を投影することによって、その政治的姿勢の正当化を図ったといえるであろう。

また、汪精衛は次のように述べる。中国は今日、日本と東亜の責任を分担しなければならないだけでなく、そうした責任を分担する力をも持たなければならない。しかし、中国は未だに次植民地の地位から解放されておらず、自由と平等を獲得することができていないため、東亜を安定させ、東亜を建設する責任を分担する力を持ち得ていない。それを実現するためには、国家の自由と平等を実現すべく中国の自助努力も必要であるが、同時に先進国としての日本の側からの中国への援助も必要である。中国は国家の自由と平等を達成するためには、第一に、百年来の欧米の植民地主義の圧迫を打破しなければならず（民族主義）、第二に、強力な政治機構を作り上げることによって政治改造を行い、現代国家となること（民権主義）、そして第三に、健全な経済制度によって民力を発達させ、国力を充実させ、欧米の植民地主義的侵略に抵抗するのである（民生主義）。こうした三民主義に基づくことによって、中国は自由と平等を獲得することができるのであり、同時に日本と共に東亜を安定させ、東亜を建設する責任を分担する力を持つことができるのである[39]。

本講演の最後の部分で、汪精衛は三民主義と和平運動の関係について述べている。汪によれば、この数年来の日中関係は「悪化―抗日―悪化」の循環を繰り返してきた。しかし、それは一九三八年一二月の近衛三原則の提示によって転機を迎えることとなった。それはすでに述べたように善隣友好、共同防共、経済提携からなるものであったが、第一の原則についていえば、それは大アジア主義の理想であり、三民主義の根本精神であるとされる。第二の原則は、ソ連に対するものではなく、コミンテルンによる攪乱の陰謀を防止し、共産主義の悪影響を中国および東亜に及ぼさせないようにするもので、それは大アジア主義の理想であり、三民主義の根本精神でもある。そして、第三の原則は、決して特定の国家に向けたものではなく、日中両国の協力をもって両国の経済力を発展させ、植民地主義の経済圧迫、経済侵略に抵抗するものであって、これもまた大アジア主義の理想であり、三民主義の根本精神でもあるとされる[40]。かくして、目前の和平運動の基本原則は三民主義の根本精神と一致するものと見なされたのである。

先にも触れたように、汪精衛による三民主義理解にはさほどの深まりや独創性があるとはいえない。むしろ、和平の正当化に向けて、その思想性はかなり薄められたということができる。しかも、そこには深刻な矛盾も存在していた。すなわち、土屋芳光も指摘するように[41]、汪が三民主義を救国主義と定義づけ、欧米の植民地主義に対抗し、中国の独立、自由、平等を達成することを目標とするというにもかかわらず、自らの次植民地状態からの脱却に向けて日本と共同・協力することの必要性を説くことは、およそ日本との間に存在する不平等条約の下では説得力を持つものではなかったと考えられるからである。

しかし、汪精衛としても、この問題を認識していなかったはずはなかった。実際、彼は一九二四年一一月の孫文の神戸での講演「日本は中国の不平等条約廃棄を援助すべきである」を引用する形で、汪政権の要求を提示していたと見られるのである。この時の孫文は、日本の明治維新が欧米の本格的侵入以前に起きたため成功することができた一方、中国革命はすでに欧米列強が障害物として存在する中で起きたため成功を収めることができなかったことを述べ、次のように日本の姿勢を批判していた。

日本は現在東亜で最強の独立国であり、また世界列強の一つでもあります。もしも日本が中国が十数カ国の植民地であることを、ほんとうに知っていて、一つの独立国として植民地と親善をはかろうとするのであれば、わたくしはそれはできないことだと考えます[42]。

そして、最後の部分ではより直接的に次のように述べていた。「もしも、日本に本当に誠意があって、中国と親善をはかるのであれば、まず中国を助けて不平等条約を廃棄し、主人としての地位を回復させ、中国人を自由な身分にさせなければならず、そうしてこそ中国は、日本となかよくすることができるのです[43]」。

汪精衛は、孫文のこの言葉は非常に透徹したものであるとした上で、中国と日本は兄弟の国であり、アジアは我々の家庭であるので、我々はどうにかして互いに助け合い、協力し合って我々の家庭を復興しなければならないと述べている。しかし、汪はただ日中の連帯や相互協力をいうためだけに、この文章を引用したとは思えない。すなわち、彼は孫文の言説を引用することによって、現在なおも存在する不平等条約の撤廃を求めたのであり、とりわけ日本に対しては、率先してそれを実行することによって、他の帝国主義国家との差別化を図ってもらう必要があったと考えられるのである。そのことは、今後樹立される政権の存在意義を国民にアピールする手段とも成り得たであろう。汪は、孫文の言説に現在的課題を重ね合わせる形で、自らの和平政策の正当性の根拠としたのである。この意味で、日中提携の最終的な拠り所は、孫文の言説であったということができるのである。

第三節　汪精衛の大アジア主義

汪精衛が自らの著作・講演において、「アジア主義」という言説を使ったのは、一九三九年七月二二日に行われた「二つの懐疑心を解く」と題する講演においてである。これは、広く国民の中に存在する二つの懐疑心に答えるという形で、日中の提携の必要性を説いたものであるが、そのうちの「果たして日本側に誠意はあるのか」という疑問に対して、汪は一九二四年一一月における孫文の「大アジア主義」講演を持ち出す。彼は、この講演録を読めばアジアの危機がいかに重大であるか、そしてアジア人の責任がいかに重大であるかが分かるという。そして彼は次のように述べる。日中両国は互いに友となってこそ、責任を分担し合って現在のアジアの危機に対処することができる。逆に、もし敵となれば、互いに力を削ぎ合うこととなり、他人に乗ぜられて共倒れになる危険性がある。両国が今後真に友となることができたなら、それこそ「最後の勝利」となり得るのであって、今は誠意がないとか、騙されるとかということで心配するには及ばないのである。逆に憂慮すべきことは、両国が今後も互いに敵視を続けることによって「アジアはアジア人のアジアでなくなってしまう」ことだとされた(44)。

この論説では、大アジア主義は日中の理解と連帯を説く中で論じられているのみであるが、前節で言及した「三民主義の理論と実際」は、一九二四年一一月における孫文の神戸講演の意図したものにまで立ち至って説明を加えている点で参考になる。

孫文の講演は連ソ・容共政策を採用していた時期になされたものである。にもかかわらず、孫文が日本と大アジア主義を講じたのはなぜであったのか。汪精衛の解釈は以下のとおりである。すなわち、孫文には終始一つの信念があって、それは中国と日本の協力を前提とするものであり、中国が次植民地の地位から解放されるには、友邦と連合し共同して奮闘する必要があるというものであった。ソ連は中国と友好関係になりたいと望んでおり、中国もまた当然それを望んでいた。しかし、中国と日本が提携協力できなければ、連ソ政策は最終的に無駄になってしまう。中国と日本が協力し、中国とソ連が協力すれば、日ソも協力することができてその牽制を受けることもない。中国、日本、ソ連はそれぞれ国体を異にするが、そのことは現実の外交に関わるものではなく、そのためこの三国は提携できないものではなかった。一九二四年の孫文の訪日は、そうした意図の下に日中提携を呼び掛けるためのものであったのである(45)。汪はこの時点で、孫文の晩年のアジア主義の本質をよく看取していたということができる。

孫文は一九一七年時点ではアメリカを、そして二四年時点ではソ連を友邦に加えたが、彼の対外路線は日中の提携を基軸とすることで貫かれていたのである。そこで汪精衛は、積極的に日中関係の緊密化を促進すべく「大アジア主義」講演の主題を援用しつつ自己の主張を展開することになる。

それでは、汪精衛は日本のアジア主義的言説にはどのように反応したであろうか。もちろん彼は、日本の民間の政略論的な動きに対応することは一切なかったが、前章で見たように、一九三〇年代後半の日本の論壇に現れていた東亜協同体論には不信感を表明していた。近衛文麿のブレーンたちは、日本・満洲国・中国の東アジア全域において社会連帯を実現すべく、民族解放と社会改革を実現し、多民族が自主・協同する広域圏の理念として、様々な角度から東亜協同体を主張していたのであるが、汪はその主張の背景に日本の侵略主義を嗅ぎ取り、これに否定的な態度を採っていたのである。

しかし、それにもかかわらず、汪精衛は東亜新秩序論を基本的に容認する。そして、彼は東亜改造において先進国としての日本の指導権を認めながら、中国にも責任分担の義務があることを指摘している。しかし同時に、「中国が滅亡するものならば勿論責任の分担は問題にもならないが、かりに滅亡はしなくても主権が掣肘を受け、独立自由が不完全であったならば、責任分担の能力も亦薄弱となるであらうから、中国の生存を求め独立自由を求めるといふことは、中国の為めであると同時にまた東亜の為めである」[46]とも述べている。日本が中国に責任分担を期待するならば、中国の独立自由の不可侵なることを忘れてはならない、というのが汪の基本的立場であったのである。このような汪精衛の言説は、彼の考える大アジア主義における日本と中国の立場を知る上で重要であると考えられる。それは、彼の考える日中提携が、当初から無条件で日本に投降したとされる類のものではなかったという意味においてである。

ところで、東亜新秩序と孫文の大アジア主義の関連について、汪精衛は次のように述べている。すなわち、東亜新秩序とは一方においてはこの百年来の西洋の経済侵略を東亜から駆逐しようとするものであり、また他方においては二〇数年来の共産主義の狂濤を防遏するためのものである。こうした責任を負うことができる国は、東亜にあってはこれまで日本があるだけであって、中国は孫文の大アジア主義という遺産があるにもかかわらず、その実現を図る努力をしてこなかった[47]。中国はこれに対して大いに反省すべきである。しかし、中国は今や二つの新たな認識を持つに至ったという。すなわち、第一には東亜新秩序建設と孫文の大アジア主義とが同じであり、一致したものであるということ、そして第二には、東亜新秩序の建設と中華民国建設の完成とは並行していくべきものだということである。[48]ここに汪の論理の中では、東亜新秩序と孫文の大アジア主義は日中提携という共通項を媒介として、歴史的文脈を超えて同一のものと見なされるに至った。そして汪は、今後は中国人が今まで民族主義に基づいて生み出してきた愛国心と、大アジア主義から発生する東亜の観念とを融合して一つとすべきだと主張したのである。

以上の主張に見られるように、大アジア主義が唱えられるようになると、汪精衛はそれと民族主義との調和を図るようになった。汪は「民族主義がなければ、中国の民衆を喚起して中国民衆の力を団結させることはできず、大アジア主義がなければ、東亜の民衆を喚起して東亜の民衆の力を団結させることはできない[49]」と述べ、これが一九二四年に孫文が「三民主義」を講演した後に、神戸で「大アジア主義」講演を行った所以なのであるとする。また、孫文は「遺嘱」の中で、「世界の平等をもって我々を遇する民族と連合する」旨を述べており、人々はそれがソ連であると見なしていたが、汪によれば実はそれは特定の国家ではなかったとされる。むしろ、もし日本が中国に対して平等をもって遇してくれたなら、それはまさに大アジア主義の望むところであった。それではなぜ、民衆を喚起する以外に世界の民族と連合し、共に奮闘する必要があるのか。それは、帝国主義列強の侵略が強化されている現在、彼らの奴隷とならないためには、民衆を覚醒させ、その力を団結させることは当然必要なことではあるが、それだけでは十分とはいえず、今や他民族との「連合」を考慮に入れなければならなくなっているからである。

汪精衛によれば、かつて多くの国は「連合」が軽々になされるべきものではないと考えていた。なぜなら、ひとたび連合してしまえば運命を共にするということになり、失敗すれば共倒れとなる危険性がある上、無意味な束縛を避けるという意味からも孤立を良しとする傾向にあったからである。しかし、現在の世界の大勢は、経済的にも軍事的にも次第に一国単独行動から集団行動へと移りつつある。すなわち、連合はすでに強盛となった国にあっても不可避であるばかりでなく、新興国や復興を図る国家においても必要であることは言を俟たないのである(50)。

日本と中国は共に帝国主義の侵略を受けた国であるが、日本は中国に先んじて自由と平等を獲得することができた。しかし、帝国主義が消滅しない限り、日本が再び侵略を受ける危険性が去ることはない。この点において、両国の運命は本来的に同じである。両国は以前、この点を疎かにしていたため、同一の運命を変じて相克的なものとしたことは、全くの痛恨事であった。そして汪精衛は次のように述べる。「民族主義と大アジア主義は、過去の中国と日本の運命が相克的な時代においては、相容れないもののように見えたが、今日のような運命共同体の時代においては、両国が結ばれているだけでなく、融合して一体となることができるものでもある(51)」。このように、民族主義は大アジア主義との相関の下で、国家の対等関係を前提として日本との相克的側面を否定されることとなった。しかしそれは、日本の帝国主義的性格の否定という操作の上に成り立つものであったことは明らかであった。

それでは、この時期の汪精衛は民権主義についてはどのような解釈を行ったのであろうか。「新時代の使命」と題された講演で、汪は次のように述べている。「総理は民権主義の中で終始、国家の自由、民族の自由を重視し、個人の自由を論じなかっただけでなく、個人の自由を犠牲にし、国家・民族の自由を保全することを主張した(52)」。確かに、孫文は「三民主義」講演における民権主義で、中国人には個人の自由が多すぎることが民族的団結力の欠如の原因であるとし、そのため個人の自由を制限して国家に権力行使の自由を与えるべきだと論じていた。それは、紛れもなく自由についての伝統的解釈に則った言説であったということができる。

こうしたことから、汪精衛は孫文が主張した民権主義は欧米の民主主義とは同一ではないとする。それは、完全な個人の自由主義ではなく、またファシズムでもない、国家と民族の自由を重視したものである。孫文存命中は、欧米流の民主主義が旺盛を極めたため、彼の民権主義は顧みられることはなかったが、今次のヨーロッパ大戦の勃発に至って、多くの人々は民主主義の限界を知るようになった。この点、当時の日本で行われていた新体制運動は、個人の自由を国家・民族の自由に変えるものであり、個人主義を全体主義に変えるものであり、民主主義を集権主義に変えるものとして高く評価されたのである[53]。

このように、汪精衛は近衛文麿による新体制運動の中に、孫文思想との親和性を見出した。三民主義の残りの一つである民生主義にも同様の傾向が窺える。孫文は、欧米流の個人資本主義と共産主義に反対し、それを乗り越えるべく国家社会主義としての民生主義を考案したのである。当時の世界は個人資本主義の勃興の時期に当たり、民生主義はさほど重視されることはなかったが、今日においては新経済政策、ファシズム、国家社会主義の国家はもちろん、英米においてもそのような傾向が現れている。そして汪によれば、日本の新体制運動は、上述のように政治面では個人の自由を国家・民族の自由に変え、経済面では個人資本主義から国家資本主義に進ませるものであって、こうしたことからも孫文思想は一学説であるばかりでなく、「真理」でもあることが分かるとされた[54]。以上のことから、汪の日本への思想的接近度は、一年前の「三民主義の理論と実際」よりも一段と高まったと見ることができるのである。

汪精衛の大アジア主義を特徴づけるものに、東亜連盟の思想と結合が図られたことが挙げられる[55]。次章で詳述するが、一九三九年一〇月に石原莞爾らによって東亜連盟協会が東京で結成されるが、その綱領は「国防の共同、経済の一体化、政治の独立」であり、日本・満洲国・中国の一体化を図るというものであった。その後、中国の側にもこれに呼応する動きが現れ、北京、広州、南京で個別の組織が結成されることになる。汪精衛によれば、東亜連盟の組織は東亜の各民族を自由独立の立場に基づき、共存共栄の目的に向かって共同努力させるものであって、盧溝橋事件以来、日本は中国を滅亡させる意思のないことを声明しており、日本の願望は中国と協力して、東亜新秩序を共に建設することにあったと評価される。そして、その上で汪は次のように述べている。

［孫文の］大アジア主義は東亜連盟の基本原理であり、東亜連盟は大アジア主義の具体的実現である。東亜の諸民族国家は、互いの利益を重ね合わせ、互いの愛情を交え、この大業を作り上げ、最後までやり遂げるのである。(56)

東亜連盟が日本製のアジア主義組織である以上、当然のことながらその指導権は日本が握ることが想定されていた。汪精衛もまた日本がアジアの先進国であることをもって、他の後進国の指導に当たることは何の問題もないと考えていた。しかし、それは強制的あるいは統制的な方法によるのでは、よい結果を得ることはできないという。汪によれば、理想的な指導は、教師が生徒に対するように、あるいは兄が弟に対するように自発的な努力を引き出すようなやり方であるとされた(57)。ここには、「政治の独立」を謳いながらも、現実には日本の指導を受け入れざるを得ないという状況の下で、しかし完全な従属化は避けたいとする意思が窺えるであろう。

さて、一九四一年一二月八日、日本の対英米宣戦布告によって太平洋戦争が勃発することとなった。それは、汪精衛の予想を超えた事態の展開であった(58)。すでに前年一一月に「日華基本条約」を締結していた汪政権は、開戦当日、声明を発表し、「国民政府は条約を尊重し、東亜新秩序の建設という共同目的を実現するという見地から、日本と苦楽を共にし、確固不抜の精神に基づき、この難局に臨むことを決定した(59)」と述べ、中国の安危は東亜の安危と不可分であること、すなわち友邦の安危と不可分であることを認識すべきことを国民に訴えた。二日後、汪精衛は英米に反対することは孫文の遺志を継ぐことであるにもかかわらず、現在の重慶政府は英米に付和して日本を敵として、英米の傭兵となってしまい、中国の人民は英米の犠牲とさせられてしまったと述べ、この度の戦争で仮に日本が敗れたとしたら、アジアは永久に彼らの植民地になってしまい、民族は消滅してしまうだろうと説いた[60]。

汪精衛の述べるところでは、日本の対英米開戦以来、四年来の日中戦争は「大東亜戦争」に変わり、東亜を保衛する戦争となった。そして、近衛声明以来日本が提唱してきた東亜新秩序と、中国が表明してきた大アジア主義は、理論の時期から実行の時代へと進んだのだとされた[61]。汪精衛はこの時から、大アジア主義の実現を「大東亜戦争」の完遂に重ね合わせるようになる。彼によれば、「大東亜戦争は大東亜民族の生死存亡を賭けた戦争である。［中略］中国は東亜の土地の一部であり、中国民族は東亜の人民の一部である以上は、中国は大東亜戦争に参加する以外にない。［中略］中国がもし英米の手中から解放され、二度と次植民地になりたくないと望むのなら、そのことは大東亜戦争に勝利して初めて可能となるのである。すべての東亜民族は、アフリカ、オーストラリア、そして西アジアの諸民族の［滅亡の］後に続きたくないと思うのなら、大東亜戦争の勝利を求めるのみである」。ここから、「我々は共苦をもって同甘を求め、共死をもって同生を求めることの外に道はない」。そして、東亜民族は「自らその国を愛し、互いに隣邦を愛し、共に東亜を愛す」べきであるとされたのである[62]。

太平洋戦争勃発後の汪精衛の大アジア主義には、今一つの大きな特徴が見出せる。それは、帝国主義に反対する言説を展開する中で、人種論的要素を濃厚なものとして行ったことである。一九四二年二月、日本軍がシンガポールを占領した後、彼は次のように述べていた。百年来、英米両国はその軍事侵略、経済侵略の二つを並進させる国策を取ったため、アメリカ大陸の先住民、アフリカの黒人種、オーストラリアのアボリジニは徐々にその被害を受けることとなり、国土を失ったばかりでなく、人種もまたほとんど滅亡しようとしている。アジアの黄色人種もまた同様の不運にめぐり合わせている。しかし、日本が東亜新秩序および大東亜共栄圏などのスローガンを提起して以来、東亜の諸民族は一筋の公明正大なる道を知るに至り、共存共栄の将来に向かって最大限の努力をしているのである。そして、この東亜民族の解放は、世界の人種の解放の基礎を固めるものであると見なされたのである[63]。

汪精衛にとっては、南進政策によって大東亜共栄圏の建設を目指す日本は、今や黄色人種革命を実現する指導者であった。世界各地の先住民族・有色人種がヨーロッパ人に支配され、滅亡の危機に瀕しているとする指摘は、国民革命時期における認識と全く変わっていない。しかし以前は、黄色人種の危機の中で日本だけが帝国主義として生き延びていくことが批判されていたものが、ここでは日本がその救世主として描かれている点に、大きな落差を見て取ることができる。

しかし、日本を盟主とする黄白人種闘争論は汪精衛に特有のものではなく、すでに孫文の思想にも見られた傾向である。果たして、汪がそのことを認識していたかどうかは判然としない。しかし結果としては、一〇数年の年月を経て、孫文の考えは汪によって異なった政治的環境・条件の下で再現され、日本のアジア侵略の後方支援の役割を果たしつつあったということはいえるだろう。アジアの解放をスローガンとしながらも、実際にはアジアを侵す日本の政策の前に、孫文の大アジア主義は汪精衛を通すことによって、思想として不本意な結末を迎えようとしていたのである。

本章では、一九二四年一一月の神戸における孫文の「大アジア主義」講演に対する汪精衛の対応から論を起こし、和平運動正当化の論理と、彼の解釈する大アジア主義がいかなるものであったかを考察してきた。本章で明らかにされたのは、以下の諸点である。

国民革命時期の汪精衛は、孫文の大アジア主義に言及することはなかった。当時の彼の国際政治に対する見方は、徹底した反帝国主義で貫かれており、日本も批判の対象でしかなかった。しかし、一九三〇年代に入ると、神戸での孫文講演を引き合いに出す例が見られ、それは日中協力の象徴として捉えられるケースも見られるようになる。しかし、対日和平を明確にする以前の汪にとっては、「大アジア主義」講演は絶対的な意味を持つものにはなっていなかったと見られる。

汪精衛は対日和平政策に説得力を持たせるためには、自らが孫文の正統的継承者であることを示す必要があった。そこで、三民主義の再提示がなされることとなったが、とりわけその実行の方法に関する説明では、日本との共同・協力が強調されていた点において特徴的であった。その際に有効に活用されたのが、「中国の存亡問題」をはじめとする孫文の著作であった。汪は、日中関係悪化の際にも提携を求めた孫文の言説を援用することによって、現在の自らの政策を正当化しようとしたのである。

汪精衛の理解するところでは、一九二四年一一月の神戸における孫文の「大アジア主義」講演の意図は、日中関係を基軸とする日中ソ三国の提携を求める点にあった。汪はそのような理解に基づいて、日中関係の緊密化を促進すべく、孫文の講演の主題を援用しながら言説を展開した。その過程で、日本の論壇に現れていた東亜新秩序論は大アジア主義の主旨に親和性を持つものと評価され、中国もその役割を分担すべきものと考えられた。しかし、孫文思想の維持と日中提携が両立するためには、三民主義と大アジア主義が整合性を持たなければならなくなり、特に民族主義の中の相克的側面は否定されることになった。その結果、日本は反帝国主義の対象から除外されることとなり、この後、一蓮托生的に太平洋戦争の支持へと向かうことになるのである。

最後に、汪精衛の大アジア主義についての評価を述べておかなければならない。先に述べたように、今日では汪の大アジア主義は孫文の思想の歪曲であったとする説が支配的である。これに対して筆者は、汪が主観的にではあるにせよ、孫文の思想を新たな状況下で再現・敷衍しようと試みたものの、結果的には状況に容れられずに失敗に終わったものと評価する。民族的な危機の状況下においては、いかに孫文の思想に忠実であろうとしても、対日融和的な主張は説得力を持つことは難しかったのである。しかし、汪の思想的失敗の原因の一つには、孫文に内在する日本に対する帝国主義認識の希薄さといった思想的弱点を受け継ぎ、それをさらに拡大させたこともあったといわなければならない。敢えていえば、この点においても汪は孫文の忠実な信徒であったのである。

(1) ここで「大アジア主義」と称するのは、アジア主義全般から区別して、孫文の言説とその延長上にあるものを指している。
(2) 蔡徳金『歴史的怪胎　汪精衛国民政府』、広西師範大学出版社、一九九三年、二一一頁。
(3) 例えば、利谷信義「『東亜新秩序』と『大アジア主義』の交錯―汪政権の成立とその思想的背景―」(『仁井田陞博士追悼論文集　第三巻　日本法とアジア』、勁草書房、一九七〇年)はその典型といえるであろう。
(4) 例えば、高橋久志「汪精衛におけるアジア主義の機能―日中和平への条件の模索のなかで―」(『国際学論集』、第六号、一九八一年一月)や、土屋芳光『「汪兆銘政権」論―比較コラボレーションによる考察―』(人間の科学社、二〇一一年)などが挙げられる。
(5) 蘇維初「汪精衛と大アジア主義」、松浦正孝編『昭和・アジア主義の実像―帝国日本と台湾・「南洋」・「南支那」―』、ミネルヴァ書房、二〇〇七年、一八五頁。
(6) 汪精衛『国民会議促成会全国代表大会之国際問題決議草案並理由書』、一九二五年四月一七日、出版地不明、七～九頁。
(7) 同右、三二～三三頁。
(8) 同右、九一頁。
(9) 許育銘『汪兆銘与国民政府―一九三一至一九三六年対日問題下的政治変動―』、国史館、新店、一九九九年、一〇二頁。

(10) 澤田謙『叙伝　汪兆銘』、春秋社、一九三九年、一七一頁。
(11) 張殿興『汪精衛附逆研究』、人民出版社、北京、二〇〇八年、二四三～二四四頁。
(12) 汪精衛「汪精衛在中央政治会議上関於中日関係的談話」(一九三五年二月二〇日)、南開大学馬列主義研究室、中共党史教研組編『華北事変資料選編』、河南人民出版社、鄭州、一九八三年、八九頁。
(13) 同右、八八～八九頁。
(14) 同右、八九頁。
(15) 邦訳は「日本は中国の不平等条約撤廃を援助すべきである」のタイトルで、伊地智善継・山口一郎編『孫文選集』第三巻(社会思想社、一九八九年)に収録されている。
(16) 汪精衛「最後関頭」(一九三七年七月二九日)、黄美真・張云編『汪精衛集団投敵』、上海人民出版社、一九八四年、一七五頁。
(17) 蔡徳金・王升編『汪精衛生平紀事』、中央文史出版社、北京、一九九三年、二四三～二四四頁。
(18) 同右、二四四頁。
(19) 汪精衛「大家要説老実話大家要負責任」(一九三七年八月三日)、『汪精衛集団投敵』、一八〇頁。
(20) 蔡徳金編、村田忠禧ほか訳『周仏海日記』、みすず書房、一九九二年、一七頁。
(21) 汪精衛「抗戦の真相」(一九三九年六月一二日)、外交問題研究会編『汪主席声明集』、日本国際協会、一九四一年、三八頁。
(22) 韓信夫・姜克夫編『中華民国大事記』第四冊、中国文史出版社、北京、一九九七年、三六五頁。
(23) 汪精衛「致中央常務委員会国防最高会議書」(一九三八年一二月二八日)、国民政府宣伝部編『汪主席和平建国言論集』、中央書報、出版地不明、一九四〇年、五頁。
(24) 土屋『「汪兆銘政権」論』、六三頁。

(25) 汪精衛「挙一個例」(一九三九年三月二七日)、『汪主席和平建国言論集』、一一～一五頁。
(26) 同右、一八～一九頁。
(27) 犬養健『揚子江は今も流れている』、中央公論社、一九八四年、一五七～一五八頁。
(28) 汪精衛「我対於中日関係之根本観念及前進目標」(一九三九年七月九日)、『汪主席和平建国言論集』、三九～四六頁。
(29) 汪精衛「敬告海外僑胞」(一九三九年七月一〇日)、同右、四八頁。
(30) 「中国国民党第六次全国代表大会宣言」(一九三九年八月三〇日)、黄美真・張云編『汪精衛国民政府成立』上冊、上海人民出版社、一九八四年、三二八頁。
(31) 同右、三二五頁。
(32) 「決定以反共為基本政策」(一九三九年八月三〇日)、同右、三三七～三三九頁。
(33) これは、南京で開催された日本軍宣伝主任幕僚会議の場で行われた講演である。この時期は、ちょうど日中間の「内約交渉」が難航していた時期に当たり、それゆえ、この講演は中国人よりも日本人に向けてのメッセージの傾向が強いとする見方もある(土屋『「汪兆銘政権」論』、一三三頁)。
(34) 汪精衛「三民主義之理論与実際」(一九三九年一一月二三日)、『汪主席和平建国言論集』、一一七～一一八頁。
(35) 同右、一一九～一二〇頁。
(36) 同右、一二〇～一二一頁。
(37) 孫文「中国存亡問題」(一九一七年四～五月)、邦訳「中国の存亡問題」、『孫文選集』第三巻、二〇七～二〇八頁。
(38) 「三民主義之理論与実際」、一二二～一二三頁。
(39) 同右、一二七～一二八頁。
(40) 同右、一二八～一二九頁。

(41) 土屋『「汪兆銘政権」論』、一三六頁。
(42) 孫文「日本応助中国廃除不平等条約」(一九二四年一一月二八日)、邦訳「日本は中国の不平等条約廃棄を援助すべきである」、『孫文選集』第三巻、三八一頁。
(43) 同右、三八三頁。
(44) 汪精衛「両種懐疑心理之解釈」(一九三九年七月二二日)、『汪主席和平建国言論集』、五五～五六頁。
(45) 「三民主義之理論与実際」、一二五～一二六頁。
(46) 同右、四七九頁。
(47) 汪精衛「必ずや和平を実現」(一九四一年六月二四日)、『汪主席声明集』、一五五～一五六頁。
(48) 同右、一五七～一五八頁。
(49) 汪精衛「民族主義与大亜細亜主義―総理誕辰紀念作―」(一九四〇年一一月一二日)、南京大学馬列主義教研室編『汪精衛集団売国投敵批判資料選編』、一九八一年、南京大学学報編輯部、南京、三三八頁。
(50) 同右、三三九頁。
(51) 同右、三三九～三四〇頁。
(52) 汪精衛「新時代的使命」(一九四〇年一二月一五日)、国民政府宣伝部編『和平反共建国文献　国民政府還都紀念冊』、中央書報、出版地不明、一九四一年、一九〇頁。
(53) 同右、一九一頁。
(54) 同右、一九二～一九三頁。
(55) 当然のことながら、こうした点に関しても現在の中国における評価は否定的なものでしかなく、「投降売国理論の一環」とする見方がほとんどである。例えば、陳戎杰「汪精衛降日売国的〝東亜連盟〟理論剖析」(『抗日戦争研究』一九九四年第三期)、史潮『試論汪精衛集団投降主義理論之発展』(『湖北大学学報』(社会科学版)、一九九五年四月）などを参照されたい。

(56) 汪精衛「東亜連盟中国同志会成立詞」（一九四〇年一一月二五日）、国民政府宣伝部編『汪主席和平建国言論集続集』、中央書報、出版地不明、一九四二年、二〇頁。

(57) 汪精衛「対東亜連綱領的一点意見」（一九四一年一月七日）、同右、六三頁。

(58) 当時、汪精衛は日米交渉の見通しについて、極めて楽観的な見方をしていたといわれる（高橋久志「汪兆銘政権参戦問題をめぐる日中関係」、『国際政治』第九一号、一九八九年、五五～五六頁）。

(59) 汪精衛「対大東亜戦争之声明」（一九四一年一二月八日）、『汪主席和平建国言論集続集』、三〇三頁。

(60) 汪精衛「高級将校戦略演習開始訓詞」（一九四一年一二月一〇日）、『汪精衛集団売国投敵批判史料選編』、三六九～三七〇頁。

(61) 汪精衛「東亜戦争之意義与我們的任務」（一九四一年一二月一八日）、『汪主席和平建国言論集』、三一七頁。

(62) 汪精衛「国民政府還都三周年紀念敬告全国国民」、張殿興『汪精衛附逆研究』、二五五頁より再引用。

(63) 汪精衛「掃除英美的流毒」（一九四二年二月一八日）、『汪主席和平建国言論集』、三五九～三六〇頁。

第一〇章　東亜連盟運動と中国

日本と中国が本格的な戦争状態に入っていく過程で、両国では過去との持続・断絶の要素を含みながら、アジア主義の新たな展開が見られた。すなわち、日本では満洲事変を契機とするアジア・モンロー主義の再燃を経て、松井石根らによる大亜細亜協会の結成があり、さらに東亜新秩序声明以後は東亜協同体の議論が盛んになされるようになった。他方、中国では孫文の大アジア主義を民族主義と結合させ、抗日の思想へと読み替える試みがなされる一方で、戦争の膠着状態の中で、汪精衛のように対日和平の姿勢に正当性を持たせるべく孫文の三民主義を独自に解釈し、さらには大アジア主義を東亜新秩序との親和性の中で解釈する傾向も現れていたのである。

そのような状況の中で、石原莞爾を中心とする人々から日本の対アジア戦略案として東亜連盟論が提起された。それは、近代日本に始まるアジア主義の中では特異な地位を占めるものであった。その理由としてはいくつか挙げられるが、とりわけ指摘しておかなければならないことは、従来のアジア主義が主観的かつ日本至上主義的傾向にあったがゆえに、一方通行的なものであったのに対し、東亜連盟運動は中国国内にも同調者を獲得することができたことである。後に詳述するように、中国側における運動の推進者は、対日和平を進めようとしていた汪精衛を中心とする人々であったが、日本製のアジア主義がこの時ほど中国で盛んに論じられたことはなかったのである。

このように、中国に東亜連盟運動の同調者が現れたという事実は、日本側からすれば思想と運動の拡大を意味するものであったが、中国の側にはそれを受け入れる固有の政治的事情があったことはいうまでもない。しかし、これまでの日本政治史からなされる研究においては、中国における運動は言及されることはあるものの、おおむねそれは日本の運動の延長あるいは外縁として捉えられる傾向にあったといわなければならない(1)。これに対して、中国政治史の研究においては、日本での運動の展開を踏まえた上で、汪精衛政権によってそれが大衆動員策として応用されていく過程に関心が向けられる傾向にあった。そして、最近の研究成果においては、中国の東亜連盟運動はこの後に汪によって展開される新国民運動の前段をなすものとして位置づけられている(2)。そうしたこともあって、そこでは思想的特徴にまで踏み込んで分析しようとする傾向はあまり見られなかった。これに対し、本章ではこれまでの研究成果を積極的に評価しつつも、この運動を日中アジア主義の流れの中に定位すべく、中国における運動の全体像の把握に努め、さらには言説の分析にまで踏み込むことによって、日本の運動からの影響とその独自性について考察していこうと思う。

以下の各節においては、日本の東亜連盟論の内容を概観した上で、それが中国で受容される経緯を見た後、汪精衛政権下における運動と思想の特徴について見ていくことにする。このことによって、戦時下におけるアジア主義の連鎖と変容、そしてその運動と思想に仮託する汪政権のもう一つの姿が見えてくることになるであろう。

第一節　東亜連盟論の概要

東亜連盟の中心理論は石原莞爾によって作られた。そのため、この問題を論じるに当たっては、どうしても石原の大陸経営構想から説き起こさなければならない。いうまでもなく、石原は一九三一年の満洲事変に直接的に関わった人物であり、事変発生以前の彼は熱心な満洲領有論者であったといわれる。しかし、この年の暮れに、彼は「頑強な迄に主張しつづけていた」領有論を放棄し独立論者に転向していたのである(3)。

石原の東亜連盟論の構想の淵源を遡れば、それは一九三二年七月に創設された官製的国民教化組織である満洲国協和会との関わりに辿り着く。協和会の目的には「王道主義に基く建国精神を汎く国民に普及せしめ、且つ確乎たる信念を持する国民を統合し、民族協和の理想郷の完成を期すると同時に、最後の目標は渾沌たる状態にある全支那本土の運動を及ぼし、進んで全東亜に拡め、東亜連盟を結成することに依って東洋文化の再建と東亜永遠の平和を確保するにあり」と書かれており、それは明らかに東亜連盟の結成を謳ったものであった(4)。石原は協和会の成立直後に書かれた「満蒙ニ関スル私見」の中で、満洲国においては専制政治と自由主義政治を共に排除した、協和会を中心とする政治運営を求めており、そこでは東亜連盟運動の発展も示唆されていたのである(5)。

石原が初めて東亜連盟という言葉を使ったのは、一九三三年六月に書かれた「軍事上ヨリ見タル皇国ノ国策並国防計画要綱」においてであった。そこでは、近い将来に生じる「世界文明統一の為人類最後最大の戦争」の「準備として目下の国策は先東亜連盟を完成するにあり」と連盟結成の必要性が説かれ、そして「東亜連盟の範囲は、軍事経済両方面よりの研究より決定するを要す」とされていた(6)。こうした考えはさらに発展させられ、二年後には「東亜連盟は先ず日本朝鮮支那及三民族の共有共存地域たる満洲国を範囲とし、其共同防衛共同経済は天皇により、統制せられ行政は各単位毎に之を行ふものとす[7]」とあるように、協和会の思想を満洲国だけでなく中国における日本の支配地域にまで拡大する姿勢を示したのである。この時点で、石原の中では後の東亜連盟の構想の基礎はほぼ固まりつつあった。

一九三七年の盧溝橋事件の勃発後、日中戦争が長期化する中で、石原は満洲国と協和会が自らの理想とかけ離れていく状況を認識する一方で、翌年一一月に発せられた「東亜新秩序声明」に積極的に反応し、本格的に東亜連盟運動に取り掛かることになる。一二月には宮崎正義が『東亜連盟論』を改造社から刊行しているが、それは石原の指示によるものであったであろう。そして一九三九年一〇月、木村武雄を中心として東京で東亜連盟協会が結成され、運動は正式にスタートすることになる。石原は現役の軍人であったため、表面に出ることはなかったが、出発点でのメンバーが満洲建国の同志や農民運動の指導者、あるいは何らかの形で石原の心酔者となった者を中核とし、進歩派を含む幅広い知識人を協力者とした点で、この運動は他のアジア主義運動とは性質を異にするものであった[8]。東亜連盟協会はその後、各地に支部を作るなどして運動を展開していくが、一九四一年一月、閣議決定によって「肇国の精神に反し、皇国の国家主権を晦冥ならしむる虞あるが如き国家連合理論、乃至之に基く国際形態の樹立を促進せんとする運動は、撲滅する如く指導す[9]」とされてからは、東亜連盟同志会と名称を改めて活動を行うことになる。以下においては、同協会の出版物を通してその主張について概観していくことにしよう。

東亜連盟協会は一九三九年一一月に機関誌として『東亜連盟』を創刊し、一一月一日付で「東亜連盟協会趣意書」を発表した。そこでは、「文化団体として東亜連盟主義に基く文化運動の展開を任務とする」と自己規定し、究極の目標は万邦協和による絶対の平和の確立にあるとして、「その第一歩として、東亜諸民族の協和による新秩序建設が当面の任務である」とし、前年一二月に発せられた第三次近衛声明の真意を中国国民に知らしめ、東亜民族の提携強化を促進する必要性を訴えていた。[10] ここに明らかなように、東亜連盟協会は近衛三原則に沿って日中和平を実現する運動体として成立したのである。そのことは、『東亜連盟』創刊号の巻頭論文で、近衛三原則が東亜連盟結成の条件と「寸分の隙もなく相照応する」ものであって、「東亜大同の道を明確に指示する」と記されていることからも理解される。[11] 石原をはじめとする人々は、近衛三原則こそ戦争を終結し和平を実現させ得るものと考え、それを民間で推進する役割を自らに課したのである。

将来に形成されるべき東亜連盟は、その条件として国防の共同、経済の一体化、政治の独立という三項目を掲げていた。[12] これらは運動の中核をなすものなので、その内容を簡単に見ておく必要がある。

まず国防の共同であるが、これは日本を除くすべてのアジア諸民族が、欧米帝国主義者の前に屈服しているのは力の不足に起因するため、何よりも国防力の充実が東亜解放の絶対的条件であると考えられたことによる。現在、東亜に加わると予想される武力は米英ソの陸海の軍事力のうち、米英の海軍力に対してはほとんど日本が対処しなければならないが、多方面からの侵攻が予想されるソ連の陸軍力に対しては、満洲国、蒙疆政権、中国との連携が是非とも必要になることが指摘されている。[13] 総じて、ここではソ連の脅威が強調される傾向にあるのであるが、「東亜連盟防衛のためには先づ連盟各国は統一ある方針の下、各その国家の事情に適合する武力を建設し、その建設せる陸海空の三武力が綜合的に威力を発揮し得る如く、万般の努力を払はねばならぬ」とされた。[14]

次の経済の一体化の目的は、連盟の諸国民の利益を増進させるべく、日本、満洲国、中国の経済を相互依存によって緊密に結合させ、これを合理化し発展させることにある。それは、国防との関連でいえば、連盟内において物資の自給自足を図り、対外依存度を最小限度に留め、東亜解放戦での有利な態勢を整えることである。なぜなら、「今日の武力は経済的基礎に益々依存し、高き生産力水準に達せる国はそれだけ優秀なる装備を有し得る」ばかりでなく、「今日の戦争はいふ所の全体戦争なるが故に、総合的な経済力の発達は、各般の事項を通じて戦争遂行能力に影響をもつ事甚大である」ためである。[15] しかし、資源の偏在は人為の及ぶところではないため、必要な産業を適所に興す「適所適業」によって、有無相通ずる総合的な経済建設が実現される必要があるが、これに当たっては決して日本の利益のみを優先させるべきではなく、連盟国家間の対等の原則が前提とされなければならないとされた。このような経済的一体化の実現によって、欧米帝国主義の侵略を排除すると同時にアジアに内在する封建的矛盾を克服し、大衆の利益を基調とする近代的経済体制を確立して、欧米諸国と対等の地位を獲得することができるとされたのである。

最後の政治の独立とは、将来に公布・締結される「連盟憲章や連盟国家間の協定の指示する範囲内で、各連盟構成国家が独立的に自国の主権を行使することを指すものである」[16]。この項目は、石原をはじめとする人々の、中国のナショナリズムに対する一定程度の評価を反映したものと見なし得るであろう。すなわち、そこでは連盟の諸国家は自国の立法権をはじめ、国政のほとんど全般にわたってこれを統轄することができるものとされていたのである。ただし、それは無制限なものではなく、連盟の構成国は「連盟全体の利益の為めに必要なる範囲において」はその権利が制限されるものであった。その「必要なる範囲」とは、国防の共同および経済の一体化に関する事項である。[17] ここからすれば、政治の独立は先の二つの条件に比べて相対的に下位に置かれていたことが理解されるであろう。この点は、後に中国で東亜連盟運動が受容・展開される過程を見る上で、あらかじめ念頭に入れておくべきことである。

さて、東亜連盟の指導原理として提示されたのは王道思想である。王道思想は満洲国協和会の結成に際して採用されたものであるが、東亜連盟協会の綱領の中でも最も基礎とすべき理念とされていた。彼らによれば、世界の旧秩序支配が崩壊しつつある現在、これに対抗し得る東亜の大同は世界史的発展の必然的現象であるが、要はこれを王道の大義に則って建設することにあると考えられた。しかるに、ヨーロッパは列強対立の平和なき状態にあり、アメリカ大陸は強者横暴の支配にある。このような世界にあって、「近世文明におくれて起てる弱き東亜が、他の大陸を超えて繁栄するためには王道によって心から結合する以外に途はない」のである。[18]それでは、王道思想とはいかなるものか。東亜連盟論を最初に体系化した宮崎正義によれば、それは「東洋の古聖賢が教へた政治道徳観念を意味するもの」でも、また「支那歴史の或期に於ける政治理念を指すもの」でもない。[19]それは、「王道と一致する皇道に基き、日満一徳一心の満洲帝国を建設したる我が国の政治理念の謂であり」、さらにいえば「東洋文化の基礎の上に、西欧文化を開顕融合したる新しい東洋文化理論の謂でもある」[20]と定義された。それは、皇国思想によって西欧文化の行き詰まりを打破し、それをさらに高い次元にまで引き上げた民族協和の思想として認識されたのである。

王道を皇道と同質と見なす考え方は、宮崎のみならず東亜連盟協会の名義で発表された文献に共通して見られるのであるが、それが帝国主義と相容れないものとして認識されたことは重要である。すなわち、桂川光正も指摘しているように、皇道は王道の側に引きつけられて解釈されることによって、アジアに対する帝国主義的侵略行為を正当化することは天皇への不忠を意味するものとされたのである。[21]このような観点から、日本の過去におけるアジアへの侵略政策に対しては強い反省の意が表明された。そして、その過程で日本人に生じたアジア人に対する優越意識と侮蔑の念も、徒に彼らの間に反日感情を育て上げるだけであったとして批判された。[22]このような姿勢は、それまでに見られたような独善的アジア主義者たちの議論とは明らかに一線を画すものであったといえるであろう。

それでは、東亜連盟は誰によって指導されるべきなのか。いわゆる「盟主」問題が出てくることは当然のことであった。しかし、協会のメンバーにはこの問題への言及に慎重な姿勢が多く見られたようである。[23]それを反映してか、『東亜連盟協会綱領』には次のように記されている。「日本人が日本国を連盟の盟主なりと自称するは慎むべきである」。日本は「自ら連盟の核心たるべき自信を持たねばならぬが、王道を主義とする我が東亜連盟に於ては、最も大なる力を有する国家が最も謙譲であり、自ら最大の犠牲を払わねばならぬ。即ち、東亜連盟の共通事項は特に連盟が日本に委任するもの以外、現今最大の力を有する日本の公正無私なる態度により、連盟各国の協議により決せらる」(24)。しかし、王道主義に盟主が全く不要というわけではなかった。上の文の直後には次のようにも述べられているのである。「吾人は東亜の諸民族が真に大同団結し和かな心持になったならば、進んで天皇を連盟の盟主と仰ぎ奉る日が遠からず到達するものと確信するものである」(25)。このように、日本は国家としてはアジアに謙虚であるべきだが、王道は皇道と同質であるが故に、その体現者である天皇は絶対的な権威＝盟主として仰がれるべき存在であったのである。

さて、しばしば指摘されることであるが、東亜連盟運動は石原の世界最終戦イデオロギーによって貫かれていた。東亜連盟協会の「宣言」には、「人類歴史の最大関節たる世界最終戦争は数十年後に近迫し来れり」とされているが、石原の認識するところでは、第一次世界大戦後の世界は地域的近接性に基づく国家連合の時代であり、その到来は歴史的な運命であるとされる。世界はやがて最終戦に向けて、いくつかの国家連合にまとめられていくのであるが、それは差し当たりソ連、南北アメリカ、ヨーロッパ、そして東亜の四つのものになると推測されている。そしてそれは、東亜とヨーロッパ（ドイツとイタリアを主とする）による連合と南北アメリカ連合との対立状況になるであろう。その過程で、ソ連は巧みに両者の間に立ちつつも、大体はアメリカ側に傾くものと見られた(26)。そして最終的には、東亜とアメリカによる決勝戦（最終戦）が行われるものと予想されたのである。世界最終戦は飛行機や破壊兵器の発達のため短期間に決着を見るものであり、これによって「東洋の王道と西洋の覇道の何れが世界統一の指導原理たるべきかゞ決定」されるものと考えられている(27)。

東亜連盟は以上のような世界最終戦での勝利を収めるべく、東亜を一体化させるものとして位置づけられていたのである。そして日本としては、これと対応する国内の諸改革を実行すること、すなわち東亜全域を単位とする内外一致した革新政策を行い、東亜諸民族の有する力を最大限に発揮させ、最終戦に勝利する態勢を作り上げることが必要とされた[28]。それは、ソ連、英米に対抗し得る巨大な国防力を作り上げることを目標として、政治、経済、思想など物心両面における国民生活の一元的統制を求めるものであった。すなわち、政治の革新としては、国防国家体制を確立し、昭和維新を実行し得る政治指導力の出現が求められ、経済面では日本、満洲国、中国による国防経済の一体化に向けて、経済各部門に対する国家の計画的指導の強化が必要とされた。そして最後の思想面での革新とは、東亜の民族を解放し協和を実現する王道思想の宣揚を意味した[29]。このように、東亜連盟は石原の想定する世界最終戦の到来に向けて、アジアの統一と国内の改革を結びつける役割を持っていたのである。

それでは、東亜連盟の建設に向けて現状はいかなる段階にあると認識されていたのであろうか。連盟の構成国たるべき満洲国と中国は、その基礎条件である国防の共同、経済の一体化、政治の独立を確立するためには、軍閥制度そして共産主義と欧米帝国主義という内外の桎梏から解放されなければならない。しかし、満洲国ではおおむねその課題を達成したものの、中国では汪精衛政権が樹立されたとはいえ、全体として見た場合まだその途上にあるものと見なされている[30]。なぜ、中国の改革は進んでこなかったのか。それは、孫文の思想を時代との関連で理解することを忘れ、大アジア主義と切り離し、断片的・訓詁的に解釈し、遂には抗日救国の思想と見なすに至ったことに最大の原因がある[31]。そうだとすれば、和平の立場からの三民主義の新たな解釈者の出現は、東亜連盟協会の求める中国の統一を実現し改革を進め得る契機となるものである。東亜連盟協会は三民主義を一律に否定するのではなく、中国の和平派の思想動向を把握した上で、その現実的活用を考えていたことは明らかである。そのような立場を採ってこそ、日本は理論的破綻を来さずに汪精衛の政治行動に応え得るものであった[32]。かくして、東亜連盟協会は中国に有力な同調者を求めて思想運動の発展を求めることになるのである。

第二節　中国における東亜連盟運動の開始

中国に東亜連盟論を持ち込んだ人物は、朝日新聞記者の田村真作であった。彼は仙台支局勤務時代に石原莞爾を知り、その熱烈な信奉者となっていた。そして、一九三九年三月に北京の支局に転勤すると、直ちに華北における東亜連盟の宣伝工作に取り掛かることになったのである。

田村は最初、北支那方面軍宣撫班を対象として宣伝を開始した。田村は日本国内から募集した宣撫官の中に数名の同志を獲得することによって、東亜連盟の理論を広めていったのである(33)。田村の指導を受けた宣撫官は中国人と共に、「東亜連盟の細胞的実践体」として中国民衆の中に入り込み、民衆と家族のような関係を作り上げ、彼らの生活感情の中に東亜連盟の精神を植えつけて、「日華満一連一体鉄血的団結、組織を樹立」していった(34)。その結果、中国民衆の中には東亜連盟の精神を体得し、抗戦論者に漢奸呼ばわりされ弾圧を受けても敢然たる態度を持する者も多数現れたとされている(35)。もちろん、こうしたプロパガンダ的報告を過大に評価することは避けなければならないが、宣撫工作が東亜連盟論のある程度の普及に貢献したことは確かであろう。

他方、田村は新民会の中央指導部長であった繆斌にも接触を図った。新民会は、一九三七年一二月に中華民国臨時政府と表裏一体の翼賛団体として結成され、同政府を護持し「反共戦線の闘士となり民力の涵養につとめ、更に比隣共栄の実現に邁進し、以て世界の大平和に貢献する」ことを期するものであった(36)。同会は、三民主義と共産主義に対抗する思想の必要性を説く張燕卿の提言に始まり、それを受けた日本の軍関係者が中国知識人の中から適任者として繆斌を選んだのである(37)。繆斌はかつて国民政府および国民党の要職を務めた人物であり、一貫した反共主義者にして王道論者であった。そして、満洲事変後は抗日政策には批判的立場を取り、和平による紛争解決を訴えていたのである。それでは、繆斌はいかなる思想的基盤の上に東亜連盟論を受け入れていったのであろうか。彼の思想的特徴について簡単に見ておくことにしよう。

繆斌は自らの思想を「新民主義」と称していた。それは、天人合一的進化論に基づく王道主義と称すべきものであるが、その理想とする王道に達するためには、格物、致知、誠意、正心、修身、斉家、親郷、治国、平天下というプロセスを踏むものと考えられていた。一見して分かるように、それは儒家の経典である『大学』の八条目に地方自治を意味する「親郷」を付け加えたものであったが、「治国」の段階では、代議制度と一党独裁を超えるべく五倫に基づいた「礼治主義」、近年の中国の為政者の無道徳を批判する「徳治主義」、そして都市と農村の不均衡を是正すべく農工一致の経済を意味する「生産主義」の三つが提示されたことが、伝統回帰という点で特徴的であった。(38)そして、最後の「平天下」では東亜三国による連盟の結成が説かれ、「日華満の連盟より更に進んでは大亜細亜の連盟を作り、然る後亜細亜を中心として万邦を協和し、王道の天下を成せば、天下は平治するであらう」とされていた。(39)こうした主張から分かるように、繆斌の思想にはすでに東亜連盟と重なり合う部分が存在しており、日本側が彼にアプローチする理由は十分にあったのである。この後、繆斌は宮崎正義の『東亜連盟論』を読んで影響を受けたとも、(40)また田村を通して入手した協会の機関誌である『東亜連盟』を読んで、その主張と孫文の大アジア主義との親近性を認識したともいわれている。(41)ともあれ、彼は短期間のうちに急速に東亜連盟の思想に接近していったものと考えられる。

中国での東亜連盟組織の結成と機関誌の発行は、一九三九年末の段階でほぼ予定されていたものと見られる。(42)そのような中で、繆斌は「東亜連盟に対する吾人の見解」を発表しているが、これは中国人によって書かれた東亜連盟に関する最初の著作であった。(43)彼はこの論説の中で、王道をもって東亜連盟の指導原理とすることに全面的に賛意を示した上で、日本の東亜連盟が提示した三つの条件を全面的に受け容れることを表明した。

まず国防問題については、日中両国が防共のために軍事同盟を締結する必要が指摘された。そこでは、日本の指導的地位は認めなければならないが、日本占領地域内においても中国を援助して新しい反共勢力を建設することが望まれていた。次の経済提携においては、「所謂東亜経済の適所適業、有無相通の綜合的経済建設の実現」が望まれるとすると同時に、「農工をして一致して王道主義家族の基礎を保存せしめる」ことを切望するとした点で、自らの新民主義との一体を図った(44)。最後の政治の独立については、東亜連盟における日本の指導性は認めながらも、それは思想と技能による指導であるべきであって、日本人による指導であってはならないことを強調している点は注目すべきである。繆斌のいう「日本人による指導」とは、両国の間に上下関係が生ずることを意味しているのであるが、「其の結果は指導にあらずして圧迫である(45)」とするように、基本的に両国の立場は対等の関係であるべきだと考えられていた。このような姿勢は、この後の中国における東亜連盟運動の基本的な立場となっていくものである。

以上のように、繆斌が東亜連盟の理論に接近していく中で、組織の結成に弾みをつけたのは新民会の改組問題であった。すなわち、一九四〇年三月、北支那方面軍はそれまで軍から相対的に独立していた新民会を自らの統制下に置くべく、宣撫班と強制的に合体させたのである(46)。これによって、新民会では日本人の比率が高まることとなり、その干渉の度合いも露骨なものとなって、繆斌らに同会での活動に見切りをつけさせることとなった。加えて、同年四月二九日には支那派遣軍総参謀長である板垣征四郎名義によって、「派遣軍将兵に告ぐ」と題する小冊子が大量に頒布されるに至った。そこには、「東洋永久和平の基礎は日満支三国の道義的結合の上に東亜連盟を結成し、善隣友好の関係を維持し、東亜侵略の暴力に対しては共同防衛に任じ、相倚り相扶け互恵の経済を以て有無相通じ、三国協力の充実発展を図る事によってのみ実現せられ」るとあるように、日中戦争の終結のためには東亜連盟の結成に向かうべき旨が記されていた(47)。こうした状況の中で、五月一四日、北京に繆斌を会長として中国東亜連盟協会が創設された。中国における東亜連盟運動は、ここに正式な開始を見ることとなったのである。

中国東亜連盟協会の宗旨は以下のように定められた。

一、中国民族の復興を求め、対内的には和平の革新勢力を造成し、対外的には民族の独立・平等を期す。
二、大アジア主義に基づき、東亜連盟の結成を主張し、アジア民族の発展を求める。その条件を政治の独立、経済の提携、軍事同盟とする。
三、王道思想に基づき、民族解放と万邦協和を主張し、もって世界の真の平和の確立を求める。(48)

ここから分かるように、中国東亜連盟協会の宗旨は日本の東亜連盟のものをほぼ受け継いだものであるが、三条件のうち「政治の独立」を最初に置いたことは彼らの強い意志の現れであったと見ることができる。繆斌はこの項目こそ「中国人が最も希望する所のものである」とし、「和平の成功と否とは、総じて和平政府の有力と否とに在り、和平政府の有力と否とは日本の放任か否かの断にある」と述べていた。(49)それは、中華民国臨時政府が樹立されて二年あまりの間、十分な力量を発揮し得なかったことが日本の干渉に由来すると認識してのものでもあったのである。

華北における東亜連盟運動は繆斌の思想的リーダーシップの下にあったと見られるが、運動を進めるに当たって、三民主義を積極的に活用しようとしていたことは注目に値する。しかし繆斌は、孫文の一九二四年時点の三民主義が今日にそのままの形で通用するものとは考えず、新たな時代環境の中で解釈し直すことが必要だとした。その再解釈の手段とされたのは彼の主張する新民主義であるが、その解釈によれば、孫文の民族・民権の両主義は東亜連盟の主張に合致するものであった。
まず民族主義についていうならば、国際平和と人類幸福に貢献するためには、現在横行している狭義の国家主義と民族主義を排除し、天道に基づく「新民精神的民族主義」を提唱しなければならないとされた。それは、アジアの諸民族が欧米帝国主義に抗すべく平等・互助の精神を養うことであり、そのためには「情」の根源たる家族主義に基づかなければならないと考えられた。繆斌の考えでは、「斉家」すなわち家を整えることの延長線上に国を治め、天下を平らかにすることが可能となるのであるが、その過程では「結盟」の段階が不可欠であった。ここから、アジア人の団結のために東亜連盟という結盟形態が必要とされるのである。[50]
次の民権主義に関しては、自由な個人主義を排除して民族の力を強固にし、列強に対抗し得る制度であるべきだとした。そのためには、諸葛亮のような英雄的人物が現れて政治を指導してこそ、組織された民衆は力を発揮することができ、世界に抗していくことができるとされた。繆斌の考えるところでは、中国は民権拡張の時代にあると同時に、戦国時代の潮流の中にあるのであって、一方では国内の人民の団結を図りながら、他方では隣邦との連合を図らなければならない。ここからして、個人的自由主義を乗り越え、国家的自由主義に根差す東亜連盟の結成は、「分」から「合」へ、「小」から「大」への発展を必要とする時代状況に適うものであった。[51]最後の民生主義では、孫文時代の民生主義は連ソ政策の産物であり、それが今日の時代に適合しないことは明らかであるとして、新民主義の理想とする王道思想経済、すなわち自給自足の家族中心の生産と農工一致の生産を行い、資本によって生産が支配されない体制を作り出す「第二次機械革命」の必要性が説かれている。[52]
繆斌は以上のような新民精神に基づく三民主義によって、対内的には和平勢力を創出して救国救民の目的を達成し、対外的には民族の独立、自由、平等を達成し、東亜連盟の結成に向かうことを主張した。三民主義の活用は、東亜連盟論の正当化のための有効な手段であると考えられたのである。このような繆斌の姿勢は、すでに三民主義を和平反共の立場から解釈していた汪精衛を意識したものでもあったとも考えられる。しかし、この後に見ていくように、汪をはじめ多くの人々が孫文の大アジア主義との関連の中で東亜連盟論を展開していくのに比べ、繆斌は三民主義自体の中にその正当化の根拠を求めたという点で特徴的であったというべきであろう。

さて、すでに述べたように、中国の東亜連盟運動が日本人の工作によって開始されたものであることは確かであるが、それが日本に全面的に迎合するものでなかったことは認識しておかなければならない。むしろ、中国側からは日本は中国のナショナリズムを正当に理解すべきだとする意見も見られたのである。例えば、華北の運動の中心人物の一人であった張君衡は次のように述べている。「日本が世界進出と云ふことを称号し、日本主義をもって東亜前進の示標とするなどと云ふことは、中国の民族運動を無形の中に抹殺することに等しいことであり、中国の民族意識を軽視するものである」[53]。中国のナショナリズムは、単純に「排外」と断定できるものではなく、抗戦・和平の両陣営を貫く意識なのであって、和平運動も決してナショナリズムを否定するものではない。東亜連盟は各国のナショナリズムを基礎とすべきものであって、中国としては「『東亜連盟』に参加する以前に、自分自身の民族運動の完成を先づ図らなければならない」[54]とされたのである。そのためにも、日本は中国の民族運動を妨げるべきではないというのであるが、こうした姿勢は明らかに「政治の独立」を最優先する中国の東亜連盟運動の自己主張の現れであったといえよう。

以上において、中国における東亜連盟運動の開始状況について見てきた。華北での運動は、田村と繆斌のラインで動いていたものと考えられ、この時点で汪精衛との接点はほとんどなかったと見られる。それでは、現実の運動はどのようなものであったろうか。日本の『東亜連盟』誌には現地での中国人の積極的な活動を伝える記事が掲載されているが[55]、それがどれほど実態を伝えているかは疑問である。むしろ、華北には政治的独立は存在しないとする北支軍司令部の弾圧によって、華北では新民会以外の団体活動は一切厳禁されてしまった結果、

「たゞ一つの合法活動として華文の雑誌『東亜連盟』の発行が残された」[56]とする運動当事者の回想からすれば、組織としての運動はほとんど有名無実の状態ではなかったかと推察される。しかし、それは運動が華中・華南に波及することによって、新たな展開を見ることになるのである。

第三節　汪精衛政権と東亜連盟運動

華北で東亜連盟運動が開始される以前から、汪精衛は東亜連盟に関する情報をかなり得ていたと見られる。例えば、一九三九年の秋には、汪の側近である林柏生が上海で宮崎正義と会見して東亜連盟に関する知識を得ており[57]、その情報が汪にもたらされた可能性は十分にある。また、翌年になると、日本の東亜連盟運動に呼応するようにという近衛文麿からの書簡での勧めもあった[58]。汪としては様々な情報によって、この運動の中に民衆の抗日要求を親日和平に転換させる可能性を感じていたものと推測される。しかししばらくの間、汪自身は運動の前面に出ることはなく、彼の部下たちが運動の組織化に当たった。

一九四〇年九月九日、広州で林汝珩（広東省教育庁長）らによって中華東亜連盟協会が設立された。設立の指導に当たったのは、広東特務機関の矢崎勘十と朝日新聞元記者の高宮太平であった[59]。矢崎からの報告によれば、協会は「純支那人のみにて結成」され、「国民党の有力者のみなるを以て国民党の活動と併行して全支に拡大するもの」であって、「日本の連盟と密接に協同」すべきものとされている[60]。協会の結成に当たっては、事前にラジオ、新聞、街頭演説での宣伝、さらには教育機関を使っての東亜連盟思想の普及が図られていた[61]。

中華東亜連盟協会は成立に当たって次のような綱領を定めた。

一、本協会は大アジア主義を根拠とし、政治独立、経済提携、軍事同盟を条件として、東亜連盟の結成を期す。
二、本協会は中華民国の復興を求めるべく、対内的には和平反共建国の使命を完成させ、対外的には民族の独立、自由、平等の達成を期す。
三、本協会は「天下を公と為す」の精神に基づき、世界平和の真の確立を求める。(62)

これは、北京に作られた中国東亜連盟協会と同様に、日本の東亜連盟論を基本的に受け入れつつも、和平反共建国という政治路線を提示すること、そして孫文の大アジア主義を前面に押し出すことによって、汪精衛政権の色彩を濃厚に感じさせるものであった。なお、協会は八月二〇日から設立の準備活動を開始し、会員数は成立時点で八千人あまり、その後の二カ月間で三万人に達したとされており(63)、設立当初からかなりの組織化が進んでいたことが理解される。

中華東亜連盟協会がそれまでの運動とどのような繋がりを持っていたかは不明であるが、東亜連盟論の三条件のうち政治の独立を引き続き首位の項目に置いたことは注目に値する。「成立宣言」では次のように述べている。「吾人は何故に政治独立を最も先としたか？　これはわが中華民族の挙国一致の要求であり、経済提携・軍事同盟を主張する先決問題だからである。蓋し政治の独立が不能となれば経済提携も軍事同盟も均しく主従の関係となり、平等互恵自由合作が不能となるのである(64)」。次の経済提携は、東亜各国の協力によってそれぞれの経済力を増し、欧米の経済圧迫や経済侵略に抵抗しようとするものであるが、中国自身についていえば、それは民生主義を実行することであり、そのためには孫文の実業計画に基づくべきものとされた。汪政権下にあっては、繆斌のように孫文思想を独創的に解釈する必要はなかったのである。最後の軍事同盟の目的は、「大東亜国防圏」の自衛を意味するものであって、東亜各国は強固で有力な防衛力を保持して、赤白帝国主義の侵攻に抵抗すべきだとされている[65]。

汪精衛政権にとって、政治の独立は当初から日中提携のために最優先にされるべき問題であった。それは、彼が政権樹立以前の一九三九年二月に、近衛文麿に宛てて次のような書簡を送っていたことからも理解される。「我が国の目前の最も切迫した必要事は、統一した健全な政府を作ることで、この政府は貴国と平等の地位に立つ必要があります。［中略］もしこの政府が貴国に従属する関係になったら、この政府は根本から存在意義を失ってしまうことになります[66]」。このような立場からすれば、東亜連盟によって提示された政治の独立は和平運動に対する国民の支持を獲得する手段として、首位の項目に掲げられなければならなかったのである。しかも汪の考えでは、政治の独立は日本による指導と矛盾するものではなかった。「日本は東亜の先進国であるため、その資格をもって後進国に対して指導者の地位にあることは何の問題もない[67]」のである。問題は指導の仕方であり、兄弟間のような指導関係であれば、摩擦が生じることはないと考えられたのである。このように、日本と中国を兄弟に譬える発想は孫文以来のものであるが、ここでは両者の立場が以前とは全く逆転していることは明らかであった。

しかし、日本の東亜連盟論者にとっては、中国でかくも政治の独立が強調されることは予想を超えていた。そのことは、一九四一年一月に東亜連盟促進議員連盟が中国を訪れた際に提出された報告書からも窺い知ることができる。そこには次のように記されていた。「蓋し中国に於て政治の独立を求める声の極めて熾烈なりしことは、吾人の寧ろ些か奇異に感じたる程にして、中国側の要人は、口を開く毎に必ず之を曰ひ、之の一事にして保障さるるに於ては他に何等抗戦の理由なしと叫べり[68]」。実際、汪精衛は議員連盟との会見の際に、東亜連盟結成の要件の第一が中国の主権の独立と政治の自由にあることを指摘し、それを欠くなら連盟は何の意味も持たないと発言していたのである。日本側としては、政治の独立の強調の中に中国のナショナリズムの発露を感じ取り、それに戸惑いを覚えたというのが実態であったといえよう。

広東での組織の創設からしばらくした一九四〇年一一月二五日、南京で東亜連盟中国同志会が創設された。この組織は汪精衛の指示の下に準備がなされたといわれるが、その中心的な役割を果たした人物は周学昌であった(69)。その綱領においては、「大アジア主義の精神に基づき、政治の独立、経済協力、軍事同盟、文化交流をもって主要原則とし、東亜民族の結合を求める(70)」とされた。ここに初めて「文化交流」が目標の一つとして登場したのである。日本の東亜連盟協会はこれを受けて、事後承諾という形でこの項目を加えることに同意している。過去に日本が西洋文明の吸収を急ぎ、それに侵されることによって、中国文化を軽視したこと、そして中国人の過度な優越感が両国の紛争に繋がったとする日本側の立場からすれば、これに同意することは当然のことであった(71)。

東亜連盟中国同志会の成立に当たり、汪精衛は声明を発表した。それは、日本の東亜新秩序声明を踏襲し、東亜連盟結成の正当性を訴えたものであるが、汪はそこで「[孫文の]大アジア主義は東亜連盟の根本原理であり、東亜連盟は大アジア主義の具体的実現である」と述べた(72)。これは、汪が東亜連盟を大アジア主義と一体化させて論じた最初のものであった。前述したように、汪は一九三九年の秋以降、東亜連盟論についての知識を得ていたものと見られるが、運動に直接的に関わっていくのはこれ以後のことである。

さて、汪精衛の東亜連盟論受容の根拠となった、彼の大アジア主義理解については前章で述べたところである。汪が自らの著作において、「大アジア主義」という言葉を使うようになったのは一九三九年七月からのことであり、それはいうまでもなく日中提携こそが孫文の本意であったとするものであった。彼は、近衛の唱える東亜新秩序が西洋および共産主義の侵略に抗する上で極めて有効なものと評価し、これを孫文の大アジア主義と根本的に一致するものと見なした。そして、その過程での理論的整合性のために、民族主義と大アジア主義との調和を図るようになり、民族主義は大アジア主義を構成する一部分に位置づけられ、かつて孫文が神戸で「大アジア主義」講演を行った理由はこの点を強調するためであったと説明された。また、汪によれば、今や日本が中国に平等をもって対応しようとしていることは明らかであるため、過去のように両国の相克的側面ばかりを強調することは誤りであり、今後は大アジア主義を基礎として対等の関係で連帯が図られなければならないと考えられたのである。

汪精衛が東亜連盟論と大アジア主義を結合させたことは、彼の政権の合法性を理論的に説明するためにも必要なことであった(73)。なぜなら、日本占領下に作られた政権が和平を唱えることは当然としても、果たしてそれが中国の自由と平等に繋がるのかという問題があったからである。このことを、彼は中国の解放を東亜の解放の中に位置づけることによって解決しようと試みた。すなわち、彼は孫文の大アジア主義の趣旨を念頭に置きつつ次のように論じているのである。「東亜の復興は中国の自由平等と同一のことである。中国が自由平等を獲得できなければ、東亜の復興という責任を分担することはできない。一方、中国の自由平等の完全なる獲得は、東亜復興の中でなされなければならない。そのため、中国の独立は必要であるが、日本との協力もまた必要である。東亜連盟運動はこのような意味で始まったのである(74)」。ここに、汪政権は日本占領区域にありながらも、大アジア主義の体現たる東亜新秩序を実現すべく、東亜連盟運動を展開することによって自己解放を成し遂げ、自由平等を実現することができるとされたのである。このような事情を念頭に置けば、中国の東亜連盟運動が日本で重視された石原の世界最終戦論を採用しなかったことも理解できるであろう。

再び組織の問題に戻るなら、東亜連盟中国同志会は結果的に見て全国的組織の結成に向けての過渡的存在であった。すなわち、一九四〇年一二月一五日から一七日にかけて開かれた国民党（汪政権）六期三中全会において、全国の意志を統一し全国の力量を集中させる必要性から、東亜連盟の全国的組織の結成が決定されたのである(75)。

これを受けて、興亜建国運動（上海）、大民会（南京）、共和党（武漢）という三団体の国民党への合流が決定された。これらの団体はいずれも和平反共を唱えていたが、日本の外交機関や軍関係者と密接な関係にあったため、汪政権としては関与が難しかったのであるが、辻政信の提案によってこれらを解散に向かわせることができたのである。[76]かくして、中国の東亜連盟運動は新たな段階へと向かうこととなった。

一九四一年二月一日、南京で東亜連盟中国総会が結成された。会長には汪精衛が就任し、陳公博、温宗堯、陳羣、陳璧君、徐良、諸青来、趙毓松が常務理事に、周仏海が理事会秘書長に、周学昌、周隆庠が副秘書長に、梅思平、林柏生、丁黙邨、繆斌がそれぞれ指導、宣伝、社会福利、文化の各委員会の主任委員に、そして梁鴻志、褚民誼、江亢虎、顧忠琛、張永福、徐蘇中が常務幹事に就任した。[77]総会成立後、各地に分会が設けられたが、広州にあった組織はそのまま広州分会として活動を継続した。会章では、「孫先生の大アジア主義を実現するため、隣邦とそれぞれ自由独立の立場に基づき、最近の共同宣言の精神に依拠し、道義を基礎とする新秩序を建設し、相互にその主権と領土を尊重し、併せて政治、経済、文化など各方面において互助敦睦の手段を講じ、以て共存共栄、東亜復興の共同目的を達せんことを求む[78]」とされた。汪精衛は成立大会で、一九三八年一一月以降の日本政府の東亜新秩序政策を肯定的に評価した上で、「いわゆる連盟とは東亜各民族、国家が独立の立場に基づいて共同行動するものである[79]」とし、ここでもやはり政治の独立を強調した。

それでは、東亜連盟中国総会はいかなる組織として位置づけられたのであろうか。林柏生によれば、東亜連盟中国総会は政党ではなく、党を中心として各党派および無党派の人士を連合して運動を展開する国民組織である。現在の中国に最も必要なのは中心勢力の樹立である。「今度の［東亜連盟］運動の展開の結果は疑ひもなく中心勢力の基礎を増大し、且つ強化するものである」ことが期待されたのである。[80]また、同時期に発表された文書によれば、東亜連盟運動の対内的意義は、国内に統一と団結を実現し、民衆を組織・訓練し、広汎な国民運動を形成させ、指導的中心としての国民党の組織を強化し、党・政府・国民の一元的境地に達せさせることであるとされている(81)。このように、東亜連盟運動には国民運動として、政治運動の中心勢力たるべき国民党の強化の役割が求められていたのである。日本による内面指導を可能な限り弱めようとする汪精衛が、運動に直接的に関与するようになった理由はここにあったと考えられる。

しかし、東亜連盟中国総会の結成は、日本政府の積極的な支持を得てなされたものではなかった。すなわち、前述したように一九四一年一月一四日に日本では興亜諸団体の指導統一を図るべく閣議決定がなされていたのである。その備考においては、中国における東亜連盟運動は「日満華共同宣言」の趣旨、すなわち三国の主権と領土の尊重、そして善隣友好、共同防共、経済提携の方針に沿う限り、その活動は保障されていたのであるが、この後の中国の運動は形の上では単独で展開しなければならなかった。当然、中国の側からは批判の声が上がり、周学昌は「日華は東亜連盟を通じて、国防上協力して西欧帝国主義者の侵略に当らねばならない急務に迫られてゐるにも拘らず、日本が若し東亜連盟を支持せぬとすれば、中国に於ける東亜連盟運動の意義は頗る少く、その発展は期し得られない」と述べていた。また汪精衛も、東亜連盟は中国一国だけではその目的を達成し難いとして、日本の決定に失望の意を表明し、「三国が同一の運動に同一の名称を用ひることは必要なことである」と指摘したのである(82)。

今一つ東亜連盟中国総会にとって想定外だったことは、同会が全国的な組織化を目指したにもかかわらず、華北の新民会が統合に応じなかったことである。彼らは、新民会が和平運動の一翼を担ったことは評価するが、汪精衛の和平運動に対して沈黙し、華北に割拠する形で運動を進めたことは遺憾なことであるとし、「新民会が国民運動に対する啓発的地位を保有して居るならば、新民運動は必ずしも華北の一隅に固守する必要は無」く、「全国に其の効能を堂々と発揚すべきである」とされた(83)。しかし、新民会の独立的姿勢は日本政府の意向を受けてのものであった。すなわち、前述した一九四一年一月の閣議決定においては、「同志会と新民会との団体的統合は当分之を避け、北支に於ける日満華共同宣言の趣旨普及は、新民会をして之に当らしむ」(84)とされていたのである。こうした姿勢は、中央政権成立後も華北を日本の影響下に留め置こうとする以前からの政策の延長にあった。(85)そのことは中国の側も察知しており、華北の運動との一体化が進まない理由を、「隣邦の現地勢力よりの支持によって独自の立場が形成されて居る」(86)ことにあると公然と不満を述べていた。結局、東亜連盟運動は華北から開始されたが、統一化された運動として華北に再浸透することはできなかったのである。こうした事情からすれば、東亜連盟中国総会の方向性が日本の政策と齟齬を来していたことが分かる。

次に汪精衛政権下での東亜連盟運動の綱領としての四条件の具体的内容について見ていこう。第一の政治の独立は、連盟諸国が自国主権を独立行使すべきだとするものであるが、その要点は中国の主権回復のために日本が協力すべきだとする点にあり、こうしたことから四条件の中で最も優先されたものであることはすでに述べたとおりである。次の経済提携は、一切の経済生産および分配を「有無相通じ長短補う」という原則に適合させ、生産渋滞や分配の不公平を絶無にするためのものであるが、それは中国の経済発展を前提にするものでなければならなかった。日本が工業国であり中国が農業国であるということから、分業に基づいて日中経済提携を図るなら、それは中国の半植民地状態からの脱却に繋がるものではないと考えられた。(87)こうした中国東亜連盟運動の姿勢は、「適所適業」を前提とする日本側の構想とはかなり内容を異にするものであったといえよう。

軍事同盟の目的は、前述したように欧米帝国主義およびコミンテルンの指示を受けた共産主義勢力への対抗にあった。中国の東亜連盟論者の認識によれば、東亜各国が単独の力によって侵略を防ぐことは困難であり、必ずや連合した力をもって対処しなければならない。中国は軍事力を増強させてこそ、東亜を復興し東亜新秩序を建設する責任を分担することができる。東亜連盟の目的を実現し、軍事同盟の力量を強化するためには、中国の国防力の強化が絶対不可欠である。そのため、これからの中国の軍事建設では、派閥と軍人割拠の旧弊を排して、装備と組織の面で近代化された軍隊の創出が必要であるとされた[88]。こうした指摘は、汪政権に集まった軍人たちの出身が、南京維新政府の軍隊、投降した重慶政府の正規軍・非正規軍、雑軍など様々であり、統一性と忠誠心を欠いているという事情を反映したものであった[89]。

最後の文化交流は、彼らの機関誌において繰り返し論じられたテーマである。その説くところによれば、仮に両国間で思想と行動の面で隔たりがあり、互いを軽視し排他的観念を持つようなことになれば、これから様々な協力を進めていく上での障害となり、むしろ果てしない紛争を生じていくことにもなりかねない。汪精衛がかつて「艶電」の中で、中国が今後は善隣友好の精神に基づくべきこと、そして日本が中国蔑視の思想を改めるべきことを論じたのは、こうした事態を憂慮してのことであり、東亜連盟論が文化交流の項目を加えた理由はここにあったとされる。しかし、一部には文化交流が現実には日本の文化侵略に他ならないとする意見も見られた。これに対しては、文化交流とは「決して自らの文化の特徴を滅ぼすことではなく、互いの長所を選んで短所を捨て、新たな文化を育てることであり、それは東亜の永久平和の基礎を打ち固める上で当然かつ必要なこと[90]」だとされた。

さて、一九四一年一二月における太平洋戦争の勃発は、中国の東亜連盟運動のあり方や主張に影響を与えた。彼らの認識では、東亜連盟運動と「大東亜戦争」の理論的出発点は、共に自主興隆の新東亜を作り出し、これをもって東亜復興の基幹となし、世界に貢献し人類の永久平和を勝ち取ることにある。東亜連盟運動はその目的に向けて東亜の各民族を一致団結させるという対内的な役割を果たす一方、大東亜戦争の役割は対外的であり、その目的は英米帝国主義の百年来にわたるアジア侵略を一掃することにあるとされ、両者は表裏一体の関係にあると見なされた[91]。東亜連盟中国総会の機関誌には、開戦に当たって中国（汪政権）も参戦すべきだとの意見も見られたが、結局は分業協力の見地から後方支援の任に当たることが重要だとされた[92]。なお、この戦争の開始によって、東亜連盟の範囲が従来のように日本・満洲国・中国に限られるのではなく、西南太平洋地域にまで拡大されたと認識されるようになる[93]。中国の東亜連盟論が孫文の大アジア主義と結合されることによって、すでに東亜の範囲は拡大して解釈されていたのであるが[94]、戦争を機に日本が南方に勢力を伸ばしたことから、それが現実の問題として認識されるようになったのである。

次に文化面の問題であるが、前述したように、日本の東亜連盟論はその思想的根拠を王道に求めており、中国側もかねてからこれを儒家の道と一致するものと見なしていた。それは、両国間の文化的共通性を強調するためであった。しかし太平洋戦争開始後になると、その程度は極端なまでに高められ、彼らは日本が主張する皇道精神をも無批判に容認し、それが中国の伝統と同質であると見なすようになる。すなわち、「道の含意は、実は孫文のいうところの中国民族の固有の道徳、すなわち忠孝・仁愛・信義・和平である。概括的にいえば、日本の歴史が古から今に至るまで伝えてきた皇道は、中国がこれまで伝えてきた王道なのである」。そして、皇道とは誠であり、王道とは仁であり、両者は同一の意味を持っている。日本の肇国の基礎は「道」にあり、中国の肇国の基礎は「仁」であるが、両者の意味するところは同じである。このように、立国の基点が同じであるならば、今日において両国が連携して「互助敦睦」できない道理はないとされた[95]。また、日本の八紘一宇も、王道の理想である「治国平天下」と一致するものと見なされることになるが、こうした傾向が日本の大東亜共栄圏の思想に呼応したものであったことはいうまでもない。

以上において、中国の東亜連盟運動が主張するところを見てきた。それでは、東亜連盟中国総会結成以後の運動の実態はどのようなものであったのだろうか。当時の出版物や機関誌の記事を見ると、広東では具体的な実践活動を伴いながら運動が進められた様子が窺える。それは、広東がいち早く西洋の侵略を蒙った地であること、さらには孫文と汪精衛の出身地であるという事情にも関連するのであろうが[96]、当地では前述した事前準備もあって組織体制が確立しており、会員数も一九四一年八月の時点で八万人を超えていた[97]。広東での運動では、宣伝と青年を対象とする幹部訓練に重点が置かれた。宣伝面では、各種出版物を発行するほか、演説隊、ビラ、標語、壁新聞、演劇などが活用され、和平区はもちろんのこと、抗戦区においても秘密裏に対日和平の宣伝工作が行われた。さらには、華僑に向けての宣伝も行い、ベトナムとタイには人員が送られて支部が作られた[98]。青年に対する幹部訓練としては、広州市内に幹部訓練班を開設し、省内各地から集めた青年に三カ月にわたる講習を行い、終了後は彼らを地元に帰らせて東亜連盟運動を推進させるといった事業が行われている[99]。これらの事実からすれば、広東における東亜連盟運動は少なくとも一九四一年夏まではある程度の進展を見たものと判断される。

それでは、汪精衛政権の中心地である南京ではどうであったのであろうか。一九四一年五月の支那派遣軍の見解によれば、運動の展開はまだ不十分ではあるものの、東亜連盟の思想は「［中国の］各層共に之を歓迎しつゝあり」、「民衆之を歓迎し重慶亦一指をも之に触るゝ能はざるは本事変に於ける思想戦的我勝利を意味するものなり」と評価されている[100]。しかし、運動は期待どおりには進まなかった。当時、副領事として上海にいた岩井英一は、一九四二年八月の時点で、広東のような特殊事情のある地方は別とした上で、「肝心の中央に於てすら殆んど開店休業状態にて、何等積極的活動なり殆んど有名無実と化しつつある」[101]と報告している。また、日本の東亜連盟協会の関係者も中国における運動の停滞を認め、「火の如き熱意に燃えて発生した中国の東亜連盟運動は、その全面的展開の重要なる時期において、動揺を生じ、光明を失ひ、やがて萎縮してしまった」[102]と記しているのである。ここからすれば、東亜連盟中国総会の華中での運動は、結成から二年も経たないうちに失速状態となっていたと見ることができる。

なぜそのような事態に陥ってしまったのか。板垣征四郎や辻正信といった支那派遣軍における東亜連盟運動推進派の転出（一九四一年夏）が、その一因となったといえるかもしれない。[103] しかし、その最大の原因は先に述べた日本政府の方針転換によって、その積極的な支援を得られなかったことにあったといわなければならない。「中国の東亜連盟運動は、生みっ放しにされたまゝに放って置かれた」[104] とは極めて適確な表現であった。そしてそれと同時に、中国の側からは東亜連盟の理論的浅薄さが停滞の原因であるとも認識されていたことは重要である。すなわち、彼らの中には、「運動の四大綱領に説き及ぶと、現在まだ四大綱領が有るのみで、未だ具体的且系統的な解釈・整理は無く、此故に内容は尚非常に空虚である」[105] とする反省が見られたのである。それは要するに、理論的に民衆に訴える力を持ち得なかったということであるが、日本と違って官製の大衆動員運動であるがゆえに、この点は致命的であったというべきであろう。このような中で、東亜連盟運動に代わって新たな民衆動員の手段として新国民運動が発動されていくのである。

本章においては、日本における東亜連盟論の発生と展開の過程から論を説き起こし、運動が中国に移植される過程を見た後、汪精衛政権下で展開された運動と思想の特徴について見てきた。本章で明らかにされたことは以下の諸点である。

日本における東亜連盟論は石原莞爾の構想に基礎を置くものであったが、一九三九年に開始された東亜連盟協会の運動は近衛三原則による和平実現に向けて、日本・満洲国・中国の国防の共同、経済の一体化、政治の独立を実現しようとするものであった。その運動の基礎には王道思想が据えられていたが、それは帝国主義的侵略行為に対する批判を含んでいたため、それまでの独善的アジア主義とは異なる思想的健全性を持っていたと評価することができる。そのことは、彼らが中国のナショナリズムを一定程度評価する枠組みを持ち得たことに起因するといえよう。しかし、そうした積極的側面は、東亜連盟論が満洲国を介在させつつ日中提携を図るという解決不能な矛盾を前提にしていた点で、対中国政策としては決定的な誤りを犯していたという歴史的評価を超えるものではない。

中国における東亜連盟運動は北京で開始された。その中心人物となったのは繆斌であったが、彼が自らの独創的な思想である新民主義の基礎の上に東亜連盟論を受け入れていったことは、本章で見たとおりである。中国の最初期の東亜連盟論は、半ば伝統的概念を応用しながら導入されたところに特徴があったのである。しかし、それは繆斌だけに見られたことであって、後の中国の東亜連盟論を思想的に決定づけるものではなかった。また、中国の東亜連盟運動が初期の段階から政治の独立を優先させたこと、そして中国ナショナリズムの正当性を主張していたことはその主体的姿勢を窺わせるものであった。

繆斌の事例にも現れていたように、中国の和平派の人々が他の日中提携論よりも東亜連盟論に魅力を覚えた最大の点は政治の独立の条項にあった。それは、彼らの政治運動が大衆の支持を獲得するためには、日本の過剰な介入を排除し自らの主体性を示す必要性があったためである。汪精衛が自らの政権下で運動を展開するに当たって、政治の独立を前面に押し出して日本と対等であることを強調した理由もそこにあった。汪の東亜連盟論で特徴的であった点は、それを孫文の大アジア主義と結合させたことにあった。彼はこのことによって、日中和平＝中国の自由・平等＝東亜の復興という図式を作り上げ、自らの政権を正当化しようとしたのである。そして、全国組織として結成された東亜連盟中国総会には、対日和平の意識を民衆の間に広め、政治的中心勢力たる国民党を強化する役割が期待されたのである。その意味では、中国の東亜連盟運動は国内的課題に動機づけられたものであったということができる。

本論でも述べたように、汪精衛政権における東亜連盟論は、世界最終戦の構想を除いて、日本の東亜連盟協会が提示した条件を形式上はほぼ受け入れたものといえる。そのため、そこでは理論的深化ないしは精緻化がなされたとはいえない。しかし、中国側からは文化交流という新たな条項がつけ加えられ、また経済提携の面でも単純な分業体制に異が唱えられていたように、そこでは中国なりの自己主張の存在が確認された。また、運動の進め方の面でも、汪精衛の指導する東亜連盟中国総会は日本政府の方針に全面的に同意するものではなかった。だが、太平洋戦争の勃発は中国の自己主張を消し去り、日本との一体化を強める方向に進ませた感がある。すでに、その時点で運動は実質的に衰退傾向にあったのであるが、思想面でも主体性を失っていったといえる。中国の東亜連盟運動は、結果的に皇国日本を盟主とする日本型アジア主義を容認することとなったのである。

（1）　これまでの主な研究成果としては、以下のようなものが挙げられる。河原宏「石原莞爾と東亜連盟―『近代日本におけるアジア観』の一―」（『政経研究』第二巻第二号、一九六五年一〇月）、五百旗頭真「東亜聯盟論の基本的性格」（『アジア研究』第二二巻第一期、一九七五年四月）、桂川光正「東亜連盟論の成立と展開」（『史林』第六五巻第五号、一九八〇年九月）、同「東亜連盟運動史小論」（古屋哲夫編『日中戦争史研究』、吉川弘文館、一九八四年）、照沼康孝「東亜連盟協会」（『昭和期の社会変動（年報・近代日本研究―五）』、山川出版社、一九八三年）、小林英夫「東亜連盟運動―その展開と東アジアのナショナリズム―」（ピーター・ドウス・小林英夫編『帝国という幻想―「大東亜共栄圏」の思想と現実―』、青木書店、一九九八年）。河路絹代「『東亜新秩序』をめぐる思想の交錯―東亜連盟論と東亜協同体論の比較から―」（梅森直之ほか編『歴史の中のアジア地域統合』、勁草書房、二〇一二年）。

（2）　中国における運動の展開に関しては、八巻佳子「中国における東亜連盟運動」（『伝統と現代』第六巻第二号、一九七五年三月）、柴田哲雄『協力・抵抗・沈黙―汪精衛南京政府のイデオロギーに対する比較史的アプローチ―』（成文堂、二〇〇九年）、土屋光芳『「汪兆銘政権」論―比較コラボレーションによる考察―』（人間の科学新社、二〇一一年）などがある。また、中国における研究成果としては、石源華「汪偽時期的〝東亜連盟運動〟」（復旦大学歴史系中国現代史研究室編『汪精衛漢奸政権的興亡―汪偽政権史研究論集―』、復旦大学出版社、上海、一九八七年）、陳戎

杰「汪精衛降日売国的〝東亜連盟〟理論剖析」（『抗日戦争研究』一九九四年第三期）、史桂芳『「同文同種」的騙局―日偽東亜連盟運動的興亡―』（社会科学文献出版社、北京、二〇〇二年）、裴京漢「中日戦争時期中国的東亜連盟運動与〝政治独立〟」（中国社会科学院中日歴史研究中心編『九一八事変与近代中日関係―九一八事変七〇周年国際学術討論会論文集―』、社会科学文献出版社、北京、二〇〇四年）などがある。

（3）石原莞爾「満洲国建国前夜の心境」（一九四二年）、角田順編『石原莞爾資料―国防論策篇―』、原書房、一九六七年、九〇～九二頁。

（4）『満洲国協和会会務要綱』（一九三三年三月九日）、アジア歴史資料センター、Ref.C12120176100、一〇頁。

（5）石原莞爾「満蒙ニ関スル私見」（一九三二年八月二三日）、稲葉正夫ほか編『太平洋戦争への道　開戦外交史（新装版）』、朝日新聞社、一九八八年、一八五～一八六頁。

（6）石原莞爾「軍事上ヨリ見タル皇国ノ国策並国防計画要綱」（一九三三年六月）、『石原莞爾資料―国防論策篇―』、一一三頁。

（7）石原莞爾「為花谷君」（一九三五年八月）、同右、一一六頁。

（8）五百旗頭「東亜連盟論の基本的性格」、三五頁。なお、照沼康孝によれば、協会幹部は「そのカリスマ性により石原周辺に集まった、いわば『石原信者』とも言うべき人々」と、「日中戦争が長期化した後に、東亜連盟論に共鳴したり、木村との個人的関係で参加」した人々とに分かれ、その間に対立はなかったものの、互いに異質な存在であると意識していたとされる（照沼「東亜連盟協会」、三〇二頁）。

（9）「興亜諸団体ノ指導理念統一ニ関スル件」（一九四一年一月一四日）、アジア歴史資料センター、Ref.C04122640600。

（10）「東亜連盟協会趣意書」（一九三九年一一月一日）、『東亜連盟』一九三九年一二月号、一五七～一五八頁。

（11）「東亜連盟論と近衛声明」、『東亜連盟』一九三九年一一月号、七頁。

（12）「東亜連盟協会綱領」（一九三九年一一月一日）、『東亜連盟』一九三九年一二月号、一五八頁。

(13) 東亜連盟協会編『東亜連盟建設綱領』、東亜連盟協会、一九四〇年、一一～一二頁。
(14) 同右、一三頁。
(15) 同右、一五頁。
(16) 同右、一八～一九頁。
(17) 同右、一九頁。
(18) 同右、九頁。
(19) 宮崎正義『東亜連盟論』、改造社、一九三八年、一一二頁。
(20) 同右、一一三頁。
(21) 桂川「東亜連盟論の成立と展開」、一三七頁。
(22) 東亜連盟協会編『東亜連盟建設要綱(第二改訂版)』、立命館出版部、一九四〇年、三三頁。
(23) 石原莞爾によれば、『東亜連盟建設要綱』に「東亜連盟の盟主」という一節を入れるか否かに当たって、協会のメンバーの中から中国の同志への不信感を与えかねないとする懸念の声が上がったということである(石原莞爾「維新期同胞に訴ふ　東亜連盟協会宣言の意義」、『東亜連盟』一九四二年五月号、一九頁)。
(24)『東亜連盟建設綱領』、二六～二七頁。
(25) 同右、二八頁。
(26) 石原莞爾『世界最終戦論』、立命館出版部、一九四〇年、五一頁。
(27) 同右、五三頁。
(28) 東亜連盟協会編『昭和維新論』、東亜連盟協会、一九四〇年、一〇頁。
(29) 宮崎正義「東亜連盟運動の基調」、『東亜連盟』一九三九年一一月号、一〇～一一頁。
(30) 岡野鑑記「東亜連盟建設の段階論」、『東亜連盟』一九四〇年七月号、八～一〇頁。

(31)『東亜連盟建設要綱（第二改訂版）』、一一四～一一五頁。
(32)中山優「新秩序の東洋的性格」、『東亜連盟』一九三九年一一月号、三八頁。
(33)田村真作『繆斌工作』、三栄出版社、一九五三年、八〇頁。
(34)清水斎「北支に於ける東亜連盟の実践」、『東亜連盟』一九四〇年三月号、一一六頁。
(35)同右、一一七頁。
(36)「中華民国新民会宣言」（一九三八年一月二四日）、アジア歴史資料センター、Ref.C11110874500。
(37)横山銕三『「繆斌工作」成ラズ』、展転社、一九九二年、一八二頁。
(38)繆斌「新民主義」、『外事警察報』第一八八号、一九三八年三月、八～一四頁。
(39)同右、一五頁。
(40)八巻「中国における東亜連盟運動」、一二三頁。
(41)横山『「繆斌工作」成ラズ』、一九一頁。
(42)「華誌『東亜連盟』創刊計画」、『東亜連盟』一九四〇年一月号、一三六頁。
(43)この論説の原文は『華文大阪毎日』第三巻第八期（日付不明）に発表され、邦訳が『東亜連盟』一九四〇年三月号に掲載されている。したがって、遅くとも同年二月以前には執筆されていたものと推測される。
(44)繆斌「東亜連盟に対する吾人の見解」、『東亜連盟』一九四〇年三月号、二八頁。
(45)同右。
(46)田村『繆斌工作』、八一～八二頁。
(47)これは、三月末に成立していた汪精衛政権に対する側面援助の効果を期待するものでもあったと見られる。実際、汪はこれを歓迎し、直ちに中国語訳して配布していたといわれている（辻政信『亜細亜の共感』、亜東書房、一九五〇年、一六八頁）。

(48) 鞏固「東亜連盟的理論基礎」、史桂芳『「同文同種」的騙局』二二〇頁から再引用。
(49) 繆斌「中国東亜連盟協会よりのメッセーヂ」、『東亜連盟』一九四〇年七月号、三三〜三四頁。
(50) 繆斌『新民精神的三民主義』、中国東亜連盟協会、北京、一九四〇年、五一頁。
(51) 同右、七五頁。
(52) 同右、一〇二頁。
(53) 張君衡「中国民族運動と東亜連盟」、『東亜連盟』一九四〇年八月号、一八頁。
(54) 同右、二七頁。
(55) 「東亜連盟協会ニュース」、『東亜連盟』一九四〇年八月号、一一七頁。
(56) 田村『繆斌工作』、八一頁。
(57) 林柏生「大亜細亜主義と東亜連盟理論とに対する一個の意見」、『東亜連盟』一九四〇年一二月号、二〇頁。
(58) 羅君強「偽廷幽影録」、黄美真編『偽廷幽影録―対汪偽政権的回憶―』、東方出版社、北京、二〇一〇年、四七頁。
(59) 辻『亜細亜の共感』、一七二〜一七三頁。
(60) 「東亜連盟協会ニュース」、『東亜連盟』一九四〇年一〇月号、一一七頁。
(61) 「東亜連盟協会ニュース」、『東亜連盟』一九四〇年一二月号、一一六頁。
(62) 「中華東亜連盟協会綱領」、『東亜連盟月刊（広州）』創刊号、一九四〇年一一月、六一頁。
(63) 「中華東亜連盟協会籌組経過概況」、同右、一〇六頁。
(64) 「中華東亜連盟協会宣言」、『東亜連盟』一九四〇年一一月号、四四頁。
(65) 同右、四五頁。
(66) 「汪精衛致近衛文麿函」（一九三九年二月四日）、『檔案与歴史』一九八八年第二期、四六頁。
(67) 汪精衛「対東亜連盟綱領的一点意見」（一九四一年一月七日）、国民政府宣伝部編『汪主席和平建国言論集続集』、中央書報、出版地不明、一九四二年、六三頁。
(68) 東亜連盟促進議員連盟中華民国視察団「東亜連盟ニ関スル意見書」、一九四一年。
(69) 「東亜連盟中国同志会成立」、『東亜連盟』一九四一年一月号、中華版、九頁。なお、史桂芳は周学昌が会長に就任したとするが（『「同文同種」的騙局』、二二七頁）、現在のところ確証はない。
(70) 「東亜連盟中国同志会簡章」、『東亜連盟』一九四一年一月号、中華版、二三頁。なお、文化交流の原文は「文化溝通」である。
(71) 「『文化の溝通』に就て」、『東亜連盟』一九四一年五月号、一〇～一一頁。
(72) 汪精衛「東亜連盟中国同志会成立訓詞」（一九四〇年一一月二五日）、『汪主席和平建国言論集続集』、二〇頁。
(73) 劉傑「汪兆銘政権論」、倉沢愛子ほか編『支配と暴力　岩波講座アジア・太平洋戦争　七』、岩波書店、二〇〇六年、二七三頁。
(74) 汪精衛「所望於民国三十年者」（一九四一年一月一日）、『汪主席和平建国言論集続集』、五〇頁。
(75) 汪精衛「対東亜連盟綱領的一点意見—対東亜連盟日本議員促進連盟考察団演詞—」（一九四一年一月七日）、『汪主席和平建国言論集続集』、六二頁。
(76) 岩井英一『回想の上海』、「回想の上海」出版委員会、一九八三年、二四一～二四二頁。なお、著者の岩井は興亜建国総部の設立に直接関わった人物である。大民会に関しては、小林「東亜連盟運動」、二二九頁を参照されたい。
(77) 蔡徳金・李恵賢『汪精衛偽国民政府紀事』、中国社会科学院出版社、南昌、一九八二年、九九頁。
(78) 「東亜連盟中国総会会章」、『東亜連盟月刊（南京）』創刊号、一九四一年七月、七二頁。
(79) 汪精衛「東亜連盟中国総会成立大会訓詞」（一九四一年二月一日）、『汪主席和平建国言論集続集』、六八頁。
(80) 林柏生「東亜連盟運動の本質」、『東亜連盟』一九四一年三月号、八六～八七頁。
(81) 汪精衛「東亜連盟協会《ママ》設立要綱」、石源華「汪偽時期的〝東亜連盟運動〟」、二九一頁。

(82)『東亜連盟日本総会』とせよ」、『東亜連盟』一九四一年三月号、六頁。
(83)張君衡「東亜連盟中国総会成立と華北国民運動」、『東亜連盟』一九四一年一二月号、八〇頁。
(84)「興亜諸団体ノ指導理念統一ニ関スル件」。
(85)そのことは、「中央政治会議指導要領」(一九三九年一一月一日)に現れている。
(86)張君衡「東亜連盟中国総会成立と華北国民運動」、七九頁。
(87)「中華東亜連盟協会成立宣言」、四五頁。
(88)周化人「軍事同盟与建軍」、『東亜連盟月刊(南京)』第一巻第四期、一九四一年一〇月二五日、一四~一五頁。
(89)土屋『「汪兆銘政権」論』、二六八頁。
(90)陳璞「中日文化溝通」、『東亜連盟月刊(広州)』第二巻第二・三期、一九四一年三月、一〇~一一頁。
(91)郭秀峯「東亜連盟運動与大東亜戦争」、『東亜連盟月刊(南京)』第二巻第二期、一九四二年二月一五日、一七頁。
(92)餐梧生「大東亜戦争中的後方任務」、『東亜連盟月刊(南京)』第二巻第三・四期、一九四二年四月一五日、四七頁。
(93)張明「東亜連盟運動的前途」、同右、二二頁。
(94)例えば、絳峯「東亜連盟与世界平和」(『東亜連盟月刊(南京)』第一巻第一期)には、そのような見方が示されていた。
(95)趙正平「東亜連盟与文化溝通」、『東亜連盟月刊(南京)』第二巻第二期、一一頁。
(96)「東亜連盟運動問題座談会」、『東亜連盟月刊(広州)』一九四〇年一二月・一九四一年一月合輯号、二八頁。
(97)『広東に於いて進展中の東亜連盟運動』、東亜連盟広州分会、広州、一九四一年、六頁。なお、会員の比率は官公吏:六〇パーセント、学生:一五パーセント、文化界:一〇パーセント、工商農界:一〇パーセントとなっており(同書、一一頁)、運動の主たる組織対象が知識人層であったことが理解される。

(98) 林汝珩「本会第一次全省代表大会開会詞」、『東亜連盟月刊（広州）』一九四一年八月号、六頁、および「広東東亜連盟運動概況」、同、一三頁。
(99)『広東に於いて進展中の東亜連盟運動』、一三～一七頁。
(100) 堀場一雄『支那事変戦争指導史』、時事通信社、一九六二年、五八五頁。
(101) 岩井英一「国民政府ノ強化ト新国民運動」（一九四二年八月）、アジア歴史資料センター、Ref.B02030601400。
(102) 西郷鋼作「中国の東亜連盟運動」、『東亜連盟』一九四三年三月号、二九頁。
(103) 桂川「東亜連盟運動史小論」、三八八頁。
(104) 西郷「中国の東亜連盟運動」、三二頁。
(105) 陳孚木「東亜連盟運動の現在と将来」、『東亜連盟』一九四三年四月号、一七頁。

終章　アジア主義のその後と現在

太平洋戦争下における日本のアジア主義は、敗戦間際となって最も醜悪な姿を晒した。その事例としてよく引かれるのが、敗戦のわずか二カ月前に出版された、平野義太郎の『大アジア主義の歴史的基礎』における思想的歪曲であった。平野は同書で明治維新後のアジア主義の歴史的展開を語り、それが孫文の「大アジア主義」と合致することを論証しようとした。すなわち、孫文の思想は「大アジア主義を媒介として大東亜大同主義、更に日本の提唱する大東亜共栄圏へ発展する原理を持つ」(1)ものと位置づけられたのである。それが思想的無理解に伴う時局便乗的な議論であったことはいうまでもなく、「アジア主義ほろびてアジア主義を自称する議論」の横行を象徴するものに他ならなかったのである。(2)ここに日本のアジア主義は、その無思想化をもって言論の世界からいったん退場することになる。

第一節　アジア主義とは何であったのか

まず、ここまでのアジア主義の歴史を総括しておくことにしよう。近代への突入の前後から、日本と中国のアジア主義はまったくの同床異夢の歴史であったといってよい。日本は開国以前から、いち早く「アジア」であることを認識させられ、欧米列強に立ち向かうべくアジア諸国との連帯を求めた。しかし、そこには当初から強い人種論と日本盟主論の傾向があり、そのため日本にとってのアジアとは、自らをヒエラルキーの頂点として白人種＝欧米列強に対抗するための勢力を結集するという目的から自らの勢力の拡大・浸透を図る、地理的空間に他ならなかった。その結果として、日本のアジア主義は第一期から第三期までを通じ、政略論と国権伸長が言説の中心となり、第一期に見られた抵抗としてのアジア主義は、主流を占めるものとはなり得なかったのである。とはいえ、それらはいずれも、被侵略経験あるいはその危機感を共通項として、日本が主観的に想定するアジア性を連帯の根拠としたものであって、そこには日本人が想像したアジア・イメージが基盤にあったということは認識しておかなければならない。第二、第三期におけるアジア主義の日中戦争推進の論理は、抗日に向かいがちな中国のナショナリズムを親日に変えるために、それを日本の考える擬似的中国概念＝王道によって包み込むという操作によって作り上げられた。それがうまくいったかどうかは別問題として、この段階のアジア主義は、天皇制の原理に加えて中国的価値をも動員していかなければならなくなっていたことは確かである。また、民族・国家を超克するものとして案出された東亜協同体論に至っては、動員された知識人たちの熱意と努力にもかかわらず、中国側からは冷ややかな対応しか得られなかった。彼らは、その裏に日本盟主論に基づいた侵略性を感じ取っていたのである。

翻って、日本が欧米列強に対抗する上で、最大のパートナーと考えた中国ではどうであったであろうか。中国のアジア主義は自律的な思想的営為の結果としてあったわけではなく、日本からの影響によって生じたものであった。しかし、彼らの思想は、日本のアジア主義を許容するものではなかった。第一期と第二期に現れた近代革命論に見られたアジア連帯の構想においては、アジアという空間は日本を含む帝国主義との角逐の場であって、思想としてはさらにアジアを超えて世界を志向するものであった。しかしこれ以後、中国の思想的営為においては「アジア革命」が志向されることはほとんどない。むしろ、その後の中国のアジア主義においては、アジアは民族や国家が結びつく地理的空間であるよりも、国家建設の「手段」として捉えられていたといえるであろう。孫文—戴季陶—胡漢民—汪精衛という流れを見る時、アジアはあたかも空間として語られているかのように見えて、それらは実際には彼らが日本とどのような関係を取り結ぶか——抗日か親日か——という問題を通して、政権の樹立あるいは維持のための手段として利用された言説であることに気づくのである。このことは、日本のアジア主義が終始アジアの解放を名目として掲げていた一方で、中国では必ずしもそうではなかった事実、すなわちアジア主義が主として国内的動機づけによって語られる場合が多かったことに関わっている。中国において、アジア主義は日中関係のあり方を象徴する言語であったのである。このように見れば、日本と中国の間でアジア主義は交錯を繰り返してきたが、アジア主義そのものに対する温度差という点ではかなりの相違があったことが理解されるのである。

さて、第二次世界大戦後、日本はアメリカの占領下に置かれることによって、自らの主体性を放擲してアメリカとの自己同一化を図った結果、アジアを語ることがあたかもタブーであるかのような状況となった。本来なら、アジアを超えて世界の一員に復帰することなど不可能であったにもかかわらず、人々は敢えてそれを避けて語らなくなったのである。アジア主義という語彙に至ってはなおさらであったといえよう。例えば、朝鮮戦争下の一九五一年の初頭に台湾から訪日した何応欽が、関西の財界の要人を前に、孫文の思想に関連づけて反共的アジア主義を訴えたことがあったが、(3)それに対する日本側の積極的な返答は現れなかった。何応欽の提唱が、近代以降の日本型アジア主義に対する批判の視座を欠いたものであったことは確かであるが、この時の日本はそれに対する反応すらもできなかったのである。

学術界においても、アジア主義に関する研究は忌避されてきた観がある。スピルマンはその理由の一つとして丸山眞男の影響を挙げている。(4)すなわち、丸山は「日本ファシズムの思想と運動」の中で、日本ファシズムを担うイデオロギーの特徴の一つとして「大亜細亜主義」的傾向を挙げており、それが「アジア諸民族の解放」などをスローガンとしながらも、結果的には大陸発展を正当化するイデオロギーとなり、時代が下れば下るほど、「日本の帝国主義戦争の単なる粉飾」という意味を強化していったことを述べているのである。(5)丸山は同論文で決してアジア主義そのものを深く分析していたわけではなく、むしろ詳しく立ち入らないままに論を終えている。しかし、彼のアジア主義に対する否定的評価が同時代に影響を与え、この後の学問的空白をもたらす要因となったであろうことは十分に考えられるところである。

第二節　アジア主義の終焉と可能性

冷戦体制の下での日本のアジア諸国への関与の特徴を挙げるなら、それは東南アジア地域を対象とし、経済を中心とするものであった。そのことは、中国との関係構築が現実的に不可能だったことにもよるが、それに加えて、脱植民地化が進む同地域における政治空間に共産主義勢力が入り込むことを危惧するアメリカの意向を背景とするものでもあった。一九五〇年代半ばに至って、日本のアジア回帰の姿勢は明確な形となり、それは五五年四月のバンドン会議への出席となって現れる。当時の日本の世論は、これをアジア復帰の好機と見なす傾向にあった。しかし、戦前に対する慎重さのゆえか、そこでは主義や思想をもってアジアが語られることはほとんどなかった。だが逆に、言説として語られなかったとはいえ、戦前のアジア主義を肯定的に捉えつつ外交活動に努めた政治家もいた。その代表的人物が岸信介であった。岸は東京帝国大学の学生時代には北一輝や大川周明の強い影響を受け、その後満洲国の高官となったことはよく知られている。彼は一九五七年五月に東南アジア諸国を歴訪するが、それはかつての満洲国や日本を盟主とする大東亜共栄圏の復活をイメージしつつ行ったと後に述べている。(6) 戦前の政略としてのアジア主義は、保守政治家の中に伏流水として生き続けていたのである。

一九五〇年代後半になると、言論界の一部には新たな「脱亜論」と「日本特殊論」の声が出始めるようになる。例えば、一九五八年に竹山道雄は次のように述べている。「日本の歴史はアジアの中で一つだけ特別である。西欧の歴史の概念は日本にはしばしばそのまま当てはまるが、他のアジア諸国には当てはまらない。西欧と日本のあいだには、ふしぎな歴史の並行現象がある」(7)。竹山の主張の根拠となったものは、前年の『中央公論』二月号に発表された梅棹忠夫の「文明の生態史観」であった。梅棹はそこで、「世界を東洋と西洋とに分類するということが、そもそもナンセンスだ。［中略］じっさいは、東洋でも西洋でもない部分を、わすれている」(8)と論じていた。梅棹がそのように論じるのは、東洋や西洋という従来の表示法では、世界における日本の位置表示はできないと考えられたからであった。

そこで梅棹は、世界を第一地域（日本と西欧）と第二地域（アジア）に分け、それぞれが生活様式と歴史的発展を異にするものと説いた。梅棹の立場は、これまでに見られたようにアジアを一括りにして、そこにヨーロッパに対する何らかの対抗的価値＝アジア主義の根拠を見出すことに批判的であったのである。これに対して、竹山は日本と西欧を第一地域に含めるという梅棹の仮説を利用し、アジアにおける日本の優越性を証明し、アジアの他の国々に対する差別的な態度を表明すると同時に、日本はアジアの国家ではないと強調することで、日本のアジアに対する責任から逃れようと企てたとも見なすことができる。(9)

このように、敗戦から一〇数年を経て語られ始めたアジアは、学術的であれ曲解であれ、いずれにしても日本とは異質の存在として捉えられたのである。このような知的風潮に批判的な立場を表明したのが竹内好であった。竹内は決して梅棹の説に与する者ではないが――否、実は真っ向から対立するのだが――、彼によれば、梅棹は日本がアジアの一員であるとの通念から出発しながらも、それを生態学から検討してみたところそれが疑わしいとする結果を得たという、いわば学術的手続きを踏んだものであった。しかし他方において、竹山の場合は反共イデオローグとして、梅棹が極力排除しようとした価値観をそこに持ち込み、「日本は他のアジア諸国と異質だというドグマから出発し、いつもそのドグマの周囲を回っている。日本がアジアでないという命題が、歴史の帰納から引き出されたのでなくて、逆にこのドグマから出発して彼の歴史は組み立てられている。その点で竹山説は『脱亜論』の嫡出子である」(10)と批判された。このように、再び現れた脱亜論に対する批判の延長線上にあったのが、竹内による近代アジア主義の再検討の試みであったのである。

一九六三年に『現代日本思想大系』の一冊として出版された『アジア主義』は、近代以降のアジア主義文献のアンソロジーであるが、冒頭に掲載された竹内による解題である「アジア主義の展望」は極めて論争的な内容を持つものであった。すなわち、竹内はそこでアジア主義の中の「侵略」と「連帯」の明確な区別に対する疑問を提示したのである。それは、実証性を持った学術的論稿といえるものではなかったが、時代に対する大いなる挑戦であり、知的刺激を与えるものであった。すでに松本健一が指摘したように、それは「戦後思想によってタブー視され、扱うことを禁止されてきたテーマの封印を解いた」(11)のである。竹内本人は「アジア主義者」を自称したことはないが、「抵抗」としてのアジア概念を近代化の反措定とした点において、彼を知識界における戦後最初のアジア主義者と見なすことは可能であろう[12]。さらにつけ加えるなら、方法としてのアジアをもって西洋的価値を「包み直し」かつ「巻き返す」ことによって、普遍的な価値を創出しようとする竹内は、すぐれて理念的なアジア主義者であったといえるであろう。

それでは、アジア主義を語る政治・経済的環境はどうであったのか。一九六〇年代から七〇年代にかけてのアジアは、内部が一様ではなく異質さを強く認識させるものであった。しかし、日本はアジアでもヨーロッパでもない、何ものでもない世界に入っていった。確かに、六〇年代半ばの日本は沖縄を除いて、占領状態をほとんど解除されており、経済は戦後復興の時期から高度成長の時期へと移っていた。そのような状況を見て、松本健一は一九六四年をもって日本の社会が決定的な転換を成し遂げたとする。彼によれば、司馬遼太郎の著作によって国民の英雄として坂本龍馬が持ち上げられ、西郷隆盛に理想像が求められなくなったことは、国民が西洋の文明を超えるアジア的な革命に惹かれなくなったことを意味するものであった。松本は、「一九六四年とは日本が『アジア』ではなくなった最初の年であった[13]」と断言している。この言は、あたかも日本がアジア主義を語り得ない状況に入りつつあることを意味していた。

実際はどうであったのか。ここでは、思想・理念としてのアジア主義と、実態としてのアジアの政治経済の状況を分けて考える必要があるだろう。まず、前者を見ていくなら、竹内は一九七〇年代に入っても、彼のアジア主義の中心をなす「包み直し」と「巻き返し」のための主体形成に努めていた。もちろん、その「包み直し」と「巻き返し」は何らかの実体を伴ったものではなく、西洋的価値の変革の主体形成の過程を意味するものである。竹内は決して、アジアの政治情勢を無視していたわけではないが、むしろ彼の重点は「アジア学」の方向に向けられることになる。竹内はヨーロッパの対抗概念がアジアであることを前提に、次のように述べる。「もしアジア学なるものが成立するならば、それは文明観の作りかえとして、近代ヨーロッパを手本とする学問体系を内部から変革する学問として、その姿勢を絶えず問い返す自己変革の過程においてのみ、可能であると考えます」[14]。竹内は一人のアジア主義者として、主体形成にこだわり続けたと見ることができるであろう。

他方、アジアの政治経済の実態に目を転じるなら、文化大革命の混乱にあった中国や対米戦争下にあったベトナムなどのいくつかの例外はあるが、そこでは日本が高度経済成長を遂げたのと同様に、一九六〇年代以降に大きな変化を迎えていた。アジア各国は植民地状態を脱することによって、貧困と停滞の状態から発展へと離陸することができたのである。特に、文化大革命清算後の八〇年代以降の中国の成長は画期的であった。それは、かつて岡倉天心が述べたような「屈辱」としてのアジアの終焉であった。その意味では、アジア主義はもはや政治的位相においてはその基盤を失ったといえるかもしれない。しかし、その発展が冷戦後においてすらアメリカの介在を拒否できないことを痛感させられる時、アジア人の中に自分たちはなぜ自立を許されないかという疑問が湧き起こることは当然のことであった。例えば、一九九〇年一二月、東アジア経済グループ（EAEG、後にEAFC）構想を打ち出したマレーシアのマハティール首相が、アメリカの強い反発に遭ったことを振り返って、次のように述べていたことは印象的であった。「[アメリカは]自分自身は貿易ブロックを形成できるが、東アジア諸国には、互いに話し合うことも許さない」し、「我々は、自分たちの国々を『東アジア』と呼ぶことも許されないのです」[15]。

このような言葉そして姿勢は、日本の鬱積していた反米ナショナリストの意識を鼓舞するに十分であった。例えば、一九八九年に「日本はアメリカ以上にアジアなくして、育っていけない」[16]と述べていた石原慎太郎は、九四年のマハティールとの対談において、「[日本が]アジア人の血を引いたアジア人の国家であり、アメリカ人のためよりもまず、アジアのためにある」ことを強調し、「日本がアジアを経営するなどということでなく、日本もアジアの一員としてアジアとの連帯感の中で求められる役割を果敢にはたせばいい」と述べていた[17]。これは、あたかも「アジア主義」の再燃を思わせるような言説であったといえる。現に、これを「保守的アジア主義」と呼ぶ論者もいる[18]。しかし実際には、石原は中華人民共和国の解体を叫び、なおかつ悪意を込めて中国をシナと呼び、民族差別的言辞すら厭わない人物であり、彼の立場は戦前のアジア主義者とさえ同列に論ずることのできるものではなかった。そこには、理念としても戦略としても対抗軸としてのアジアは存在しなかった。結局、竹内好以後というもの、二〇世紀末までアジアを「主義」として考える真摯な思想家、政治家は現れることはなかったのである。

今世紀に入ってからのアジア主義の一つの特徴は、東アジア共同体との関連で論じられる傾向にあったことである[19]。東アジア共同体創設への気運の高まりは、一九九七年七月に始まるアジア通貨危機によってであった。これを機に、東アジア諸国は相互依存の高まりと地域協力の必要性を強く認識し、東アジア協力の枠組みを模索するようになっていた。日本は当初この動きに消極的であったが、二〇〇一年から〇六年までの小泉政権の下では東アジア共同体の構築に向けて日本の積極的姿勢が示されるようになった。その後の安倍、麻生政権では、価値観外交が前面に打ち出されたため議論は停滞するが、〇九年九月に誕生した民主党政権は東アジア共同体の構築をマニフェストに掲げるものであった。鳩山由紀夫は、新たな国際協力の枠組みの構築を目指すべく、「各国の過剰なナショナリズムを克服し、経済協力と安全保障のルールを作り上げていく[20]」方向を求めたのである。

結局、東アジア共同体論は鳩山政権の退場、さらには第二次安倍内閣の誕生によってほとんど先行きの見えないものとなってしまったが、それは果たしてアジア主義とどのように関連するものなのか。一つの見方は、子安宣邦に代表されるように、これを戦前のアジア主義と重ね合わせることによって、反アジア政策として否定的に捉えるものである。すなわち、かつての東亜新秩序が日本の帝国主義的侵略の実態をおおい隠す「日本的平和」の提案であったように、今日の東アジア共同体論も「アジア的平和」をもって、「現代化が社会的不均衡と生活環境の荒廃とをいっそう深める形で進行していく現代アジアの悲惨」をおおい隠すものでしかない、という見方である。[21] それはアジアの再生を目的とするものではなく、自らの文明への一元的同化を求める偽りの希望を提示するものでしかないとされるのである。こうした見解の基礎には、開発を名目として現代アジアに社会的不均衡と環境破壊をもたらした「エセ文明」を、竹内の「方法としてのアジア」の観点から抵抗・克服しなければならないとする考えがある。

他方において、白石隆とカロライン・ハウのように、「ことばが同じ『アジア』だからと言って、かつてのアジア主義と現在の東アジア共同体のプロジェクトが同じものだということにはならないし、アジア主義の『アジア』と東アジア共同体の『アジア』が同じ意味をもつわけでもない[22]」とする立場から、両者を結びつけることに否定的な見方がある。彼らによれば、過去のアジア主義の批判対象であった西欧中心の世界秩序は終焉し、今やアメリカ中心の秩序であって、これを「西」と見ることは誤りであること、また現在のアジアは「屈辱」と「貧困」のアジアではなく、経済的豊かさ、政治的民主化、発展のアジアである。ここに、アジア主義が成立する余地はなく、東アジア共同体のプロジェクトはヨーロッパを他者として、アジアに何らかのまとまりを想定するものではないとされるのである。このように、白石らは眼前にあるアジアの政治経済にのみ目を向け、そこから対抗的要素を消去しようと主張するようにも見える。確かに、東アジア共同体論を戦時下の日本型アジア主義と同等視することができないことは明らかであるが、彼らの機能主義的な立場をもってしても、戦後に問題とされたアジア主義の議論を一括して無化することができないことも我々は確認しておく必要があるであろう。[23]

ところで、二〇〇六年五月、中国の王毅駐日大使（当時）が講演でアジア主義の提言を行ったことは記憶に留めておく必要がある。この時、王毅は過去のアジア主義が失敗に終わったことを踏まえつつ、近年におけるアジア諸国間の関係改善、アジア経済の大きな変化、ＡＳＥＡＮ＋３をはじめとする地域協力が発展していることを根拠に、二一世紀の新しいアジア主義の可能性を述べたのである。彼によれば、新しいアジア主義とは協力的であり、開放的であり、多様性を尊重した調和の取れたものでなければならないとされた[24]。そして、そこでは日本と中国が相互補完的に協力しながらウィン・ウィンの方向に進むべきだとし、しかもＡＳＥＡＮの主体的な役割を尊重して、中国はアジアのリーダーとなるつもりはなく、日本とも指導権を争うことはしないと述べた。王毅はこの年、各地の講演会やシンポジウムにおいて同様の趣旨を発言している。「アジア主義」という言説が、現代中国の政治家から肯定的に発せられたのはおそらく初めてのことであろう。それが王毅個人の見解とは考え難く、おそらく多分に中国政府の意向を反映させたものと考えられる。王毅はここで、極めて慎重に中国が日本をはじめとするアジア諸国の脅威とはならないことを強調している。しかし、これからのアジア主義の最大の根拠を、ＡＳＥＡＮ＋3に見られる「集団的なアジア意識」に求めていることからして、中国がアジアの地域統合に参画し有力な地位を占めたいという意志を表していると見ることは、あながち邪推とはいえないであろう。今日の中国にとって、「新しいアジア主義」とはアジアにおける影響力のさらなる拡大のための手段だと考えられるのである。

それでは、アジア主義は依然として思想としての可能性を持っているのであろうか。昨今、日本人の中国に対するイメージの変化から、これを否定する意見が現れているのは新たな傾向である。例えば、日本人の中国への憧憬が消えた現在において、アジア主義は全く必要とされなくなったとする見方がそれである[25]。実際にそう断言できるのであろうか。確かに今日において、理想主義やロマン主義の観点から中国やアジアを見る人はほとんどいないであろう。しかも、今日において「地域的まとまり」としてのアジアが、何らかの敵を想定した政治的勢力を形成する可能性がないことは明らかである。また、アジアからヨーロッパとアメリカの影響力を排除せよという意見は現実性を持つものではない。しかも、過去のアジア主義が常に盟邦と想定してきた中国は、今や大国と化し実質的に覇権主義国家となってしまっている。もはや、かつて欧米列強の植民地・従属国であったという負の経験の共有をもってしても、アジアの連帯の基礎とは成し得ないのである。したがって、今日においては政治的成果を求めるアジア主義はすでに成立する余地はなくなったといわなければならない。しかし、それにもかかわらず今日の国内に散見される民族差別や排外主義的傾向に対しては、アジアを友とする精神をもって立ち向かわなければならないだろう。そして、理念としてのアジアを考える場合、そこには世界の画一化と価値の押しつけに抗する、新たな価値原理創出の根拠としての可能性はなおも残されているといわなければならない。人類の普遍的価値と見なされてきたものを、さらに一段高めるための方法をアジアの中に求めること、これが未来のためのアジア主義であると考えられるのではないだろうか。

(1) 平野義太郎『大アジア主義の歴史的基礎』、河出書房、一九四五年、一一七頁。
(2) 竹内好「アジア主義の展望」、同編『現代日本思想大系』第九巻、筑摩書房、一九六三年、一五頁。
(3) 何応欽「孫中山先生大亜細亜主義の真諦」(一九五一年二月二一日)、『何応欽将軍の日本に於ける講演集』、出版社、出版年不明、五〇~五一頁。
(4) クリストファー・W・A・スピルマン「アジア主義の再検討」、柴山太編『日米関係史研究の最前線』、関西学院大学出版会、二〇一四年、四九頁。
(5) 丸山眞男「日本ファシズムの思想と運動」、『増補版　現代政治の思想と行動』、未來社、一九六四年、五七頁。
(6) 原彬久『岸信介』、岩波書店、一九九五年、一八九~一九〇頁。
(7) 竹山道雄「日本文化の位置」、日本文化フォーラム『日本文化の伝統と変遷』、新潮社、一九五八年、九~一〇頁。
(8) 梅棹忠夫『文明の生態史観(改版)』、中央公論社、一九九八年、一〇一頁。

（9）孫歌「アジアとは何を意味しているのか（上）」、『思想』第九八六号、二〇〇六年六月、六五頁。なお、このような梅棹の学説に対する竹山の曲解を、現在なお無批判的に継承して脱亜を唱えているうちの一つが渡辺利夫『新脱亜論』（文藝春秋社、二〇〇八年）である。
（10）竹内好「二つのアジア史観―梅棹説と竹山説―」（一九五八年八月一五～一七日）、同『日本とアジア』、筑摩書房、一九九三年、八七頁。
（11）松本健一『竹内好「日本のアジア主義」精読』、岩波書店、二〇〇〇年、九二頁。
（12）上村希美雄「戦後史のなかのアジア主義―竹内好を中心に―」、『歴史学研究』第五六一号、一九八六年一一月、四五頁。
（13）松本『竹内好「日本のアジア主義」精読』、一六五頁。
（14）竹内好「〈アジア学〉の視点」、同編『アジア学の展開のために』、創樹社、一九七五年、一四頁。
（15）深田祐介「日本よアジアを見よ―マハティールとの対話―」、『文藝春秋』一九九二年三月号、一五九頁。
（16）石原慎太郎・盛田昭夫『「NO」と言える日本』、光文社、一九八九年、一五八頁。
（17）石原慎太郎・マハティール『「NO」と言えるアジア』、光文社、一九九四年、四四、二〇八～二〇九頁。
（18）王屏『近代日本的亜細亜主義』、商務印書館、北京、二〇〇四年、三六二頁。
（19）実際は順序が逆で、東アジア共同体の議論が生じたことによって、過去のアジア主義に関心が向けられるようになったというのが実情である。なお、東アジア共同体論の歴史的経緯については、生田目学文「東アジア共同体論の形成と展開」（長谷川雄一編著『アジア主義思想と現代』、慶應義塾大学出版会、二〇一四年、所収）に詳しい。
（20）鳩山由紀夫「私の政治哲学」、『Ｖｏｉｃｅ』二〇〇九年九月号、一四〇頁。
（21）子安宣邦『「近代の超克」とは何か』、青土社、二〇〇八年、二五二頁。
（22）白石隆・カロライン・ハウ「『アジア主義』の呪縛を超えて―東アジア共同体再考―」、『中央公論』二〇〇九年三月、一六九頁。

(23) この点で、「白石とハウの主張が、『アジア』地域の世界資本主義システムへの形式的包摂を追認する結果にしかならないのに対し、竹内の『方法としてのアジア』は、こうした資本主義システムそのものの変革を、その内部から試みる志によって貫かれている」とする梅森直之の指摘は示唆的である（梅森直之「文明と反文明のあいだ―初期アジア主義者の思想と行動―」、梅森ほか編『歴史の中のアジア地域統合』、勁草書房、二〇一二年、二九八頁）。

(24) 王毅「アジアの将来および日中両国の役割」、『アジア時報』二〇〇六年六月、七~九頁。

(25) 深町英夫「大陸コンプレックスを越えて―日本人の辛亥革命研究百年史―」、斎藤道彦編『中国への多角的アプローチ』、中央大学出版部、二〇一四年、二一七頁。

主要参考文献

（日本語）

葦津珍彦『大アジア主義と頭山満』、日本教文社、一九六五年
葦津珍彦『永遠の維新者』、葦津珍彦の主張普及発起人会、二〇〇五年
五百旗頭真「東亜聯盟論の基本的性格」、『アジア研究』第二二巻第一期、一九七五年四月
石井知章・小林英夫・米谷匡史編著『一九三〇年代のアジア社会論―「東亜協同体」論を中心とする言説空間の諸相―』、社会評論社、二〇一〇年
石瀧豊美『玄洋社・封印された実像』、海鳥社、二〇一〇年
伊東昭雄「明治初期の興亜論について―大アジア主義の形成―」、『横浜市立大学論叢　人文科学系列』第三三巻第三号、一九八二年三月
伊東昭雄「『大アジア主義』と『三民主義』―汪精衛傀儡政権下の諸問題について―」、『横浜市立大学論叢　人文科学系列』第四〇巻第一号、一九八九年三月
今井隆太「『東亜協同体論』における理想主義」、『名古屋学芸大学研究紀要　教養・学際編』第五号、二〇〇九年二月
上村希美雄『民権と国権のはざま―明治草莽思想史覚書―』、葦書房、一九七六年
上村希美雄『宮崎兄弟伝』全六巻、葦書房［完結編のみ熊本出版文化会館］、一九八四～二〇〇四年

上村希美雄「戦後史のなかのアジア主義―竹内好を中心に―」、『歴史学研究』第五六一号、一九八六年一一月
上村希美雄「アジア主義―宮崎滔天を中心に―」、西田毅編『近代日本のアポリア―近代化と自我・ナショナリズムの諸相―』、晃洋書房、二〇〇一年
内田弘「三木清の東亜協同体論」、『専修大学社会科学研究所月報』第五〇八号、二〇〇五年一〇月
梅森直之「文明と反文明のあいだ―初期アジア主義者の思想と行動―」、梅森直之ほか編『歴史の中のアジア地域統合』、勁草書房、二〇一二年
衛藤瀋吉「滔天と清国革命はどうして結びついたか」、『思想』第五二五号、一九六八年三月
榎本泰子『宮崎滔天―万国共和の極楽をこの世に―』、ミネルヴァ書房、二〇一三年
大川周明（中島岳志編・解題）『頭山満と近代日本』、春風社、二〇〇七年
岡本幸治編『近代日本のアジア観』、ミネルヴァ書房、一九九八年
梶村秀樹「亜洲和親会をめぐって―明治における在日アジア人の周辺―」、『アジアの胎動』創刊号、第二号、一九七七年四月、七月
桂川光正「東亜連盟論の成立と展開」、『史林』第六五巻第五号、一九八〇年九月
桂川光正「東亜連盟運動史小論」、古屋哲夫編『日中戦争史研究』、吉川弘文館、一九八四年
川島真「近代中国のアジア観と日本―『伝統的』対外関係との関連で―」、高原明生ほか編『現代アジア研究　越境』、慶應義塾大学出版会、二〇〇八年
河路絹代「『東亜新秩序』をめぐる思想の交錯―東亜連盟論と東亜協同体論の比較から―」、梅森直之ほか編『歴史の中のアジア地域統合』、勁草書房、二〇一二年
河原宏「石原莞爾と東亜連盟―『近代日本におけるアジア観』の一―」、『政経研究』第二巻第二号、一九六五年一〇月
河原宏『近代日本のアジア認識』、第三文明社、一九七六年
姜克實『浮田和民の思想史的研究―倫理的帝国主義の形成―』、不二出版、二〇〇三年
蔵居良造「孫文と東亜同文会」、『東亜』第一七七号、一九八二年三月
黒木彬文「興亜会のアジア主義」、『法政研究』第七一巻第四号、二〇〇五年三月

古島一雄『一老政治家の回想』、中央公論社、一九七五年
小島晋治・伊東昭雄・光岡玄編『中国人の日本人観一〇〇年史』、自由国民社、一九七四年
小林英夫「東亜連盟運動―その展開と東アジアのナショナリズム―」、ピーター・ドウス・小林英夫編『帝国という幻想―「大東亜共栄圏」の思想と現実―』、青木書店、一九九八年
子安宣邦『「アジア」はどう語られてきたか―近代日本のオリエンタリズム―』、藤原書店、二〇〇三年
子安宣邦『「近代の超克」とは何か』、青土社、二〇〇八年
酒井三郎『昭和研究会―ある知識人集団の軌跡―』、中央公論社、一九九二年
柴田哲雄『協力・抵抗・沈黙―汪精衛南京政府のイデオロギーに対する比較史的アプローチ―』、成文堂、二〇〇九年
清水元「アジア主義と南進」、大江志乃夫ほか編『統合と支配の論理　岩波講座　近代日本と植民地　四』、岩波書店、一九九三年
白石昌也「明治末期の在日ベトナム人とアジア諸民族連携の試み―『東亜同盟会』ないしは『亜洲和親会』をめぐって―」、『東南アジア研究』第二〇巻第三号、一九八二年一二月
沈建国「アジア主義思想の再検討―宮崎滔天を中心に―」、『日本思想史研究会会報』第二〇、二一号、二〇〇三年一月、一一月
スピルマン、クリストファー・W・A「アジア主義の再検討」、柴山太編『日米関係史研究の最前線』、関西学院大学出版会、二〇一四年
スピルマン、クリストファー・W・A『近代日本の革新論とアジア主義―北一輝、大川周明、満川亀太郎らの思想と行動―』、葦書房、二〇一五年
関智英「孫文大アジア主義演説再考―『東洋＝王道』『西洋＝覇道』の起源―」、三元社編集部編『竹村民郎著作集完結記念論集』、三元社、二〇一五年
蘇維初「汪精衛と大アジア主義」、松浦正孝編『昭和・アジア主義の実像―帝国日本と台湾・「南洋」・「南支那」―』、ミネルヴァ書房、二〇〇七年
桑兵「孫中山の国際観およびアジア観試論」、孫文研究会編『孫文とアジア』、汲古書院、一九九三年

孫歌「アジアとは何を意味しているのか」、『思想』第九八六、九八七号、二〇〇六年六月、七月
高綱博文「孫文の『大アジア主義』講演をめぐって―『孫文講演「大アジア主義」資料集』を中心に―」、『歴史評論』第四九四号、一九九一年六月
高綱博文「孫文の対外戦略論について―『中国の存亡問題』を中心として―」、現代中国学会『現代中国』第六五号、一九九一年七月
高綱博文「孫文《日中ソ提携論》の起源と形成―孫文『犬養毅宛書簡』（一九二三年）の歴史的背景―」、『研究紀要』（日本大学通信教育部）第六・七合併号、一九九四年三月
高綱博文「ワシントン体制と孫文の大アジア主義―孫文の日中ソ提携論を中心として―」、池田誠ほか編『世界のなかの日中関係』、法律文化社、一九九六年
高橋久志「汪精衛におけるアジア主義の機能―日中和平への条件の模索のなかで―」、『国際学論集』、第六号、一九八一年一月
高橋久志「汪兆銘南京政権参戦問題をめぐる日中関係」、『国際政治』第九一号、一九八九年五月
竹内好「アジア主義の展望」、同編『現代日本思想大系』第九巻、筑摩書房、一九六三年
竹内好『日本とアジア』、筑摩書房、一九六六年（後に、ちくま学芸文庫、一九九三年）
竹内好「〈アジア学〉の視点」、同編『アジア学の展開のために』、創樹社、一九七五年
胆紅「『東亜協同体』論をめぐって―戦時下日本の中国論―」、『中国研究月報』第六一巻第一〇号、二〇〇七年一〇月
趙軍『大アジア主義と中国』、亜紀書房、一九九七年
陳徳仁・安井三吉編『孫文・講演「大アジア主義」資料集』、法律文化社、一九八九年
土屋光芳『「汪兆銘政権」論―比較コラボレーションによる考察―』、人間の科学新社、二〇一一年
照沼康孝「東亜連盟協会」、『昭和期の社会変動（年報・近代日本研究―五）』、山川出版社、一九八三年
利谷信義「『東亜新秩序』と『大アジア主義』の交錯―汪政権の成立とその思想的背景―」、『仁井田陞博士追悼論文集第三巻　日本法とアジア』、勁草書房、一九七〇年
冨田昇「社会主義講習会と亜洲和親会―明治末期における日中知識人の交流―」、『集刊東洋学』第六四号、一九九〇年一

一月
鳥海靖「パリ講和会議における日本の立場―人種差別撤廃問題を中心に―」、『法政史学』第四六号、一九九四年三月
中島岳志『中村屋のボース―インド独立運動と近代日本のアジア主義―』、白水社、二〇〇五年
中島岳志『アジア主義―その先の近代へ―』、潮出版、二〇一四年
中村尚美『明治国家の形成とアジア』、龍渓書舎、一九九一年
中村尚美「徳富蘇峰の『アジア主義』」、『社会科学討究』第三七巻第二号、一九九一年一二月
並木頼寿「近代の日本と『アジア主義』」、樺山紘一ほか編『アジアの〈近代〉―一九世紀　岩波講座世界歴史　二〇』、岩波書店、一九九九年
並木頼寿『日本人のアジア認識』（世界史リブレット　六六）、山川出版社、二〇〇八年
西尾陽太郎「玄洋社の大陸政策」、『歴史教育』第一八巻第四号、一九七〇年四月
野村乙二朗『石原莞爾―一軍事イデオロギストの功罪―』、同成社、一九九二年
野村浩一「孫文の民族主義と大陸浪人―世界主義・民族主義・大アジア主義の関連について―」、『思想』第三九六号、一九五七年六月
野村浩一『近代日本の中国認識―アジアへの航跡―』、研文出版、一九八一年
白永瑞「戴季陶の国民革命論の構造的分析」、『孫文研究』第一一号、一九九〇年五月
狭間直樹「初期アジア主義についての史的考察」、『東亜』第四一〇〜四一七号、二〇〇一年八月〜二〇〇二年三月
橋川文三『順逆の思想―脱亜論以後―』、勁草書房、一九七三年
長谷川雄一編著『アジア主義思想と現代』、慶應義塾大学出版会、二〇一四年
長谷川雄一『近代日本の国際認識』、芦書房、二〇一六年
初瀬龍平「『アジア主義・アジア観』ノート」、『北九州大学法政論集』第五巻第一号、一九七七年七月
初瀬龍平「アジア主義と国際システム―宮崎滔天の場合―」、阿部博純・岩松繁俊編『日本の近代化を問う』、勁草書房、一九八二年
平石直昭「近代日本の『アジア主義』―明治期の諸理念を中心に―」、溝口雄三ほか編『アジアから考える〔五〕近代化

像』、東京大学出版会、一九九四年
平石直昭「近代日本の国際秩序観と『アジア主義』」、東京大学社会科学研究所編『構想と形成　二〇世紀システム　一』、東京大学出版会、一九九八年
深町英夫「大陸コンプレックスを越えて―日本人の辛亥革命研究百年史―」、斎藤道彦編『中国への多角的アプローチⅢ』、中央大学出版部、二〇一四年
藤井昇三『孫文の研究―とくに民族主義理論の発展を中心として―』、勁草書房、一九六六年
藤井昇三「孫文の『大アジア主義』講演と日本」、『海外事情』第二六巻第八号、一九七八年八月
藤井昇三「孫文の対日態度―辛亥革命期の『満州』租借問題を中心に―」、石川忠雄教授還暦記念論文集編集委員会編『現代中国と世界―その政治的展開―』、慶應通信、一九八二年
藤井昇三「孫文の『アジア主義』」、辛亥革命研究会編『中国近現代史論集―菊池貴晴先生追悼論集―』、汲古書院、一九八五年
藤井昇三「孫文の民族主義再論―アジア主義を中心に―」、『歴史評論』第五四九号、一九九六年一月
古屋哲夫編『近代日本のアジア認識』、緑蔭書房、二〇〇一年
松浦正孝『「大東亜戦争」はなぜ起きたのか―汎アジア主義の政治経済史―』、名古屋大学出版会、二〇一〇年
松浦正孝編『アジア主義は何を語るのか―記憶・権力・価値―』、ミネルヴァ書房、二〇一三年
松沢哲成『アジア主義とファシズム―天皇帝国論批判―』、れんが書房新社、一九七九年
松田宏一郎「『亜細亜』の『他称』性―アジア主義以前のアジア論―」、日本政治学会編『日本外交におけるアジア主義（年報政治学 一九九八年度）』、岩波書店、一九九九年
松本健一『雲に立つ―頭山満の「場所」―』、文藝春秋、一九九六年
松本健一『竹内好「日本のアジア主義」精読』、岩波書店、二〇〇〇年
松本三之介『近代日本の中国認識―徳川期儒学から東亜協同体論まで―』、以文社、二〇一一年
丸山眞男『増補版　現代政治の思想と行動』、未來社、一九六四年
三輪公忠「『東亜新秩序』宣言と『大東亜共栄圏』構想の断層」、同編『再考・太平洋戦争前夜―日本の一九三〇年代論と

して―』、創世紀、一九八一年
三輪公忠「一九二四年排日移民法の成立と米貨ボイコット―神戸市の場合を中心として―」、細谷千博編『太平洋・アジア圏の国際経済紛争史　一九二二―一九四五』、東京大学出版会、一九八三年
毛利敏彦『明治六年政変』、中央公論社、一九七九年
森悦子「孫文と朝鮮問題」、『孫文研究』第一三号、一九九一年一二月
藪田謙一郎「宮崎滔天の『アジア主義』と第一次世界大戦後の世界思潮」、『同志社法学』第四八巻第一号、一九九六年五月
八巻佳子「中国における東亜連盟運動」、『伝統と現代』第六巻第二号、一九七五年三月
山室信一「日本外交とアジア主義の交錯」、『日本外交におけるアジア主義（年報政治学　一九九八年度）』、岩波書店、一九九九年
兪辛焞『孫文の革命運動と日本』、六興出版、一九八九年
米谷匡史『アジア／日本』、岩波書店、二〇〇六年
李京錫「アジア主義の昂揚と分岐―亜洲和親会の創立を中心に―」、『早稲田政治公法研究』第六九号、二〇〇二年
李京錫「徳富蘇峰の亜細亜モンロー主義―大乗的使命と小乗的使命の関係―」、『早稲田政治公法研究』第七三号、二〇〇三年
劉傑「汪兆銘政権論」、倉沢愛子ほか編『支配と暴力　岩波講座アジア・太平洋戦争　七』、岩波書店、二〇〇六年
渡辺京二『評伝　宮崎滔天』、大和書房、一九八五年

（中国語）

王暁秋『近代中日関係史研究』、中国社会科学院出版社、北京、一九九七年
王屏『近代日本的亜細亜主義』、商務印書館、北京、二〇〇四年
許育銘『汪兆銘与国民政府―一九三一至一九三六年対日問題下的政治変動―』、国史館、新店、一九九九年
呉剣傑「従大亜洲主義走向世界大同主義―略論孫中山的国際主義思想―」、『近代史研究』一九九七年第三期

蔡徳金・李恵賢『汪精衛偽国民政府紀事』、中国社会科学院出版社、南昌、一九八二年
蔡徳金『歴史的怪胎　汪精衛国民政府』、広西師範大学出版社、桂林、一九九三年
蔡徳金・王升編『汪精衛生平紀事』、中央文史出版社、北京、一九九三年
史桂芳『「同文同種」的騙局―日偽東亜連盟運動的興亡―』、社会科学文献出版社、北京、二〇〇二年
史潮『試論汪精衛集団投降主義理論之発展』、『湖北大学学報』（哲学社会科学版）、一九九五年第四期
尚明軒「孫中山的振興亜洲思想与実践」、徐万民編『孫中山研究論集―紀念辛亥革命九十周年―』、北京図書館出版社、二〇〇一年
盛邦和「一九世紀与二〇世紀之交的日本亜洲主義」、『歴史研究』二〇〇〇年第三期
石源華「汪偽時期的〝東亜連盟運動〟」、復旦大学歴史系中国現代史研究室編『汪精衛漢奸政権的興亡―汪偽政権史研究論集―』、復旦大学出版社、上海、一九八七年
段云章「評一九一三年孫中山訪日」、『歴史研究』一九九一年第四期
張軍民「孫中山大亜洲主義思想再認識」、『学術研究』二〇〇二年第一〇期
張殿興『汪精衛附逆研究』、人民出版社、北京、二〇〇八年
趙矢元「略論孫中山《大亜洲主義》与日本〝大亜洲主義〟」、《孫中山研究論文集》編輯小組編『孫中山研究論文集　一九四九―一九八四』下冊、四川人民出版社、成都、一九八六年
陳戎杰「汪精衛降日売国的〝東亜連盟〟理論剖析」、『抗日戦争研究』一九九四年第三期
鄭佳明「論戴季陶主義的主要特徴」、『求索』一九九三年第一期
裴京漢「中日戦争時期中国的東亜連盟運動与〝政治独立〟」、中国社会科学院中日歴史研究中心編『九一八事変与近代中日関係―九一八事変七〇周年国際学術討論会論文集―』、社会科学文献出版社、北京、二〇〇四年
楊樹升「李大釗留学日本和留日対他的影響」、梁柱等『李大釗研究論文集―紀念李大釗誕辰一百周年―』、北京大学出版社、一九八九年
李吉奎『孫中山与日本』、広東人民出版社、広州、一九九六年
李吉奎「孫中山与頭山満交往述略」、『中山大学学報（社会科学版）』、二〇〇六年第六期

あとがき

アジア主義については、学生時代から様々な文献を通して漠然とした関心を抱いていた。「アジア」という地域的な限定を施すことによって、あたかも普遍主義に対抗するかのようで反時代的にも見える思想は、何か怪しげで魅力的に思えたのである。しかし、しばらくは近代中国の政治思想についての研究に専念していたため、この分野に本格的に手をつけるまでには至らなかった。私は、中国のアナキズムという、傍流の思想でありながら異彩を放つテーマに取り憑かれていたのである。ただ、論壇にしばしば出現する「アジア主義」という言説は、そのたびごとに私の思想的関心を呼び起こすものであった。一例を挙げれば、著名なマルクス主義哲学者の廣松渉が一九九〇年代半ばに、これからは日中を軸とした東亜の新体制が「日本資本主義そのものの抜本的な問い直しを含むかたちで、反体制左翼のスローガンになってもよい時期であろう」(『朝日新聞』一九九四年三月一六日夕刊)と述べた時などは、この思想は歴史とイデオロギーの位相を超える可能性を持つのかとの意外さを覚えたものである。ただ、廣松はまもなく世を去ってしまい、それに続く議論がなされなかったことは誠に残念であったという印象を持っている。

私がアジア主義について本格的に研究を始めたのは今世紀に入ってからのことである。その前の数年間は戴季陶の研究を行い、彼の対日観の解明に時間を費やしていた。このような方向転換のきっかけはよく覚えていないが、狭い研究分野に閉じこもっている自分に嫌気がさしたということもあったのかもしれない。最初のアジア主義関連の論稿は二〇〇六年に書き上げた。アジア主義の生成から一九四五年の日本の敗戦までの歴史を、日中関係史の流れの中で整理したいという構想は早くからできていた。ただ、生来の移り気な性格もあって、再び以前の研究に戻ってしまうなどしたため、なかなか順調に進まず結局今日にまで至ってしまった。とにかく、前進しては停滞し、そして蛇行を繰り返すなど試行錯誤の連続であった。本書は、それから一〇年間にわたる日本と中国のアジア主義に関する研究の一応の成果としてまとめたものである。

顧みれば、この十数年は中国の反日意識と日本の嫌中意識がぶつかり合った時代であった。今世紀初頭から、靖国問題、歴史教科書問題、領土・領海問題などをめぐって、中国では反日運動がすさまじい勢いで広まっていった。特に、近年の尖閣諸島をめぐる問題は深刻な問題として浮上している。同時に、日本での政治・社会的右傾化もこの一〇年間に顕著となっていった。中国・韓国・北朝鮮を併せて「特定アジア」とする名称があるが、この言葉は二〇〇五年九月頃からインターネット上で反日傾向を有する国を特殊化する意図をもって使われ始めたものである。いまや、差別・排外主義者たちによる近隣アジア諸国およびその日本在住者に対する誹謗中傷は、ネット上の匿名性と言論の自由の名の下に仮想・現実の両社会に蔓延している。しかも、このような極端な民族差別主義者だけに留まらず、一般の国民の中でも中国に対する親しみは減少している。今年（二〇一六年）三月に内閣府が発表した「外交に関する世論調査」によれば、中国に「親しみを感じない」とする回答は「どちらかというと感じない」と合わせて八三・二パーセントを占め、ついに一九七八年の調査開始以降最悪のものとなった（『毎日新聞』二〇一六年三月一三日）。一九八〇年代までの数値と比べれば、まさに隔世の感がある。もちろん、そこには中国で繰り広げられる反日運動への感情的な反発もあるだろうし、さらには軍事面で圧倒的な力を誇る中国の脅威に対する素朴な不安感も反映されているといえるだろう。

このような時代において、果たしてアジア主義は一体いかなる意味を持つといえるのか。かつての欧米列強とアジア諸国との対立的構図がすでに存在しない今日において、単純なアジア主義の再生などはあり得るはずもない。今の時代状況の下では、特定の敵を念頭に置いたアジア主義が再生されるなどということは夢想に過ぎず、そもそも反日と嫌中がぶつかり合う両国の草の根的排外意識の高まりの中では、「日中連帯」を掲げるアジア主義は戯言にしか聞こえないであろう。しかし、だからといって、我々は進んでアジア主義を無意味化して捨て去る必要もない。

結局、今日において、アジア主義は外に向けての思想である必要はなくなったのだと私は思う。終章でも述べたことだが、それは二つの意味においてである。一つは、グローバル化に伴う一元的価値の押しつけに抗するための、脱近代的価値創出の手段という意味においてである。それは、かつての竹内好の思想的営みの延長線上にあるといってよいのだが、そのことは翻って、昨今の意味もなく垂れ流される日本賛美論に対する批判ともなり得るだろう。それと同時に、今日のアジア主義にはより直接的な役割も期待される。すなわち、それは高次な思想としてではなく、より簡潔に日本人がアジアの一員であることを確認させるためのスローガンというほどの意味においてである。これが第二の点である。そのことは、現在の日本の政治的・社会的状況の危うさに関わっている。すなわち、今日の右傾化した状況がこのまま進めば、排外意識の一層の高まりを背景として、国民の意識の中に日本と近隣諸国との衝突を是認する精神状態が生み出されかねないように思えるのである。もちろん、そのような事態に至れば日本は破滅の道に進むことは明らかである。それを回避するために必要とされることは、連帯などといったことを強調することなく、互いを「アジア」の一員とする共生意識を我々自身の中に育てることであるだろう。感情論的な脱亜の主張は日本の孤立への道に他ならない。体制や価値観が異なっているとしても、日本と中国は共生する以外に道はないのだから、緩やかなアジアという共通項を介して両者が存在を認め合うことが必要となることであろう。政治や外交とは別の次元で、内外に敵を求めないアジア意識の共有こそが、これからの日本と中国の共生にとって最も必要なことであるように思われる。そのことを、我々は自ら進んで始めなければならない。単純ではあるが、これがアジア主義を過去の遺物とせず、今日に生かし得る一つの道であると私は思うのである。

本書は、過去に発表した論稿を基にしている。それらは、全体の整合性を図るために大幅に書き改められたものもあり、中には原型を留めないほどのものもある。各章と初出論文との関係を示せば以下のようになる。

序章　書きおろし
第一章　「初期アジア主義の政治史的考察―日本と中国の間―」、『中国研究論叢』(霞山会) 第六号 (二〇〇六年八月) Ⅰ、Ⅱ
第二章　「宮崎滔天とアジア主義」、『国際関係・比較文化研究』(静岡県立大学) 第一四巻第二号 (二〇一六年三月)
第三章　「頭山満とアジア主義」、『国際関係・比較文化研究』第一一巻第一号 (二〇一二年九月)
第四章　「初期アジア主義の政治史的考察―日本と中国の間―」Ⅲ、「アジア主義と亜洲和親会をめぐって」、『国際関係・比較文化研究』第一二巻第一号 (二〇一三年九月)
第五章　「孫文のアジア主義と日本―『大アジア主義』講演との関連で―」、『法学研究』(慶應義塾大学) 第七九巻第四号 (二〇〇六年四月)
第六章　「戴季陶による『大アジア主義』の継承と展開」、慶應義塾大学法学部編『慶應の政治学　地域研究―慶應義塾創立一五〇年記念法学部論文集―』(慶應義塾大学法学部、二〇〇八年一二月)
第七章　「一九三〇年代における日中アジア主義の諸相」、『国際関係・比較文化研究』第一三巻第一号 (二〇一四年九月)

第八章　「東亜新秩序の思想」、『国際関係・比較文化研究』第一二巻第二号（二〇一四年三月）
第九章　「汪精衛と大アジア主義―その継承と展開―」、『法学研究』第八六巻第一〇号（二〇一三年一〇月）
第一〇章　「東亜連盟運動と中国」、『法学研究』第八八巻第八号（二〇一五年八月）
終章　書きおろし

本書がこのような形で出版されるに当っては、多くの方々のご指導・ご教示を頂いた。何よりも、本書を慶應義塾大学出版会から出版することができたのは、私が学生時代からお世話になっている山田辰雄先生（慶應義塾大学名誉教授）のご推薦によるものである。厚く感謝を申し上げたい。二〇〇六年から続いている民国史論の会での自由闊達な議論は、マンネリズムに陥りがちな私の発想に刺激を与えてくれている。横山宏章先生、久保亨先生、味岡徹先生らの変わらぬ研究熱意は敬服に値する。また、日本政治史はもとより、多くの分野の研究者が集まる近代日本政治外交史研究会での議論は、中国という枠にとらわれない研究の視座の必要性を感じさせてくれている。本書の資料収集に当たっては、静岡県立大学附属図書館のスタッフの方々に便宜を図っていただいた。この場を借りてお礼申し上げたい。出版の段階では、慶應義塾大学出版会の乗《よつのや》みどりさんには担当編集者として大変お世話になった。優れた編集者に出会えることは著者としてこの上ない楽しみである。

最後に私事であるが、これまで私の研究生活を支えてきてくれている妻の恵子に感謝の意を捧げたい。

二〇一六年五月一五日

嵯峨　隆

反直三角同盟　156, 157
バンドン会議　341
東アジア共同体　345, 346
東アジア経済グループ（EAEG）　344
ファシズム　236, 290
武昌蜂起　58, 92, 93
不戦条約　212
文化大革命　344
北上宣言　97, 157
戊戌変法　52, 54, 92
戊戌政変　69

ま行
マルクス主義　119, 215, 280, 281
満洲国　212, 215, 231, 233, 235, 238, 240, 248, 288, 291, 303–305, 309, 325, 327, 341
——協和会　303, 304, 306
満洲事変　4, 5, 205, 206, 209, 210, 212–214, 218, 221, 226, 239, 250, 301, 303, 310
民族国際　180, 194–198, 205, 220
（アメリカの）モンロー主義　16, 20, 24, 130, 207, 208, 210, 212, 223

や行
有隣会　93

ら行
浪人会　93
旅順・大連回収運動　98, 154, 163
盧溝橋事件　205, 227, 233, 237, 271, 276, 291, 304
ロシア革命　67

わ行
ワシントン会議　95
ワシントン体制　168, 192, 239

英数字
ASEAN　2, 346, 347

新文化運動　5
新民会　310, 312, 322
新民主義　311, 312, 314, 328
征韓論　12, 79, 84, 88
西山会議　197
西南の役　79
世界最終戦　308, 309, 328
善隣同志会　93

た行

大亜細亜協会　206, 212–215, 217, 218, 224, 226, 301
「大アジア主義」講演　98, 116, 146, 154, 164, 168–170, 172, 176, 179, 182, 184, 188–191, 197, 198, 218, 223, 271–274, 276, 280, 286, 287, 289, 294, 295, 320
対華二一カ条要求　96, 184, 283
大東亜共栄圏　293, 294, 325, 337, 341
第二革命　59, 95
太平洋戦争　4, 231, 292, 293, 324, 325, 329
大民会　321
脱亜論　341, 342
中華東亜連盟協会　316, 317
中華民国臨時政府　310, 313
中国共産党　156, 179, 186, 188, 254, 260, 261, 280, 281
中国国民党　152, 153, 180, 185, 186, 190, 191, 197, 205, 216, 219, 224, 226, 237, 260, 279, 281, 310, 320–322
中国東亜連盟協会　313, 317
中国同盟会　57, 92, 121
東亜協同体（論）　6, 231, 232, 234, 236, 237, 239–244, 246, 247, 250–253, 255–262, 287, 301, 338
東亜新秩序　231, 232, 234–236, 239, 251, 254–261, 288, 292, 293, 295, 301, 304, 319
東亜同文会　14, 28, 93, 111, 112
東亜連盟　6, 291, 292, 301–328
東亜連盟協会　291, 304, 305, 307–309, 319, 327, 328
東亜連盟促進議員連盟　318
東亜連盟中国総会　321– 326, 328, 329
東亜連盟中国同志会　319, 320
東遊（トンズー）運動　118

な行

南進論　21
日英同盟　22, 27, 30, 184, 192
日満華共同宣言　322, 323
日露戦争　19, 20, 27, 29, 147, 164, 181, 183, 273
日華基本条約　292
日清戦争　4, 16, 19, 21, 34, 50, 183, 273
日清貿易研究所　47, 85
日中戦争　6, 180, 227, 231, 237, 241, 251, 256, 293, 304, 312, 338

は行

排日移民法　147, 148, 155
覇道　154, 165, 167, 171, 182, 308
パリ講和会議　63, 146, 185

〈事　項〉

あ行
アジア・モンロー主義　16–18, 20, 22–25, 28–31, 34, 69, 86, 112, 115, 130, 132, 134, 138, 206–209, 211, 212, 214, 223, 225, 226, 251, 256, 301
亜洲和親会　117, 118, 120–125, 137, 138
アナキズム　57, 70, 119, 121, 123–125, 127, 129, 137
天羽声明　210, 223
ヴェルサイユ体制　168, 192
艶電　235, 277, 324
王道　13, 56, 154, 165–167, 171, 182, 184, 215–218, 223, 306–308, 310–312, 314, 325, 327

か行
共産主義　57, 67, 68, 71, 236, 258, 280, 281, 284, 288, 291, 310, 323
共和党（武漢）　321
義和団事件　4, 19
恵州蜂起　54, 55, 119
玄洋社　79–84, 88, 218
興亜院　213
興亜会　5, 14, 47, 108
興亜建国運動　256, 258, 321
黄禍論　27
甲申政変　84
皇道　217, 218, 236, 307, 308, 325
国際連盟　62, 64, 136, 194, 195, 207–210, 212, 214, 215, 226, 237, 239
国民会議　157, 158
国民革命　180, 186, 188, 190, 198, 237, 278, 294
国民政府　197, 215, 216, 226, 233–235, 279, 310
国民党　95
黒龍会　135
五・三〇事件　193, 195
五四運動　65
国家社会主義　291
国共合作　181
近衛三原則　235, 284, 305, 327
近衛声明　233–235, 258, 277, 279, 280, 293, 304
コミンテルン　195, 197, 284, 323

さ行
沙基事件　193
三代の治　47, 52, 69
三民主義　157, 182, 186, 192, 193, 215, 216, 218–220, 222, 226, 243, 280, 281, 284, 285, 289–291, 295, 301, 309, 310, 313–315
支那保全論　20
社会主義　57, 67, 119, 125, 127, 137, 195, 196, 215, 281
社会主義講習会　121, 122, 126, 137
昭和研究会　236, 251
辛亥革命　5, 21
新国民運動　302, 327
人種的差別撤廃提案　63, 64, 136, 146, 185

や行

矢崎勘十　316
矢野仁一　171
山田純三郎　97
山室信一　10
横田喜三郎　211, 212
吉野作造　31–34, 136
与良松三郎　207
余立三　256

ら行

李鴻章　53
リシャール，ポール　64, 65, 135, 136
李大釗　129–138, 145, 170
リッチ，マテオ　9
劉師培　119, 120, 124–129, 136, 138
李烈鈞　97, 155–157, 159, 162
林汝珩　316
林柏生　316, 321
黎元洪　94
蠟山政道　236–241, 244, 248–250, 253, 257, 261

わ行

若宮卯之助　26, 27, 115, 130

趙軍　78
張君衡　315
張継　65, 119, 120, 124
張作霖　158
陳少白　50, 51
辻政信　321, 326
鶴見祐輔　154, 160
鄭善圭　152
寺尾亨　94
董一介　256, 257
陶希聖　260
陶冶公　120
頭山満　5, 20, 77–100, 136, 157, 163
徳富蘇峰　21, 24, 25, 27, 29–31, 45, 131, 132

な行

中島岳志　4
中島端　129
中谷武世　212, 216, 217
中野正剛　171
中村彌六　54
中山優　212
西川如見　10
根津一　93

は行

ハウ，カロライン・Sy　346
バクーニン，ミハイル　122, 127
箱田六輔　79–82
狭間直樹　4
長谷川好道　58
鳩山由紀夫　345
林子平　10
平岡浩太郎　80, 81
平野義太郎　337
平野国臣　11, 12
平山周　93
広田弘毅　275
ファン・ボイチャウ　118, 120, 123
藤井昇三　116
藤本尚則　97, 98
ボース，ラス・ビハリ　89, 151
ポンセ，マリアーノ　109

ま行

前原一誠　79
松井石根　212, 214, 215, 217, 224, 225, 301
松本健一　13, 342, 343
丸山眞男　340
三浦梧楼　93
三木清　240–244, 249, 250, 255, 257, 260–262
満川亀太郎　212
宮崎民蔵　47
宮崎滔天　5, 43–71, 77, 91, 92, 94, 108, 109, 116, 118, 157
宮崎八郎　45
宮崎正義　304, 307, 311, 316
宮崎彌蔵　45–48, 50–52, 69
繆斌　310–315, 317, 328
宗方小太郎　47
室伏高信　259
森恪　58
森本駿　16

黒木彬文　4
クロポトキン，ピョートル　68, 121, 127
黄興　28, 57, 59, 60, 92
江公懐　260, 261
高承元　132–134
黄昌穀　273
光緒帝　53
幸徳秋水　119, 120
康有為　17, 52–54, 69, 92
胡瑛　28
胡漢民　180, 221–227, 339
古島一雄　93, 95, 97, 163
小寺謙吉　27, 28, 112, 131
近衛篤麿　17, 86, 112
近衛文麿　6, 233, 235, 236, 251, 255, 291, 316, 318
子安宣邦　345

さ行
西郷隆盛　12–14, 45, 79, 84, 88, 89, 343
澤柳政太郎　28
志賀重昂　150
シドッチ，ジョバンニ・バティスタ　9
下中彌三郎　212
周学昌　319, 321, 322
周仏海　276, 321
蔣介石　221, 224, 226, 235, 253, 259, 260, 276, 277, 281
章炳麟　70, 119, 120, 124
白石隆　346
岑春煊　57, 94
進藤喜平太　79, 80–82
新明正道　244–247, 262
末広重雄　211
末永節　93
杉田定一　22, 23, 28, 32
曾仲鳴　277
副島義一　24
孫文　5, 6, 28, 43, 51–55, 57–60, 62, 69, 71, 75, 91–100, 108–118, 137, 138, 145, 146, 152–172, 179–182, 184–193, 196–198, 205, 206, 213, 216, 218–227, 246, 271–275, 278–283, 285–292, 294, 295, 301, 309, 311, 313–315, 317–320, 325, 326, 328, 337, 339

た行
戴季陶　65, 70, 97, 113, 167, 169, 180–198, 205, 339
田岡嶺雲　16, 17
高木友三郎　208, 210
高田保馬　244, 247–250, 262
高場乱　79
高宮太平　316
竹内善作　120–122
竹内好　2, 3, 12, 13, 342, 343, 346
竹越與三郎　18
建部遯吾　131
竹山道雄　341, 342
橘樸　171
田中守平　19
田村真作　310, 311, 315
段祺瑞　32, 162
張燕卿　310

索　引

〈人　名〉

あ行
会沢正志斎　11
葦津珍彦　13
アブラハム，イサク　45, 70
アボット，ジェームス・フランシス　24
荒尾精　47, 48, 85
石原莞爾　6, 291, 301, 303–306, 308–310, 320, 327
板垣征四郎　312, 326
板垣退助　79, 80
稲葉君山　148
犬養毅　51, 52, 54, 69, 91–95, 97, 154, 157, 163
岩井英一　326
殷汝耕　152, 153, 155, 161
ウィルソン，T・ウッドロウ　62, 64, 67, 70
浮田和民　18, 20, 24, 29–31, 131, 132, 138
内田良平　78, 92, 93, 97
宇治田直義　217
梅棹忠夫　341, 342
袁世凱　57, 59, 84, 92, 94, 95, 128
王毅　346
汪精衛（汪兆銘）　6, 123, 180, 224, 227, 234, 235, 247, 258, 259, 271–296, 301, 302, 309, 315–324, 326–329, 339
大石正巳　147–150
大川周明　85, 341
大久保利通　80
大隈重信　81, 82, 118
大杉栄　121–124
大谷光瑞　25–29, 31, 131
大山郁夫　31, 32
岡倉天心　4, 20, 21, 344
尾崎秀実　250–255, 257, 262

か行
何応欽　340
桂太郎　21, 58, 113, 115, 154
何天炯　65
鹿子木員信　217
神川彦松　210
萱野長知　93–95
河田嗣郎　23
岸信介　341
北一輝　119, 341
北昤吉　28, 29
木村武雄　304
金玉均　48, 84, 85, 94
クーデンホーフ＝カレルギー，リヒャルト　209, 210

嵯峨　隆（さが　たかし）
静岡県立大学国際関係学部教授。1952年生まれ。
慶應義塾大学大学院法学研究科政治学専攻博士課程単位取得退学、法学博士。
専門：中国政治史、政治思想史。主要著作：『戴季陶の対日観と中国革命』（東方書店、2003）、『近代中国アナキズムの研究』（研文出版、1994）、ほか。

アジア主義と近代日中の思想的交錯

2016年6月30日　初版第1刷発行

著　者————嵯峨　隆
発行者————古屋正博
発行所————慶應義塾大学出版会株式会社
〒108-8346　東京都港区三田2-19-30
TEL〔編集部〕03-3451-0931
〔営業部〕03-3451-3584〈ご注文〉
〔　〃　〕03-3451-6926
FAX〔営業部〕03-3451-3122
振替　00190-8-155497
http://www.keio-up.co.jp/
装　丁————土屋　光（Perfect Vacuum）
印刷・製本——株式会社理想社
カバー印刷——株式会社太平印刷社

Printed in Japan　ISBN 978-4-7664-2348-8